我国仿制药发展的专利制度保障研究

李文江 著

厦门大学出版社
XIAMEN UNIVERSITY PRESS
国家一级出版社
全国百佳图书出版单位

图书在版编目（CIP）数据

我国仿制药发展的专利制度保障研究 ＝ A Study on
the Safeguard for Chinese Generic Drug through
Patent System / 李文江著. -- 厦门：厦门大学出版社，
2023.11

  ISBN 978-7-5615-9034-8

  Ⅰ. ①我… Ⅱ. ①李… Ⅲ. ①药品-专利制度-研究
-中国 Ⅳ. ①D923.424

中国版本图书馆CIP数据核字(2023)第119576号

出 版 人	郑文礼
责任编辑	黄雅君　李峰伟
美术编辑	李夏凌
技术编辑	许克华

出版发行　**厦门大学出版社**

社　　　址	厦门市软件园二期望海路 39 号
邮政编码	361008
总　　　机	0592-2181111　0592-2181406(传真)
营销中心	0592-2184458　0592-2181365
网　　　址	http://www.xmupress.com
邮　　　箱	xmup@xmupress.com
印　　　刷	厦门集大印刷有限公司

开本	720 mm×1 020 mm　1/16
印张	18.5
字数	352 千字
版次	2023 年 11 月第 1 版
印次	2023 年 11 月第 1 次印刷
定价	62.00 元

本书如有印装质量问题请直接寄承印厂调换

厦门大学出版社
微信二维码

厦门大学出版社
微博二维码

国家社科基金后期资助项目
出版说明

　　后期资助项目是国家社科基金设立的一类重要项目，旨在鼓励广大社科研究者潜心治学，支持基础研究多出优秀成果。它是经过严格评审，从接近完成的科研成果中遴选立项的。为扩大后期资助项目的影响，更好地推动学术发展，促进成果转化，全国哲学社会科学工作办公室按照"统一设计、统一标识、统一版式、形成系列"的总体要求，组织出版国家社科基金后期资助项目成果。

全国哲学社会科学工作办公室

前　　言

一部电影《我不是药神》，不仅将"药病矛盾"充分暴露，也使药品专利制度受到了情理上的拷问。长期以来，由于受到市场和利益的双重驱使，某些医生不会明确地告诉患者已无药可治，而给患者使用安慰剂，医患矛盾不断加深，但药病矛盾却一直被掩盖。为了满足国人对廉价、特效仿制药的需求，2018年1月23日，中央全面深化改革领导小组第二次会议召开，不仅提出发展高质量仿制药，还在仿制方式上明确了药品专利实施强制许可路径，依法分类实施药品专利强制许可制度。会后国务院办公厅颁布了《关于改革完善仿制药供应保障及使用政策的意见》，我国仿制药发展进入一个新的时期。

在我国，要想提高药品的可获得性，必须大力发展仿制药。既要发展药品专利到期的仿制药，又要从提高药品的及早获得性出发，扩大仿制药范围，发展强制性仿制药和挑战性仿制药，并允许仿制药进口，以实现"病有药医"的目标。

"健康中国"是中国梦的主要内容之一。在"健康中国"目标的引领下，为了研究如何提高药品的可获得性，本研究报告提出了主题"专利制度事关仿制药发展"；分析了国内发展仿制药的合理性和域外发展仿制药制度的可借鉴性；将普通仿制药发展的专利制度保障、强制性仿制药发展的专利制度适用和挑战性仿制药发展的专利制度创新作为三个模块进行论证，为三大类仿制药的发展探索适用的制度环境。

我国发展仿制药既有理论支撑，又有国际、国内法律依据，发达国家和发展中国家在仿制药发展方面的立法司法实践也为我国仿制药发展提供了借鉴。普通仿制药的发展主要受积极性、消极性和防御性三个方面的制度影响：积极性制度包括首仿药激励制度、药品专利链接制度、"Bolar例外规则"的学理解构与制度重建、专利药品平行进口制度等；两个制度对仿制药发展产生消极影响，一个是药品专利保护期限延长制度，另一个则是药品试验数据保护制度；防御性制度是指必须对可能出现的药品专利反向支付协议实施的防范性规制。强制性仿制药的发展在我国专利强制许可制度下可操作性不强，基于我国药品专利"零"强制许可的现实，我国需要区分强制许可的不同情形并进行分类设计，细化情形，明确条件，简化审批流程，有效推进强制性仿制药的发展。挑战性仿制药制度，一方面鼓励药企在药品专利基础上进行改进创新、模仿创新，即使该药品专利的实施权受到有效基础专利的制约，也可以享有强制许可请求权；另一方面，鼓励药企通过检索现有药品专利，从中发现问题，力争进行不侵权仿制。

李文江

2023 年 7 月

目　录

第一章 绪 论

2016 年 8 月 19 日，习近平总书记在全国卫生与健康大会上提出"没有全民健康，就没有全面小康"，强调"要着力推动中医药振兴发展……努力实现中医药健康养生文化的创造性转化、创新性发展"。党的十九大报告在"坚持在发展中保障和改善民生"这部分中提出"病有所医"。2020 年 6 月 2 日，习近平总书记主持召开专家学者座谈会，提出"人民至上、生命至上"的理念，也提出"提升重大传染病救治能力"。这些理念不仅要求提高品牌药的研发能力，也要求发展仿制药，提高水平，保证质量。

要实现"健康中国"目标，必须提高药品的可获得性及药品可获得的时效性。具体来说，问题在于买不到药或买不起药，有病也只能"望药兴叹"，因此不仅要实现"病有药医，药能买起"，还要解决"病不等药"的问题。要想提高药品的可获得性，不仅要提高药品的研发能力，鼓励药企大力发展原研药，更要面向国情，通过专利制度创新促进我国仿制药发展。

第一节 研究背景

一、国内背景

（一）我国需要发展仿制药

在社会关注的热点中，医患关系曾经被推到风口浪尖，殊不知，药患关系才是需要更多关注的关键问题。如果患者死于"无药可救"尚属无可奈何，但是，如果是"有药难救"呢？这就是典型的"药患矛盾"：一方面，在我国申请专利保护的药品却没有在我国上市销售，患者明知有药就是买不到；另一方面，国外的专利药在我国销售，但是药价高昂，超过了患者的承受能力，患者只能"望药兴叹"。

如何解决我国的"药患矛盾"，提高药品的可获得性？可以考虑的途径有：①加强药品研发，增加原研药供应；②大力发展仿制药。然而，现实是我国的药品研发能力不够强；我国药品仿制水平落后于印度，也亟待提高。这一残酷的事实，与人民对幸福、健康生活的需求无疑形成了一对矛盾，这已经引起党中央的高度重视。

2012年年初，国务院印发《国家药品安全"十二五"规划》，其中明确提出："全面提高仿制药质量。对2007年修订的《药品注册管理办法》施行前批准的仿制药，分期分批与被仿制药进行质量一致性评价。"2013年，国家食品药品监督管理局发布《国家食品药品监督管理局关于开展仿制药质量一致性评价工作的通知》（国食药监注〔2013〕34号），启动了我国的仿制药一致性评价工作。

2015年，《国务院关于改革药品医疗器械审评审批制度的意见》（国发〔2015〕44号）中明确要求推进仿制药质量一致性评价。

2016年，《国务院办公厅关于开展仿制药质量和疗效一致性评价的意见》（国办发〔2016〕8号）中明确了评价对象和时限，确定了参比制剂的遴选原则。

2018年1月23日，习近平总书记主持召开中央全面深化改革领导小组第二次会议，会议上通过了《关于改革完善仿制药供应保障及使用政策的若干意见》（以下简称《意见》）。《意见》明确指出：我国仿制药在供应保障和使用政策方面的改革，一是需要以人民的需求为出发点；二是将仿制临床必需、疗效确切、供应短缺的药品，防治重大传染病和治疗罕见病所需药品，处置突发公共卫生事件所需药品，儿童用药等作为重点。完善政策，应以改善药品供应和保障广大人民群众用药需求为目的，以提升质量疗效为核心，不断推动仿制药研发创新。可见，推进"健康中国"建设是习近平新时代中国特色社会主义思想的重要内容，而满足人民在药品供应数量和质量上的需求是实现"健康中国"的重要基石。由于保障药品供给的关键在于提高药品的可及性和及早获得性，因此特别需要从制度上理顺仿制药保护与专利制度的关系。一方面，需要分析国际大环境，因为药品专利权的扩张打破了药品专利权与公共健康权之间的利益平衡，负效应不断显现，这已经成为困扰发展中国家和世贸组织的一个世界性难题；另一方面，又要立足我国国情，适应"健康中国"的新时代要求，完善仿制药保护制度，推动仿制药高质量发展。

（二）促进仿制药发展离不开专利制度保障

《我不是药神》的播出可谓"一石激起千层浪"，虽然国务院之前就紧急叫停了癌症治疗药品的进口关税，但是，毋庸置疑，一方面，多数国外的原研药品市场价格仍偏高；另一方面，国产仿制药品质量普遍不高，高质量的仿制药供应不足。这些问题仍未得到解决。

影片中的程勇，原型是江苏无锡的一位私营企业主陆勇，其不幸罹患慢性粒细胞白血病，需使用瑞士药企诺华公司生产的靶向药物甲磺酸伊马替尼片（格列卫）进行治疗。虽然格列卫受到患者的一致好评，甚至被称为"神药"，但是，国内的患者往往"望价却步"。因为在美国每盒售价17500元人民币的格列卫，在我国加上关税后每盒售价高达24800元人民币，一盒只够10天左右的用量，而患者往往需要连续服用1～2年，而且其在2017年以前未被纳入国家医保目录，所以许多患者无力承担用药费用。患者陆勇虽为私企老板，有一定的经济基础，但对治疗费用也是忧心忡忡。2014年，偶有机会，他买到了与原研药效果一致的印度仿制药"格列卫"，且购药的价格还不及国内市场价格的1/10。为了续命，他开始从印度购买仿制药。陆勇亲身体验到了仿制药的良好疗效，于是帮助患者朋友从印度带药。陆勇的行为被检察院起诉后，陆勇帮助带药的100多位白血病患者联名呼吁，请求对陆勇免予刑事处罚。

其实，不仅格列卫，全球几乎所有的原研药都可以在印度找到仿制药，这些药品仿制效率高，质量也被欧美国家认可，因此，印度长期以来被誉为"世界药厂"。

一部电影引发了一系列疑问：同样的药品为何在印度的售价如此低廉？我国为何不能生产仿制药？药品专利强制许可制度为何在中国得不到实施？这些对专利制度的拷问，一方面说明了仿制药发展离不开专利制度的保障，另一方面说明了发展仿制药必须进行专利制度创新。

（三）仅进行专利药到期仿制是不够的

我国自改革开放以来，仿制药从制药规模到药品数量都取得了较大的发展，近20万种批准上市药品中，超过95%是仿制药。据调查，我国2020年药品生产总值达到10万亿元，产值仅次于美国。从以上数据可见，仿制药是我国药品市场主要的供应品种，但是，在我国老百姓心目中，仿制药从来不是药品中的"宠儿"，甚至一直饱受非议。本研究经过分析，认为至少有4个方面的原因。

（1）我国仿制药行业不但大而不强，而且"多、散、乱、差"的局面长期存在，表现在：一方面，国外原研药虽然为高质量药品，但市场价格畸高，超出了人们的购买能力，这为国内仿制药发展提供了广阔空间；另一方面，国产仿制药充斥市场，疗效一般甚至效果不佳，市场价格又与疗效不符，人们很难接受。人们期盼购得质量较高、价格合理的仿制药。

（2）与印度相比，我国关于仿制药上市的质量标准较低，其技术审评要求也停留在低门槛，获得批准上市的仿制药也仅能满足化学等同，在生物等同、安全要求、临床效果等方面还存在不小的差距。没有高标准和高要求，就很难生产出高质量的仿制药，进一步导致了中国的仿制药在国外基本没有市场，欧美国家大都不认可我国的仿制药。

（3）一般情况下，即使药品专利到期，药品专利权人也会利用多元手段继续巩固垄断地位，因此，药品专利权人完全放弃控制的药品大都已有多家国内药企生产，但这类国产仿制药效果往往不够拔群，也不受国民关注了。

（4）在我国，百姓较为关注的是高血压、糖尿病、高脂血症、癌症、传染性疾病、老年性疾病等，这些疾病的特效药一般被跨国药企控制，其价格往往过高，一般患者购买力不足，或专利药到期仿制供应不及时，因此，急需通过强制性仿制和创新性仿制及时满足国人的需求。

本研究认为药品专利到期的普通仿制虽然不是简单复制，但并没有时间上的突破，而在药品专利有效期内挑战药品专利，实现药品专利到期前仿制，才能够提高药品获得的时效性，并推动医药产业供给侧结构性改革。

2018年年初，国务院办公厅印发《关于改革完善仿制药供应保障及使用政策的意见》（以下简称《意见》），明确指出：第一，强化仿制药的安全性，不仅在于药品事关人民的生命权和健康权，而且仿制药在我国药品市场占95%以上，因此，仿制药的安全意味着我国药品市场的安全；第二，保障仿制药供给，仿制药既要高质量发展，供给结构也要合理，因此，仿制药研发创新应当围绕紧缺药品下功夫，通过激励研发政策促进药品研发，既要保障药品供应，又要推动我国由制药大国向制药强国跨越；第三，提升仿制药质量疗效，一方面，我国现有的仿制药质量和疗效一致性评价机制急需完善，关键是建立仿制药质量标准指标和体系，不断提高仿制药质量安全水平，另一方面，应优化仿制药审评程序，提高上市审评审批效率；第四，推动高质量仿制药尽快进入临床使用。在仿制方式上，除了原研药保护期满仿制，《意见》还明确将药品专利实施强制许可作为仿制的重要路径。我国应当完善药品专利强制许可办法，既要依法分类实施药品专利强制许可，又要利用强制许可强化原研药进口在价格上的谈判权。在仿制药使用上，我国以药品质量为基础，在入市审批、纳入医保目录等方面，要实现仿制药与原研药在国内市场平等竞争，以此平抑药品市场价格，减轻人民的医疗负担。在仿制药创新上，我国既要加强原创性创新，产学研结合，围绕短缺药品、常用药品、特效药品等进行技术攻关，又要以现有原研药为基础，模仿创新、改进创新、进阶创新，推动仿制药创新发展。

二、国际背景

（一）《TRIPS 协议》提高了药品专利保护的标准

《与贸易有关的知识产权协议》（ *the Agreement on Trade-Related Aspects of Intellectual Property Rights*，《TRIPS 协议》）的产生无疑是 20 世纪国际知识产权法制发展中最重要的事件。《TRIPS 协议》为建立世界贸易组织（World Trade Organization，WTO）的最终文件附件之一，于 1994 年 4 月 15 日在马拉喀什签署并于 1995 年 1 月 1 日生效。

美国及欧洲等发达国家的药品工业一直以来都极力寻求通过国际知识产权制度来保护和增加它们的利益，它们的不懈努力终于通过 WTO 中的《TRIPS 协议》得到了回报。《TRIPS 协议》所确立的药品知识产权条款令人印象深刻，在几个重要方面提高了药品专利的全球保护水平。

第一，该协定确定将药品纳入专利保护范围，而且任何国家不得歧视关于药品的专利申请。

第二，根据《TRIPS 协议》的相关规定，药品专利权人对技术发明享有垄断性权利，其权利范围包括制造权、使用权、销售权、进口权等。药品专利既包括药品，也包括药品制造方法。

第三，《TRIPS 协议》统一规定了药品专利的保护期限，即不得少于 20 年。其实在此之前，许多发展中国家和最不发达国家没有将药品纳入专利保护范围，即使在实施药品专利保护的国家，其保护期限也都不超过 20 年。

第四，《TRIPS 协议》中没有明确规定专利强制许可的概念，但因为发展中国家的呼吁，其中确实包含了强制许可的内容；然而，主导《TRIPS 协议》制定的发达国家又倡导规定了强制许可的限制性条件，对强制许可进行了诸多约束。

第五，《TRIPS 协议》还规定，参与《TRIPS 协议》的发展中国家在《TRIPS 协议》生效后，必须为药品和农化专利的申请提供行政便利。

（二）专利药品价格畸高加剧了发展中国家药品的不可获得性

从全球视野看，公共健康问题不容小觑：一方面，发展中国家常常面临公共健康危机，急需药品治疗；另一方面，具有治疗效果的专利药品价格居高不下，其结果就是患者"望价却步"，药不可得，令人唏嘘。

1. 发展中国家存在公共健康危机

长期以来，发展中国家尤其是极不发达国家，深受缺医少药状况的困扰。据统计，全球感染人类免疫缺陷病毒（human immunodeficiency virus，HIV，又称艾滋病病毒）或患有艾滋病（acquired immune deficiency syndrome，AIDS）的人已超过 4000 万，其中多数患者分布在非洲，有 2660 多万人，其极强的危害性、传染性已经造成全球大面积健康危机。除此之外，发展中国家的贫困人口还遭受各种传染病的折磨，如肺结核、疟疾、呼吸道感染、腹泻、南美锥虫病等。2020 年以来，新冠疫情全球蔓延，而且病毒变异快，给世界各国的疾控、医疗系统带来严峻的挑战，部分发展中国家更是雪上加霜。尽管包括我国在内的国际社会向众多不发达国家伸以援手，但因这些贫穷国家药品研发和制造能力弱，所以仍然难以从根本上解决问题。

2. 专利药品价格畸高而不可获得

一方面，全球出现的各种传染性疾病并非无药可治，真实情况是发展中国家患者的购买力不足，难以负担药品的必要支出；另一方面，多数专利药品的供应及定价权控制在跨国制药企业手中，他们利用技术合理垄断专利药品的市场支配地位，在国际市场获得垄断利润。

3. 药品专利保护加剧了药品的不可获得性

跨国药企的利益在很大程度上与发达国家的利益一致，尤其在针对全球的经济掠夺上，得到了其政府的保护和支持。发达国家主导的知识产权保护范围之广、力度之大，无不印证了这一点。发达国家一再强调，在全球范围内加强知识产权保护，扩大开放和进出口贸易活动，有利于推动公共健康服务，自然对发展中国家的药品研发和开发具有促进作用。然而，如此专利保护在药品领域却加剧了发展中国家的药品不可获得性。

综上可见，全球经济发展的不平衡性和药品购买能力的重大区别，加剧了药品的不可获得性。面对客观存在的现状，发展中国家要提高药品可获得性，一方面应在《TRIPS 协议》框架下，通过多边谈判和平行进口方式，降低药品进口的价格；另一方面，有条件的发展中国家还应大力发展仿制药，从根本上增加平价药品的国内市场供应，最大限度地保障国人所需药品的可及性、可用性。

第二节　研究意义

一、理论意义

本研究的学术价值主要有以下两点。

（一）对仿制药的内涵和范围进行了重新解释和界定

一方面，在论证仿制药的概念及特点的基础上，重新界定了仿制药的范围，突破了以往研究成果关于仿制药包括到期仿制和授权仿制两种模式的局限，论证了"强制性仿制""不侵权仿制""改进型仿制"三种模式的法律地位；另一方面，突破了"仿制药就是非专利药"的学术概念，提出并论证了仿制药企可以在药品专利的基础上，将模仿创新成果升级为专利药，实现仿制与创新的统一的观点。

（二）论证了三类仿制药的发展中的制度创新理论

从生产角度看，仿制药分为普通仿制药、强制性仿制药和挑战性仿制药。基于这三类仿制药的发展需要，对于专利制度如何发挥保障作用，本研究分三大模块进行了具体论证，既有法条适用分析，又有完善制度的期望；既有域外相关制度借鉴和司法案例考量，又有我国专利制度创新的探讨，为我国构建适应仿制药发展的专利制度提供参考。

二、现实意义

（一）以制度护航我国仿制药发展

发展仿制药的目的是提高药品的可及性。通过制定三大类仿制药发展适用的专利制度，可规范普通仿制药发展，保障强制性仿制药许可实施，促进创新性仿制药顺利生产，从根本上改善仿制药发展的制度环境。

（二）构建我国仿制药发展的专利制度

结合仿制药的分类，通过三大模块，对仿制药发展要求的专利制度进行分类构建：

（1）在普通仿制药发展过程中，通过"支持""制约""防范"三种性质的制度，保障仿制药健康发展。

（2）分析我国药品专利"零强制"的原因，一方面，从分类实施的角度出发，对药品专利强制许可制度本身进行完善；另一方面，合理调整强制许可实施的方式、救济的条件等，切实保障制度的有效实施。

（3）为了提高药品的及时获得性，除了发展强制性仿制药，还需要发展挑战性仿制药：一方面，通过对药品专利进行改进以获得新的药品专利，生成新的专利药品，称为创新性仿制药；另一方面，通过多元手段挑战药品专利，实现非侵权仿制。

第三节　研究现状及评析

一、国内外相关研究的学术史梳理

（一）国外研究的学术史梳理

仿制最初的意思就是专利仿制，仿制是专利的伴生物。仿制药也概莫能外，源于被专利法保护的药品。对仿制药发展的制度研究始于 20 世纪 80 年代，较早进行系统研究的是美国民主党众议员亨利·韦克斯曼（Henry A.Waxman）。早在 1937 年，美国就发生了 20 世纪影响巨大的药害事件——"磺胺酏事件"。次年，美国国会通过了《食品、药品与化妆品法案》，授权美国食品及药物管理局（Food and Drug Administration，FDA）对新药进行"零风险控制"。FDA 的最严监管机制既打击了创新药研发的积极性，也阻碍了低价仿制药进入市场。在此前提下，亨利·韦克斯曼作为仿制药企业的代表提出了调整专利制度，在平衡原研药与仿制药管理的基础上鼓励发展仿制药，并与代表创新药厂利益的共和党参议员奥林·哈奇（Orrin Hatch）进行了激烈的争论。争论的结果是，1984 年 9 月，时任美国总统的里根签署了《药品价格竞争与专利期补偿法》（又称"Hatch-Waxman 法案"）。该法案被学术界称为仿制药挑战专利制度的经典。其中，专利保护期延长（patent term extension，PTE）制度和市场独占期规定重在保护原研药企业的研发积极性，而 Bolar 例外、橙皮书、首仿独占期和简化新药申请制度则有利于仿制药的发展。引起国际学术界研究仿制药的背景是《TRIPS 协议》签订后，药品价格居高不下，公共利益受到威胁。关注全球公共健康的学者塔格特（2007）认为，《TRIPS 协议》是发达国家强行将知识产权保护绑在了 WTO 的战车上的实证，统一的药品保护期限和较高的保护标准直接导致了药品可及性降低；发展仿制药才是协调药品专利与公共利益冲突的主要途径。

（二）国内研究的学术史梳理

我国对仿制药制度化的研究发端于 1992 年，即《专利法》的第一次修改正式将药品和化学物质纳入专利法保护范围，意味着我国医药行业正式进入了"专利时代"。在《TRIPS 协议》的框架下，国内最早从专利法角度研究仿制药发展的学者是上海药品监督管理局情报所的王巍（2002）和湖南大学李双元（2004）。为了实现药品专利的柔性立法，我国学术界一方面积极参与国际制度讨论，分析国外仿制药制度的得失；另一方面，从国情出发，主动探索原研药与仿制药在利益冲突中的制度协调路径。

二、研究动态

（一）国外研究动态

国外相关研究主要聚焦在以下 4 个方面。

（1）国际关于仿制药的规定是提高药品可及性的国际法保障。基于仿制药在化解全球公共健康危机中的突出地位，国际社会逐步确立了药品专利强制许可制度，从 2001 年的《TRIPS 与公共健康多哈宣言》（以下简称《多哈宣言》），到 2003 年的《关于实施多哈宣言第 6 条款的理事会决议》，再到 2005 年的《香港宣言》，最终达成了对《TRIPS 协议》第 31 条第 6 项的修订意见：认可了有限制条件的专利药品强制许可方式，明确了仿制药进口的成员资格，规定了强制许可使用费征收对象为生产国等。格鲁顿道斯特（Grootendorst，2007）认为，《TRIPS 协议》第 31 条的修订为授权仿制提供了国际法依据。米塔尔（Mittal，2010）认为，《多哈宣言》允许药品强制授权许可虽然具有合理性，但仿制药进出口中一旦出现"转出口"问题，那么不仅不发达国家的药品可及性难以实现，专利权人的利益也难以得到补偿。

（2）跨太平洋伙伴关系协定（Trans-Pacific Partnership Agreement，TPP）限制了仿制药的发展。Jowa Chan（2014）分析了美国与其他发展中国家签订的自由贸易协定，认为药品专利保护标准更高，保护时间更长，限制了发展中国家利用 TRIPS 公共健康保障条款进口仿制药品；不仅赋予药品专利权人阻止平行进口的权利，还禁止签约国药品注册机构在专利药品到期前为仿制药进行注册。

（3）美国国内平衡原则下的仿制药制度。学术界一致认为"Hatch-Waxman 法案"是平衡创新和仿制的典范，其内容包括专利挑战申明、45 天诉讼期、30 个月遏制期和 180 天市场独占期。瑞银集团（United Bank of Switzerland，UBS）药品投资研究高级分析家卡尔·赛登（Carl Seiden）认为，这项立法已经成为当今美国仿制药产业开创的催化剂，对美国药品生产和消费方式产生了重大影响。

（4）鼓励仿制必须以保护药品专利为前提。仿制药发展的基础是有药可仿、有能力仿。亨普希尔（Hemphill，2011）认为，药品专利期延长制度有利于专利权人获得垄断利润，弥补较大的研发投入；仿制药在《药品价格竞争与专利期补偿法》颁布以后占据了大量的市场份额，需要通过延长专利保护期来保障创新积极性持续高涨。

（二）国内研究动态

国内相关研究重点：

（1）对美国仿制药制度的理解。郭璇（2015）认为，这一制度是仿制药商对自己不侵权行为的一种自主陈述制度，即 FDA 要求仿制药商在简略新药申请（abbreviated new drug application，ANDA）的申请材料中对被仿药物的专利状态予以说明，以此减少侵权发生的可能性。

（2）药品创新与仿制的平衡。程永顺（2018）认为，专利药具有"五大一长"的特点，即投资大、风险大、难度大、意义大、市场大和周期长。"Hatch-Waxman 法案"的出台，一方面有效地保护了药品创新，另一方面又提升了美国仿制药的竞争能力。

（3）仿制药存在制度漏洞。王勇涛（2018）认为，美国赋予了首仿药企业 180 天的市场独占权，品牌药商用"反向支付"方式换取仿制药上市延迟，达到品牌药继续盘踞市场的目的。

（4）药品专利链接制度的功能。曹志明（2017）认为，作为"Hatch-Waxman 法案"的最主要组成部分之一，专利链接制度开创性地设立了一个利益平衡机制：一方面，该制度刺激仿制药企业对创新专利药发起挑战；另一方面，创新药企担心若在法律战开始之前仿制药被 FDA 批准，它们将丧失追索权，此时，该制度提供了仿制药获批前解决专利纠纷的途径。

（5）我国仿制药制度存在的问题。梁金马（2017）在对中美仿制药法律进行比较后认为，我国仿制药相关法律在 4 个方面有待完善，即仿制药法律地位不明确、仿制药对照目录制度缺失、缺乏有效首仿药激励制度以及仿制药使用限制制度不规范。

（三）国内外研究评价

国内外研究一致认为"仿制药就是非专利药"、仿制药包括到期仿制和授权仿制两种方式，为本研究深入探讨提供了基础。但是，本研究认为，当前关于仿制药的概念不够准确，范围界定也不够科学，需要重新厘清。专利制度如何进行合理调整以适应仿制药的发展，既需要考虑国际法影响，又要从我国国情出发。

第四节　研究内容及创新

一、主要内容总体框架

（一）绪论

本部分包括研究背景、研究意义、研究现状、研究内容和研究思路及方法。

（二）仿制药发展的依据及现实意义

1. 仿制药及其分类

从药品、专利药品和仿制药的概念出发，一方面，通过分析仿制药生产的制度环境、仿制药和专利药的关系、仿制药与假药的关系以及仿制药消费的普遍性，明确仿制药的本质内涵；另一方面，通过仿制药概念解释和仿制药分类，明确界定了仿制药的分类，即普通仿制药、强制性仿制药、挑战性仿制药和进口仿制药。从生产角度考虑，本研究未将进口仿制药作为单独模块进行分析。

2. 仿制药发展的基础和依据

主要包括 3 个方面：①仿制药发展的基础保障，即药品的可专利性，因为仿制药以专利药的存在为前提；②发展仿制药的理论依据，即药品及其专利的社会性，着重从公共利益优先原则、专利权与健康权的平衡理论、药品专利权限制理论进行论证；③发展仿制药的法律依据，从国际、国内两个层次进行分析，一方面重点从《巴黎公约》《TRIPS协议》《多哈宣言》《关于实施多哈宣言第 6 条款的理事会决议》的内容、演变及效力分析我国发展仿制药的国际法依据，另一方面，立足专利法及其实施细则规定、司法解释和行政规章分析仿制药发展的国内法依据。

3. 仿制药发展的现实意义

仿制药发展的现实意义，正是为了解决电影《我不是药神》反映的问题，这部电影生动地揭示了中国缺少高质量仿制药，而印度与专利药等效的廉价仿制药产业却十分发达的现实。从制度层面考察，药品专利权与生命健康权的冲突是发展仿制药的最大诱因，因为两者的冲突直接表现为药品的不可获得性。立足于提高药品的可获得性，本研究沿着允许平行进口药品和允许仿制两条主线分析仿制药发展的现实意义。

（三）域外仿制药发展的专利制度借鉴

在《TRIPS 协议》框架下，本部分主要从发达国家和发展中国家两个层面进行仿制药发展的专利制度适用分析。由于对仿制药 3 种形态的论证中还涉及对域外具体规定的借鉴，因此，本部分主要从总体上进行论述。

1. 发达国家仿制药发展的专利制度适用

（1）美国仿制药发展的专利制度：美国仿制药发展过程中涉及的专利制度主要包括 7 个方面，即仿制药注册审批与专利链接制度、仿制药注册审批中的"拟制"侵权制度、仿制药入市与品牌药专利期延长制度、仿制药独占权的获得与取消制度、对强制性仿制药的限制制度、专利药品平行进口的限制制度和限制仿制药企对药品专利的挑战制度。

（2）加拿大仿制药发展的专利制度：立足于加拿大的制度特色，主要分析涉及仿制药保护的药品专利链接制度和强制许可制度。

（3）欧盟关于仿制药的弱保护制度：欧盟为了巩固自身医药产业在国际上的强势地位，对仿制药的发展一直保持消极态度，不仅支持对药品专利的高标准保护，还担心《TRIPS 协议》修改会降低保护水平。比较欧盟、印度和加拿大在仿制药发展方面的案例并进行分析，可见欧盟关于仿制药发展的抵制性态度。

2. 发展中国家仿制药发展的专利制度保障

本研究选择巴西和印度两个代表性国家，对仿制药发展中的专利制度适用和安排进行论述。

（1）巴西发展仿制药的专利制度安排：在分析巴西公共健康问题严峻性的基础上，从 3 个方面阐述巴西仿制药发展的相关长期制度，即国际上药品专利的高标准规则、立法保护仿制药发展、巴西与域外跨国药企的对垒。

（2）印度发展仿制药的专利制度安排：印度在仿制药发展的法律制度上值得借鉴的有 3 个方面。

①与国际"常青"药品对抗。

②利用发展仿制药的有效时机，颁布了发展仿制药的专利制度。

③有效推进了强制性仿制药的发展。2012 年 3 月，印度药企 Natco 公司成功获得德国拜耳公司专利抗癌药"索拉非尼"的强制许可生产权，使得相应药品降价 97%，提高了药品的可及性。

（四）我国普通仿制药发展的专利制度保障

本部分主要内容有 3 个方面，即积极性制度、消极性制度和防御性制度。

（1）普通仿制药发展的积极性专利制度：首仿药激励制度、药品专利链接制度、"Bolar 例外规则"的学理解构与制度重建、专利药品平行进口制度等。

（2）普通仿制药发展的消极性专利制度：分析影响仿制药发展的因素，发现有两个制度对仿制药发展产生消极影响，一个是药品专利保护期限延长制度，另一个则是药品试验数据保护制度。

（3）药品专利反向支付协议的防范性规制：药品专利反向支付协议及其危害、我国防范的可能性和必要性、域外关于反向支付协议的违法认定，以及我国对反向支付协议的应对。

（五）我国强制性仿制药发展的专利制度适用

本部分内容是本研究设计的仿制药发展的三大板块之一，主要内容包括 3 个方面：①强制性仿制药发展及其合理性分析；②我国强制性仿制药发展的制度设计及现有问题；③如何完善我国强制性仿制药发展的专利制度。

（六）我国挑战性仿制药发展的专利制度创新

挑战性仿制药是指在专利药处于有效保护期内，实施人通过对药品专利进行改进以获得新的药品专利，生成新的专利药品，称为创新性仿制药，或通过多元手段挑战药品专利，实现非侵权仿制产出的药品。

二、研究创新

（一）学术思想创新

1. 全新解释

本研究将仿制药范围界定为普通仿制药、强制性仿制药和挑战性仿制药。这一界定的立足点，在于更好地提高药品的可获得性。在关于挑战性仿制药发展的论证中，明确提出模仿与创新相结合是实现仿制药高质量发展的重要途径，突破了"仿制药就是非专利药"的学术观点。

2. 仿制药发展的合理性是专利制度创新的客观要求

《TRIPS 协议》将专利权定义为一种"私权"，赋予权利人对专利享有一定时期的合法"垄断"权，以此激励发明创造。但专利的私权属性不能否认专利社会性的客观存在，因为"知识"是专利权客体的标的，这就决定了专利必然具有公共物品属性。药品专利制度如何处理保护专利与发展仿制药的关系呢？两者融合的目标是造福人类，实现公共健康权、一般健康权和生命权。因此，发展仿制药是药品专利制度创新的要求之一。

（二）学术观点

1.发展仿制药是必然结果

发展仿制药是协调药品专利权与公共健康权冲突的必然结果。但是对于两者的关系，学术界的观点针锋相对：一种观点认为，此两者之间存在利益上的根本性冲突，保护药品专利就难以使公共健康权得到保护；另一种观点则认为，两者从长远利益考察是一致的。本研究认为，从长远利益来看，保护药品专利有利于激励药品研发，无疑可以增加高质量药品的供给，可见加强专利权的保护是实现生命权、健康权的长效制度。从法律意义看，专利制度的设立目的还在于协调专利权人与专利权使用人之间的关系，当药品专利权与公共利益发生冲突时，专利法通过专利的时间界限和权利用尽原则，体现公共利益优先的原则。从现实来看，专利权与公共健康权的冲突性大于一致性。《TRIPS协议》设立了对药品专利的高标准保护制度，其结果是产生了一种"权利的溢出效应"——虽然有利于药品的研发，但使发展中国家背上了沉重的负担。因此，发展仿制药、提高药品的可获得性，是实现发展中国家人民健康权最好的保障。

2.我国发展仿制药的途径

我国发展仿制药，不仅要拓宽仿制药进口的途径，还要通过药品专利到期仿制、强制仿制和创新仿制，尽可能提高药品的可获得性。从专利制度的适用性考察：首先，在药品专利到期仿制模式下，应该从仿制前的临床准备、仿制药投放市场的及时性、仿制注册审批程序的简化、首仿激励等方面给予仿制药企制度激励；其次，在强行仿制模式下，针对我国专利强制许可制度可操作性不强的现状，基于我国药品专利"零"强制许可的现实，我国需要区分强制许可的不同情形并进行分类设计，细化情形，明确条件，简化审批流程，有效推进强制性仿制药的发展；最后，在挑战性仿制药模式下，一方面鼓励药企在药品专利基础上进行模仿创新、改进创新，即使该药品专利的实施权受到有效基础专利的制约，也可以享有强制许可请求权，另一方面，通过检索现有药品专利，从中发现问题，力争进行不侵权仿制。

第五节 研究思路及方法

一、基本思路

本研究的基本思路，即"提出了一个主题，进行了两个分析，论证了三个模块"。

（一）提出了一个主题

"健康中国"目标要求提高药品的可获得性以及高质量发展仿制药，满足这一要求必须进行专利制度创新。

（二）进行了两个分析

一方面，分析了我国仿制药发展的合理性、迫切性；另一方面，分析了域外发展仿制药经验的可借鉴性。

（三）论证了三个模块

将普通仿制药发展的专利制度保障、强制性仿制药发展的专利制度适用和挑战性仿制药发展的专利制度创新作为三个模块进行论证，为三大类仿制药的发展探索适用的制度环境。

二、研究方法

（一）文献研究法

对于仿制药制度，直接论述的文献较少，而有关药品专利的文献较多。通过对国内外相关文献的阅读整理，笔者了解了仿制药发展制度的研究现状及存在的不足，从而确定了本研究的方向和方法，厘清了研究的内在逻辑。参考的文献主要来源于中国知识基础设施工程（Chinese National Knowledge Infrastructure，CNKI）、中文社会科学引文索引（Chinese Social Sciences Citation Index，CSSCI）、美国工程索引（Engineering Index，EI）、斯普林格（Springer）数据库、威立-布莱克韦尔（Wiley-Blackwell）数据库等知名数据库。

（二）案例分析法

本研究借鉴了美国仿制药的平衡法案，引入了加拿大和印度仿制药挑战欧洲专利、巴西药品专利的强制许可等典型案例，使实证分析更透彻、更有说服力。

（三）比较分析法

比较分析主要体现在三个方面：

（1）国际法规定与我国现有制度的适用性比较，以利于确立我国对国际规定的应对之策。

（2）我国仿制药制度与美国和发展中国家的仿制药制度比较，反思我国相关规定的疏漏。

（3）现有规定与仿制药发展的国情比较，以利于制度创新论证。

第二章　仿制药发展的依据及现实意义

仿制药的产生建立在专利药品存在的基础上，专利药品是仿制的目标药品。专利制度是一把双刃剑，它保护了药品专利，但同时，药品专利权的私权膨胀等现实因素也导致了专利药品价格畸高等问题，这直接导致药品的可及性下降，与公共利益产生矛盾。要解决药品可及性和专利保护的冲突，就需要保护专利药品的替代药品，即仿制药。本章在分析药品、仿制药品等相关概念的基础上，重点阐述发展仿制药的理论依据、法律依据及现实意义。

第一节　仿制药及其分类

发展仿制药，首先需要厘清仿制药的概念。现有相关文献将仿制药定义为"专利药保护期满后出现的同质等效药"，但笔者不认同这一片面认知，且提出了仿制药的科学分类，并将三类仿制药作为三个模块进行论证，作为本研究的创新点。

一、药品的含义及分类

仿制药终归是药品，因此，研究仿制药的基础就是了解药品。在此主要厘清药品的概念，并通过分类分析其范围。

（一）药品的含义

为了弄清药品的概念，笔者有目的地考察了世界各国政府的药品法、药事法，并与我国药品管理相关法律中的内容进行对照。根据《中华人民共和国药品管理法》的规定，药品是用于调节和改善人的生理机能的物质，目的是对人的疾病进行提前防治、及时治疗和治疗前的诊断，实际使用时讲究科学用药，即科学确定用法、用时和用量。这一物质包括的范围较大，既包括具有中国特色的中草药、中成药等，又包括具有化学成分的药品，还包括与血液有关的制品，甚至诊断类药品等。①

药品既具有一般商品的特点，又存在特殊性。以下为药品较为突出的

---

① 参见《中华人民共和国药品管理法》第二条。

特点。

1. 药品本身的两面性

虽然药品生产的目的在于诊病和治病，但是常言道"是药三分毒"，可见药品也可能致病，有的药品在治疗一种疾病的同时，也有可能引发另一种疾病。因此，药品注册上市之前的安全性和疗效性评价十分必要，利弊权衡不可或缺。采取评价措施，正是针对药品的两面性，也体现了药品与一般商品的重大区别。

2. 药品种类的复杂性

药品究竟有多少种？国际上相关登记显示，全世界的药品有 20000 多种，仅我国中药就将近 5000 种，而化学药品有 4000 多种，足见药品种类繁多，由此导致了药品的分类方法或分类标准呈现出多元化、复杂化的特点。

3. 药品用途的专属性

每一种药品都有自身的用途，既存在一种药品有多项用途，又存在多种药品能够共同作用治疗同一种疾病的现象。医学科学性的表现之一就是对症下药，一方面，正确诊断疾病是科学用药的前提，如果不能准确判断病情进而合理用药，不仅不能有效治病，还有可能引发新的疾病；另一方面，完成了科学诊断，精准用药同样重要，病和药存在的统一性、对应性体现了药品的专属性，正可谓"什么药治什么病"[①]。

4. 药品质量的可靠性

药品的使用过程直接关系到治疗效果和用药人的生命安全，各国都将药品质量管理纳入法律规制和标准化管理，对药品质量安全性、可靠性都做出了明确规定。《中华人民共和国药品管理法》不仅构建了药品的质量指标体系，还建立了药品可靠性的保障体系。一旦发现药品存在质量问题，生产企业、监管部门、流通环节等都难辞其咎，需依法承担法律责任。

5. 药品使用的社会性

人们的生命权和健康权是国际社会确立的基本人权，因此，解决公共健康问题的药品必然具有公共社会属性，体现在：首先，药品属于大众消费品，是人类生存发展所必需的特殊商品；其次，药品的研制虽然具有私权属性，但是在行使私权时必须考虑其公共属性，不但不得与其社会属性相冲突，而且如果发生冲突，必须坚持社会公共利益优先的协调原则；再次，药品在商品化的过程中，既要体现自身价值，更要体现其社会性；最后，在药品专利化保护中，必然存在要兼顾私权保护和社会性的问题，为

---

① 吴蓬.药事管理学［M］.2 版.北京：人民卫生出版社，2001：13.

了符合社会性要求，有时私权可能受到限制，如各国法律规定的药品专利的法定许可、强制许可等都是满足其社会性要求的体现。

6. 药品鉴定的专业性

药品鉴定的专业性主要体现在专业部门和专业人员鉴定、专业设备检验，以及专门法律规制。对于药品质量是否可靠、是否符合既定标准，专业部门和专业人员需要对其安全性、疗效性进行专业评价，甚至需要借助于严格的临床试验数据予以佐证。只有通过专业检验并符合各项指标要求的药品才是真正的药品，才可能获得上市销售的批准，否则，就只能停留在申请注册阶段甚至研发阶段，不能进入药品市场。

7. 药品使用的局限性

基于药品的两面性，药品的商品化过程必然会受到一定的限制，其原因在于医用药品，尤其是处方药品，不像一般商品一样可以自由买卖，而必须在医务人员的指导下进行，以防止药品滥用导致使用者出现健康问题。因此，对于药品买卖中的限制，《中华人民共和国药品管理法》做出了相应规定。药品买卖需要医务人员指导、药品经营者配合和患者服从，确保药品的科学使用。

（二）药品的分类

药品依据不同的标准可以进行多种分类。

1. 现代药与传统药

《中华人民共和国药品管理法》将药品划分为现代药与传统药。现代药又称西药，一般指化学药品、抗生素、生化药品等，它们的制作方法通常有合成、分离提取、化学修饰、生物技术等。其主要特点是成分结构比较清楚、质量标准比较明确、依据现代医学理论、治疗效果针对性强且显著。传统药一般是指世界各国具有民族特色的自古沿袭下来的药物，主要包括以动物、植物和矿物为原材料的天然药物，如我国的中药就是典型的传统药。

2. 专利药和非专利药

从《中华人民共和国专利法》对创新药品保护的角度考察，药品可以分为专利药和非专利药。专利药是指研发人员通过申请和审查获得专利权的药品。非专利药包括两类：一类是原来属于专利药品，但保护期届满不再具有专利效力的药品；另一类是没有申请专利保护的药品[①]，又称通用名药。

① 刘雷.浅议专利期满前使用他人专利药品进行临床前试验免责的法律依据[J].知识产权研究与实务，2006（6）：11-13.

3. 原研药和仿制药

从药品创新程度划分，药品可以划分为原研药和仿制药。原研药是指创新药品，多数情况下指专利药品，但若药品处于专利申请过程中，虽然尚不是专利药品，也称为原研药。仿制药与原研药相对应，笔者以为，仿制行为可以划分为 3 种形式：①获批强制许可的强制性仿制；②专利保护期满的自然仿制；③创新性的改进性仿制。

二、专利药的范围和特征

与仿制药直接对应的就是专利药，因此，有必要对仿制药的目标药品专利药进行分析。

（一）专利药及范围

1. 专利药的概念

专利药即在全球最先提出申请，并获得专利保护的药品，是由专利法保护的化学药品和化工药品制造方法，主要表现为发明专利。药品专利包括药品专利和制药方法专利，而且两者在立法方面并没有严格的区分。

2. 药品专利的范围

从世界范围看，专利类型和专利保护范围因国而异。虽然《巴黎公约》和《TRIPS 协议》都对其做了规定，但是各个国家仍然根据国情对专利保护客体进行了不同的制度安排。就专利保护范围而言，宽严应该如何把握呢？一般而言，基础研究类偏宽，应用研究类偏严 ①。

在药品专利领域，首先，药品受专利保护的范围与药品的可及性直接相关。如果采取较宽的原则，无疑会推动药品价格上扬，降低患者的可获得性；反之，则有利于提高药品的可及性。其次，药品受专利保护的范围也影响着药品专利制度的适用，如《关于实施多哈宣言第 6 条款的理事会决议》给药品提供了一个定义："为解决《多哈宣言》第一段所承认的公共健康问题的需要所生产的专利药品或使用专利方法制造的药品，包括制药所需的诊断测试盒。"然而该定义并没有明确心脏病、糖尿病、癌症等非传染性慢性病是否囊括其中，这实际上无形中为发展中国家运用强制许可制度施加了诸多的限制。因此，明确药品受专利保护的范围有着重要的意义。

从国际上看，药品大多为发明专利。发明专利分为产品专利和方法专

---

① 考特，尤伦 . 法和经济学［M］. 施少华，等，译 . 上海：上海财经大学出版社，2002：112-113.

利两种，但较多的是产品专利。就专利产品而言，一般包括有形的物或者物的组合体，如常规概念下的物质、机器、装置等；就方法专利而言，虽然也涉及材料、设备和工具，但是受专利法保护的是操作流程和实施步骤、顺序等，以此来实现制造出产品的目的 [①]。具体到药品领域，可取得专利权的药品主要包括化学合成物和生物合成物本身以及制备方法。化学合成物属于产品专利的主要形式，既包括结构全新的化合物，又包括结构改进的化合物。在专利申请中，若以全新结构的化合物申请发明专利，则一般按组申请，即某一组化合物申请一项专利。而结构改进型化合物的专利申请需依据流程进行：第一步，与已知化合物进行比较，通过比较发现其差异性；第二步，依据差异性，判断是否具有创造性；第三步，如果差异性不足以支持创造性，接下来就要考察其效果，判断其效果与已知化合物的差别。至于药品制备方法专利，申请数量从无到有，从少到多，增长趋势明显，理由在于保护方法也涉及运用此方法制造的药品。

我国专利法没有规定药品专利的类型，从现有专利法意义看，发明、实用新型、外观设计三种类型都可以进行药品专利申请。但是，从客观情况出发，药品一般只能申请发明专利，这是由药品的特殊性所决定的。外观设计专利不适用于药品。药品实用新型专利也较少，因为这类专利品必须具有确定的形状和固定的结构，能够满足实用新型专利构成要件的主要是一些医疗设备和避孕药具。

（二）专利药的特征

专利制度对创新具有激励作用，这种激励无论对一般产品创新还是药品创新研发都表现为一种普遍作用。美国著名经济学家哈维·曼斯菲尔德（Harvey Mansfield）从经济学视角出发，分析了专利制度、原研药与药品价格等之间的关系。他认为专利制度对制药行业的发展、药品的研发创新具有明显的激励作用 [②]。药品专利制度在激励研发的同时，给药企创造了越来越丰厚的利润，原研药对专利制度的依赖性越来越强。专利药与非专利药在专利创新周期、投入、垄断性等方面的区别突出表现为以下 3 个特点。

1. 专利药品的研发周期较长

药品作为一种公共产品，事关人类生命权和健康权，因此对新药品的研发要求极高，研发周期自然较长。具体理由如下：首先，药品的重要地

---

① 董涛. 专利权利要求［M］. 北京：法律出版社，2006：11.
② 王轶佳. 论药品专利保护［D］. 郑州：郑州大学，2012：14.

位对药品质量、安全、疗效等方面提出了较高的要求，这些高要求传递到研发环节，必然覆盖了研发方向、研发过程、临床试验等。如果要获得比较成熟的技术方案，一般研发过程需要十几年时间，其中，研发方向确定和研发准备需要 2～3 年，核心技术的研发需要 5 年左右，临床试验也需要 3～5 年。其次，药品研发不仅过程漫长，而且容易失败。据调查，关于新药研发成功率的观点不一。据文献统计，药品研发成功率不足 60%；而据专家统计，在新药研发中关于引导化合物的发明，其研发成功率仅有 1/6000；更有甚者，从提出研发方向的发明准备开始计算，坚持到研发完成、临床试验成功，成功率仅 1/300000[①]。

2. 专利药品的研发费用极高

在所有产品的研发费用中，药品研发费用应该是最高的。据塔夫茨药物研究开发中心公布的 2014 年费用数据，有一种新药的研发成本高达 20 多亿美元。药品研发费用较高的原因在于：首先，研发过程比较漫长，时间成本的增加必然加大研发投资；其次，药品研发虽然目标明确，对所要解决的问题也比较确定，但是研发过程具有较强的不确定性，严重影响了药品研发的成功率。较低的成功率，不仅直接推动了研发成本的增加，还进一步延长了研发周期。

3. 专利药品的可代替性较弱

专利药品是药企针对患者研发的专用药品，以及针对可能出现的病患研制的防疫药品，其目的性和供给垄断性导致专利药品可替代性较弱。其替代性弱的原因在于：首先，专利药品的制造权属于研发者，法定制造者除了药品专利权人自身外，还可能包括药品专利的被许可人或受让人，对制造者的限制体现了专利药品在市场上销售的垄断性，因此，专利药品在市场上具有难以替代性；其次，无论是国际还是国内，在专利保护规定中，市场上出现的与专利药品相同的药品必然构成专利侵权，与专利药品相近似的药品也可能构成等同侵权。综上所述，一方面，难以替代的专利药品刺激药品专利权人继续垄断药品专利技术和专利药品市场，不断进行药品研发；另一方面，药品消费者希望大力发展仿制药，增加专利药品的可替代性和药品的可及性。

---

① 刘斌斌，王心罡. 医药品专利的特点及其保护困境［J］. 甘肃科技，2011（9）：84-85.

三、仿制药及其特点

（一）仿制药的概念及分类

1. 仿制药的产生

资料显示，2018 年，全球关于卫生的总支出高达 10 万亿美元，而且每年还在不断增加，按照递增幅度，预计 2040 年将达到 20 万亿美元。另据调查，随着老龄化程度的加深，全球人口中有近 60% 的人患有慢性疾病，近 20% 的人患有两种及以上的疾病，对人类健康的维护提出了严峻的挑战。从全球视野看，世界各国的药企几乎不约而同地投入了新药的研发，据统计，全球正在研发的新药达到 7000 多种，已经成功研发并上市销售的专利药正在发挥积极有效的作用。毋庸讳言，这些专利药品在疾病治疗、防疫等方面效果显著，但是，专利药品市场价格过高，远远超过了患者的平均购买能力，发展中国家的患者更是"望价却步"。从药品专利权人的角度出发，原研药的研发时间长、成本高、程序烦琐、风险大，直接推动了专利药品价格的攀升，因此，原研药商为了弥补研发成本，通过药品专利的合理垄断，制定垄断价格，以追求并获得垄断利润。从药品消费者的角度出发，面对价格高昂的专利药品，受购买力制约，只有依靠本国政府的医保政策解决疾病治疗支出问题，但是，世界各国财政状况差异很大，大多数发展中国家和极不发达国家无力支付巨额的医保补贴。因此，有药难医的状况客观存在。从发展中国家的实际情况看，要实现生命至上的目标，除了充分发挥政府医保政策的作用，发展仿制药也是抑制专利药品价格、保障药品供给的重要途径。我国是世界上最大的发展中国家，虽然我国的脱贫攻坚战取得了全面胜利，但是医疗体系仍然处于不断完善的阶段。为了提高药品的可获得性，发展仿制药依然是我国一项不可轻视的任务。

2. 仿制药的概念

（1）仿制。从深层意义理解，"仿制"一词就是针对专利的模仿提出的。但是，模仿制造却有独特的含义：首先，仿制与专利权人自行实施存在本质上的区别，虽然仿制者和专利权人实施都是依据专利技术进行制造，但是，专利权人的实施是完全依据自身的发明实施制造，而仿制者是依据自身对专利技术的理解实施制造；其次，仿制与专利被许可人的实施也存在区别，被许可人的实施与专利权人实施具有条件一致性，但仿制者的制造没有得到专利权人的技术帮助。由此可见，仿制区别于一般制造，仿制是在没有专利权人帮助的情况下的具有自主性、理解性的制造。

（2）仿制药。按照仿制的概念，仿制药指的是未经药品专利权人许可和帮助，模仿专利技术生产的药品。我国是仿制药大国，化学药市场几乎全是仿制药。而仿制药，又叫通用名药或非专利药，它在剂型、安全性、规格、给药途径、质量、性能特征、适应证等方面基本与已上市原研品牌药相同。这些相似性有助于证明仿制药与品牌药的生物等效性。生物等效性要求仿制药与品牌药不仅作用机制相同，临床效果也应等同。因此，仿制药即原研药在质量、疗效上的市场替代品。按照《药品注册管理办法》中的化学药品分类，注册分类 6 类"已有国家药品标准的原料药或者制剂"及注册分类 3 类新药"已在国外上市销售但未在国内上市销售的药品"都属于仿制药的范畴。

《中华人民共和国专利法》对于药品专利的保护已经与国际接轨，在禁止性规定中明确"未经专利权人许可，任何人不得擅自实施其专利技术"，否则就构成专利侵权。因此，在我国，仿制药通常是指专利药保护期满，药品专利技术进入公共领域后，仿制药企所生产的原专利药品。其实，在药品专利保护期内，由于专利强制许可制度的存在，仿制药只要满足强制许可条件，也可以提前实施仿制并形成仿制药，即强制性仿制药。因此笔者认为，所谓仿制药，是指未经药品专利权人许可，其他药企生产的和专利药品同质等效的药品，包括保护期届满的普通仿制药、强制许可生产的仿制药和以专利药为基础进行模仿创新研发的药品。需要强调的是，我国长期以来忽视强制许可制度的运用，几乎没有批准过药品强制许可，因此，国内市场上的仿制药几乎都是药品专利保护期满后，我国药企模仿原研药而生产的药品。值得一提的是，在印度，由于印度专利法对药品强制许可的规定情形具体、事由宽泛且限制较少，因此，大量强制性仿制药投放市场。这些仿制药因为研发投入少、成本低，所以药品价格较低，显著提高了药品的及时可获得性。

3. 仿制药分类

对于仿制药如何进行科学分类，仿制和仿制药的概念提供了依据。

（1）常见的仿制药分类：从现有文献考察，我国学者的主流观点为仿制药可分为三类，即强行仿制药、授权仿制药和普通仿制药。

①强制许可（compulsory licenses）仿制药：属于政府强制行为的结果，是指出现药品专利权人行使权利的行为构成垄断、与公共利益发生冲突、威胁国家安全等情形时，政府依法对药品专利权实施限制，即对药品专利实施强制许可。如非洲部分国家发病率较高的艾滋病，其传染性极

强，严重威胁到国家公共健康，但是治疗艾滋病的特效药为专利药，其制造权、销售权等为专利权人所有，价格居高不下，人们不具有药品支付能力，国家财政也难以补贴用药，在这种情况下，非洲部分国家只有通过实施药品专利强制许可才能实现药品平价供应。非洲部分国家强制许可制造的专利药品正是强行仿制药。当然，即使在发达国家也存在强行仿制药，是专利强制许可制度的实施成果。

②授权仿制药（authorized generic drugs）：属于原研药企业授权第三方实施药品专利的结果。有学者认为，这类仿制药在生产过程中得到了药品专利权人的许可和技术支持，因此与原研药在疗效上具有高度一致性。其实，笔者认为，药品专利权人授权他人许可实施专利技术并非仿制，因为专利权人和被许可人的实施都属于专利的合法实施，被许可人实施与专利权人自行实施不存在任何区别。

③普通仿制药（generic drugs）：以专利药品保护期届满为前提，仿制药企依据药品专利生产的"专利药品"。虽然该药品已经不属于专利药品，但是该仿制药品与仿制目标药品在质量和疗效上没有区别。值得思考的是，治病救人存在极强的时效性，等药品专利期满再行仿制，虽然不构成专利侵权，但药品时效性必然难以保证。

（2）仿制药类型的重新划分：上述的仿制药分类标准存在模糊性。笔者认为，所谓仿制就是第三方行为，自己使用自身研发的药品专利技术不算是仿制；因此，首先依据仿制时间的差异，可以将仿制药划分为专利药保护期满仿制和保护期内仿制。保护期满仿制属于普通仿制，而保护期内的不侵权仿制又可以依据仿制条件不同，分为强制许可仿制、模仿创新仿制。由此可见，仿制药应该划分为普通仿制药、强制仿制药、创新仿制药和进口仿制药。本研究将根据这4种形式的仿制分4个模块对仿制药的发展进行制度创新性论证。

（二）仿制药的特点

关于仿制药的特点，笔者认为，既有必要从仿制药与专利药、假药的关系进行考察，又有必要从仿制药的发展进行分析。

1. 实施药品专利的自主性

仿制药的生产和经营区别于药品专利的许可使用。药品专利许可使用属于实施者得到了药品专利权人的指导和帮助，生产的药品就是合法的专利药品，不属于仿制药。仿制药的临床试验、申请注册和生产都属于仿制药企的自主行为，得不到药品专利权人的帮助。因此笔者认为，仿制药只是在质量和疗效上与专利药高度一致，但它不是专利药，是仿制药企不依靠专利权人帮助而生产的"专利药"。

2. 仿制药与专利药的关系

专利药是专利法保护的药品，既包括药企生产的产品，又包括生产药品的专利方法。从世界范围看，专利药的形成可以分为两个阶段：第一阶段是《TRIPS协议》颁布之前，将药品纳入专利保护的只有少数发达国家，保护从20世纪中期开始；部分国家对药品的保护也仅限于药品的生产方法，而不保护具体的药品。第二阶段从《TRIPS协议》实施开始，世界贸易组织成员方统一对药品实行专利保护，对保护时间、保护范围、保护标准等都做了规定。从此，专利药品开始在全球范围内普遍存在，也受到了广泛保护。

仿制药和专利药的关系，笔者认为可以从以下4个方面进行分析。

（1）仿制药对专利药的必然依赖性。仿制药本质上是对专利药的模仿，没有专利药就没有仿制药。因此，发展仿制药，首先必须将专利药作为仿制的目标药。由此可见，只有将药品纳入专利保护范围，依法鼓励药企投入药品的研发创新，产生越来越多的专利药品，才能为仿制提供对象性条件，解决"有药可仿"的问题。其次，虽然专利药可以仿制，但此仿制必须以尊重药品专利保护为前提，不得非法仿制，以免构成对药品专利的侵权。

（2）仿制药与专利药存在利益冲突。

①两者目的上具有差异。专利药生产者依靠药品专利获得垄断利润，是私权的体现；而仿制药生产的目的是提高药品的可及性，通过降低药品价格，使广大患者买得到、用得起专利药品。

②两者价格悬殊。例如2013年的中国药品市场上，诺华公司生产的专利药品格列卫每盒价格23500元，而印度仿制其生产的格列卫每盒仅200元，两种药的市场价格相差百倍。值得强调的是，它们的质量和疗效却几乎没有差异。

③两者市场不相容。首先，药品专利权人原本垄断市场，享有对专利药生产的独占性权利，一旦出现仿制药，其市场份额就会被重新分割，仿制药以其价格优势短时间内抢占了市场主动权，药品专利权人则不得不跟随仿制药价格而降低专利药品价格，否则就将完全失去市场；其次，药品保护具有排斥性，药品专利权人对专利药享有合理的垄断权，在药品专利保护期内，未经专利权人许可任何人不得实施专利技术，否则将构成专利侵权；最后，药品专利期满，仿制药只要符合药品管理要求，就可以上市

销售，仿制药的合法上市必然会对专利药造成冲击。研究表明，仿制药上市的突出作用是平抑药价，药价至少下降 40%，原专利药企的收入也将减少 80%。例如，辉瑞公司拥有治疗高血脂的"立普妥"专利药品，2012 年专利到期后其销售额断崖式下跌，从到期前的年均销售额 10 亿美元降至 4 亿美元，2013 年持续减少至不足 2 亿美元[①]。仿制药对专利药的冲击可见一斑。

（3）仿制药的侵权可能性。专利药的生产、销售、使用、进口都是专利权的主要内容，非经专利权人许可或转让，又无法定事由，仿制就可能构成侵权。因此，仿制药企要挑战药品专利，无疑必须具有法定事由；面对药品专利权人的侵权诉讼，必须有合法的抗辩事由。

（4）仿制药与专利药在保护上的对立性。从保护角度考察，两者具有明显的对立性：保护仿制药发展，如允许对药品专利实施强制许可、允许对药品专利进行改进创新等，必然会形成对专利药的限制；反之，加强对药品专利的保护，如对药品试验数据提供专有权保护、实施延长药品专利保护期制度等，必然会限制仿制药的发展。可见，两者在保护上互为消长，构成对立关系。

3. 仿制药与假药的关系

（1）我国对假药的法律认定。我国对假药的法律规定主要体现在《中华人民共和国药品管理法》《中华人民共和国刑法》等法律规范中。《中华人民共和国药品管理法》第九十八条规定："禁止生产（包括配制，下同）、销售、使用假药、劣药。有下列情形之一的，为假药：（一）药品所含成分与国家药品标准规定的成分不符；（二）以非药品冒充药品或者以他种药品冒充此种药品；（三）变质的药品；（四）药品所标明的适应证或者功能主治超出规定范围。"该条将假药分为两种类型：一种是从药品本身就可以肯定是假药，其成分、药效等与真药进行比较，可以说是云泥之别，一无是处；另一种则是从合法性考察属于非法药品，确定其为假药的标准不是成分、疗效等，而是其未经药品管理部门批准即上市销售。为了打击假药，《中华人民共和国刑法》中专门确定了一项罪名，即生产、销售、提供假药罪。

（2）仿制药与假药的关系。从药品性质看，假药是危害百姓健康的药品，即使没有不良反应，也会影响疾病治疗。而仿制药可以分为两种情况：①是国内合法的仿制药，既不是假药，也不是非法药品；②是引进到

---

① 李瑞丰，陈燕. 专利布局视角下药企应对"专利悬崖"策略研究及思考［J］. 电子知识产权，2017（6）：64-72.

国内的国外仿制药，此仿制药在国外是合法药品，引进国内未经国家药品管理部门审批，被定义为非法药品。可见，仿制药并不一定是假药。我国癌症患者陆勇曾经通过非正常渠道从印度购进价格较低的仿制药格列卫，其治疗效果良好，价廉物美。那么，为了帮助病友，陆勇通过原购买渠道在为自己买药的同时为病友代购药品，这种行为是否构成犯罪？湖南省沅江市检察院认为陆勇从印度购买格列卫的行为构成销售假药罪并提起公诉，这起公诉案件引起了较大的社会反响。对于舆情，沅江市检察院及时反应，2015年2月就做出了"不起诉"的决定，理由主要有两点：首先，陆勇虽然通过非正常进口途径为自己以及病友从印度购买仿制药，但购买过程中不存在牟利行为，不构成刑法意义上的"营利销售"；其次，陆勇代购的仿制药虽然未经我国药品机关审批，但是，此仿制药在印度属于合法仿制药，而且药品使用后取得了很好的治疗效果，没有对人类健康造成影响。以上案例的处理可见我国对仿制药的司法态度。但是，对于假药，我国司法界采取的态度是"零容忍"，如福建康泰堂公司非法进口印度产"吉非替尼片"，并在公司所属药店零售，结果不仅被处罚金9.9万元，相关责任人还被追究了刑事责任。

4.仿制药消费的普遍性

对于仿制药消费上的普遍性，可以从全球范围、政策、药企参与度和仿制药在药品市场所占比重进行分析。

（1）从全球范围看，仿制药发展与专利药保护是卫生系统、药品领域高度关注的两个问题。为了鼓励药品行业进行创新，长远地满足人类治病用药需求，需要保护药品专利，鼓励研发新药、特药。但药品专利和一般专利一样，其制度的双刃剑性质决定了专利药的供给必然产生垄断及垄断价格；因此，限制专利药、提高药品可及性的有效途径就是发展仿制药。

（2）从政策上看，世界各国都不同程度地采取了发展仿制药的政策。如2018年4月，以深化医疗改革和降低卫生费用为前提，以提高医疗卫生的公平性与药品可及性为目的，国务院办公厅颁布了《关于改革完善仿制药供应保障及使用政策的意见》，明确提出，要实现从制药大国迈向制药强国，我国不仅要加大新药研发力度，还要在促进仿制药研发、提高仿制药质量上下功夫，增大投入，在保证疗效的基础上更好地满足临床用药及公共卫生安全需求。

（3）从参与仿制药生产的药企看，仅中国就有6000多家药企是以生产仿制药为主。

（4）从药品市场仿制药所占比重看，如制药技术发达的美国，被称为世界创新药制造强国和卫生服务消费大国，2016 年全美医疗消费支出达 3 万亿美元，药品消费支出近 1 万亿美元。在药品消费中，美国仿制药消费占 89%，完全可以说是以仿制药消费为主的国家。另据统计，印度作为人口大国，对仿制药的使用更为普遍，2014 年仿制药消费占其药品市场总量的 95% 以上。

第二节 仿制药发展的基础和依据

2018 年 4 月，国务院办公厅发布了《关于改革完善仿制药供应保障及使用政策的意见》（国办发〔2018〕20 号），关于发展仿制药的相关内容有以下几点。

（1）加强药品行业的知识产权保护。为完善与产业发展相适应的药品知识产权制度，首要任务是培育高价值知识产权，激励原始创新。只有高价值药品专利才具备发展仿制药的基础条件，才能解决仿制目标问题。

（2）在保护药品研发创新的同时，如何兼顾公共健康？必须考虑药品的公共社会属性，即当药品专利权与公共健康权发生冲突时，以公共利益保护优先。保护公共利益离不开发展仿制药。

（3）对于药品专利权，仅有保护是不够的。当出现滥用药品专利权时，必须依据反垄断法对药品专利进行限制。发展仿制药从创新仿制出发体现了对药品专利的限制。

上述文件精神为发展仿制药指明了方向。发展仿制药，既需要丰富的药品专利资源作为基础保障，又需要正当性作为理论依据，还需要国际、国内法规规定作为法律依据。为此，本节内容主要有 3 点：我国仿制药发展的基础保障、仿制药发展的理论依据及法律依据。

一、发展仿制药的基础保障：药品的可专利性

发展仿制药，离不开可供仿制的专利药。因此笔者认为，首先需要论证药品的可专利性。药品是否具有可专利性，历史上曾经是国内外学界和产业界普遍热议的一个焦点问题，而且，将药品纳入专利法保护范围，在我国从 20 世纪 90 年代才开始实行。国内外学者各自从博弈论出发，依据"公地悲剧"和"反公地悲剧"理论，认为药品专利保护制度的双刃剑性质更加突出，即对于药品研制，对研发成果实施专利保护，不但可以保护新药研发的积极性，而且可以激发药企的投资热情，否则，就可能引发"公地悲剧"；然而，如果保护标准过高，专利权与公共利益有可能发生

冲突，甚至导致"反公地悲剧"。

国际上对专利的保护有几百年的历史，但是，将药品纳入专利保护范围的时间并不长。在药品未获得专利保护之前，由于药品具有公共产品的性质，因此，世界上每出现一种创新药品，其他药品企业很快就会对其进行仿制。大量仿制的结果是：一方面，药品产量迅速提高，药品同质化，市场上供过于求，新产品的一哄而上导致了医药市场的恶性竞争；另一方面，任何一种创新药品都是来之不易的，不但投资大、时间长，而且研发难度大、风险大，在风险投资成本较高的前提下，若某种创新药品的新技术就像"公用草场"一样，世界同行可以在没有进行任何前期投资的情况下共同使用，那么研发投资者只会越来越少，研发者也将失去工作岗位，所造成的就是"公地悲剧"。好在经过国际争论，国内外学界对医药领域"公地悲剧"的影响取得了共识，纷纷建议对创新药品提供专利法保护。而关键在于制度设计，需要遵循平衡原则，既要鼓励研发者、投资者的积极性，又要防止药品专利权滥用。

为了避免医药产品的"公地悲剧"，世界上大多数国家都有所反应，具体体现在从 20 世纪 60 年代开始，大多数国家纷纷将药品纳入专利客体范围。我国 1992 年第一次专利法修改也明确规定了保护药品专利。

（一）药品可专利保护的激励性

对药品实施专利保护，其理论依据是多元的，如劳动理论、人格理论、财产理论、激励理论等。本研究着重针对激励理论进行论述。劳动和财产理论主要从任何人的劳动及其成果都应该受到保护的角度出发，主张创新药品研发者的劳动也应该受到保护。激励论的观点是，私权利和公共利益相互促进时，对私权利的保护有利于发展社会利益[①]。

激励论衍生出了一个新的理论，即"补偿理论"。该理论的哲学基础是：①为了鼓励发明人的积极性，需要对其劳动等付出给予一定的补偿，以激发更大的发明热情；②对于如何使发明成果成为公共财富，有必要设计一种制度，使发明人获得一项权利，即以公共目标的名义得到补偿[②]。尤其是具有公共属性的药品，药品成为公共财富和发明人享有获得补偿的权利是相辅相成的。可见，补偿理论的本质观点就是通过补偿智力创造者来激励发明人更好地进行智力创造活动。

---

① 冯晓青.知识产权法哲学［M］.北京：中国人民公安大学出版社，2003：191-192.
② 波兰尼.专利制度改革［J］.经济研究评论，1944（11）：65.

1. 激励论的基本内涵

激励论是 20 世纪 20 年代国外一些管理学家、心理学家提出的一个理论。从各自研究观点看，一般划分为三大理论学说，即行为主义学派、认知学派和综合性学派。行为主义学派创始人华生认为，管理的目的是调动人的主观能动性，激励是管理过程中最重要的手段，因此，激励既是重要的管理行为，又是诱发人们行为的主要手段。新行为主义者斯金纳认为，激励是体现在人力资源管理上的制度手段，是在个体需要和组织目标存在的前提下，采用激励手段实现两者的共同化和一致化。认知学派的观点主要体现在两个方面：一方面，个体需要决定个体行为，满足人的个体需要，才能有效地指导人的行为，同时人的个体需要即内在因素，不仅仅包括物质利益，还包括思想意识、价值观念等；另一方面，激励的目的是解决个体需要和行为的错位，旨在化消极为积极，实现组织目标。

考察两种理论的精髓，行为主义学派强调了激励理论的外在性，而认知学派认为激励理论的激励主要体现在内在。综合性学派其实是上述两个学派的混合理论，体现了全面性和综合性。这一混合理论的创立者心理学家勒温认为，对人的行为的刺激，外部环境是一种引发性的因素，真正的驱动力是内部因素。要指导人的行为方向，最好是内部和外部因素共同作用，内部因素的作用离不开外部因素，但仅有外部因素也很难改变人的行为方向。1968 年，波特和劳勒提出了一种新的综合性激励模式，即外在激励和内在激励相结合。

综上所述，激励理论虽然针对人的行为实施激励，但是更强调社会利益，其目的在于通过对个体的内部和外部实施有效激励，达到个体利益与整体利益相统一。具体到如何确定专利权的客体，无论从国际法还是国内法考察，都以人类智力成果为标准，而这些智力成果可保护的条件不仅包括独创性、应用性，还包括具有可复制性。因此，如果智力成果创造者不能享有制造权、复制权等权利，则其成果极易被复制和仿制，其相应利益极易受到损害，从而使创新者的积极性受到伤害。对富有创造性的专利实施保护，正是激励理论的必然要求和运用。

2. 专利制度体现了激励性

首先，专利制度授予发明人对研发成果的合法垄断权，不但最大程度地保护了发明人的核心利益，而且给社会公众设置了一个雷区，使其自觉加入保护专利的行列。在此基础上，又从反向立法，规定了专利权人的具体权利，即实施权和处分权，非经专利权人许可，任何人不得擅自实施其专利技术。

其次，必须知悉的是，专利制度对专利权人激励的目的在于更好地满足社会需要。因为只有切实地保护了创新者的利益，才可能有越来越多的新产品被研制出来。因此，对个体的激励就是社会目的的实现手段。

再次，有学者也提出专利制度就是一个悖论：在药品生产领域，专利药品被研发成功并投放市场后，必然在药品质量、治疗效果方面胜过普通药品，甚至成为某种疾病的唯一药品，实现了对社会公众的高质量服务；但是，研发者获得了药品垄断权及市场控制权，为了及早收回研发投资和使利润最大化，势必制定较高的药品价格，甚至是社会公众难以接受的药品价格，加重了社会公众的负担。可见，没有合法的药品专利垄断，就不能激励行之有效的药品的研制；但允许创新药品的合法垄断，又会导致专利药品的不可获得性。在专利药品不具有可及性时，人们就呼唤仿制药品的诞生，希望市场上存在疗效一致的廉价药品。

复次，激励论不仅要求现有社会利益总量的增加，它更注重以现在换将来，着眼于未来社会利益总量的增加。专利制度生动地贯彻了激励论：它一方面通过授予合法垄断权利减缓了专利技术的扩散；另一方面通过对研发者的激励，又促进了更多专利技术的不断涌现。一些古典经济学家称专利制度这一效用为"回报预期"，因为政府从授予专利权那一刻起，就希望专利权人尽快放弃专利垄断权利，无论是有效期满还是符合法定条件的制度设置，都体现了专利技术尽早进入公共领域的期望。

最后，为了给发明人以补偿，专利制度通过授予垄断性权利，使发明人在法定时间内对自己的研究成果享有独占性权利：一方面，专利权人自己实施，或许可他人实施，实现其权利带来的利益；另一方面，专利产品投放市场，使公众享有新产品，而且专利技术最终将进入公共领域。试想，如果没有专利制度，发明人缺少必要的激励，其研发积极性必然受到影响；并且即使可以采取商业秘密保护措施，但等产品投放市场之后，还是无法阻止仿制产品的出现。

3. 药品专利的激励模式

药品专利的激励模式依据不同的标准呈现多样化趋势。

（1）依据专利类型，药品可以申请发明专利和实用新型专利。在发明专利中，既可以申请产品专利，又可以申请方法专利。

（2）按照创新程度分类，创新药品既可以申请原创性发明专利，又可以申请改进型发明专利。

（3）按照申请过程的阶段划分：申请专利时，申请案将被公开，从公开之后到获得专利之前，可以通过反不正当竞争法进行保护，专利法对获得专利的申请案也给予授权前的临时保护；申请获得批准后即可受到专利法保护。

（4）基于药品的特殊性，在药品上市审批期间，药品的实验数据也受到单独保护。

（5）药品专利权人不仅享有制造权、使用权、许诺销售权、销售权和进口权，还享有许可使用权和转让权。

（6）对于未经权利人许可擅自使用专利的情况，药品专利权人享有诉讼权利，即使是法定许可和强制许可的情况，也享有申请法律救济权利或者获得报酬权利。

（二）药品专利制度的不可替代性

对药品实施专利保护虽然不是唯一的保护途径，但是，笔者以为其具有不可替代性。当然，我们不能排除发明人有不同追求的情况，如发明人忽视物质需求，或致力于满足公共利益的需求，其研发的目的就是满足全人类利益，个人仅需要享有成果权利；或者只是为了具体的非直接物质利益，如高校教师以此满足职称评定的条件；也可能是对善的追求，或者只是单纯的对科学的热爱[①]。这些追求不需要直接的物质利益进行激励，但毕竟属于个别情形。真正考虑经济利益的保护，很难离开专利法。

对药品研发成果的保护，除赋予专利权外，还可以运用反不正当竞争法将药品研发成果作为商业秘密。与专利保护比较，这一保护方式既有缺陷又有优势。缺陷包括：①商业秘密权虽然具有一定的垄断性，但是不排除第三人独立研发，也不排除第三人对药品研发成果的善意取得，因此其保护力度相对较弱；②商业秘密保护的手段在制度层面无法得到有效运行，因为它通过对人之身份的控制从而实现对技术信息的控制，即信息所有人通过采取严密的保密措施，将重要的技术信息限制在尽可能小的范围内，确保该信息不为社会公众所知晓，从而保持长期的垄断地位，以获取可观的经济利润；③与专利制度所强调的社会公共利益相比，商业秘密制度更注重对权利人个体利益的保护。另一方面，商业秘密制度具有权利取得方式简便、保护范围广、保护周期长、保护成本低廉等优点，能够有效地弥补专利制度的不足。

从专利权的法律属性可知，专利权是一种私权利、财产性权利、垄断性权利，支撑权利保护的客体必须具有新颖性、创造性和实用性。这一客

---

① 罗伯特·P.墨杰斯，彼特·S.迈乃尔，马克·A.莱姆利，等.新技术时代的知识产权法[M].齐筠，张清，彭霞，等，译.北京：中国政法大学出版社，2003：10-18.

体，既可以通过专利法保护，也可以利用商业秘密权进行保护。应该说，选择哪一种保护模式是研发者的自由。商业秘密保护有其优势，如保护方式简便、保护期限不受法律限制、保护条件容易满足、保护成本较低、受到的限制较少等。一件发明创造完成之后，只要符合创造性、价值性、处于秘密状态和采取了保密措施的要求，就获得了商业秘密专用权；但是，其实施后不具有排他性的缺陷又是致命的问题。那么，对创新药品的保护，究竟选择哪一种方式呢？本研究做出比较性分析：

首先，对于创造性程度较低的原研药品，如果研发者申请发明专利，既要考虑原研药是否符合"三性"要求，关键是所提出的申请案是否具有突出的实质性特点和显著的技术效果，又要考虑技术方案可实施的程度。一旦申请案在审查程序中被驳回，研发者不仅会失去专利保护，也会因申请案被公开而丧失选择商业秘密保护的机会。这是针对创造性缺乏的创新药品而言的，实际上，创造性层次较低的药品即使采用商业秘密保护也几乎无密可保。

其次，对于符合专利保护条件的创新药品，如果发明人感觉申请专利程序复杂、周期较长，也可以选择商业秘密保护。但是，选择商业秘密保护的一个重要前提，就是研发者必须保证药品成分难以破解。因为药品投放市场后，同行业专家如果可以轻易地破解药品成分，那么，或仿制，或申请专利，其结果不言自明。原研发者不仅会丧失对药品技术成果的控制权，其实施权也会受到限制，只能依据专利法中关于专利先用权的规定享有原有规模继续实施权。

最后，还存在一种特殊情况，即研发成果技术含量超高，也不容易被模仿。但是，该药品的生命周期又能有多长呢？在技术更新换代较快的当下，新药品不断涌现，商业秘密保护手段又将使研发者失去保护。而如果申请专利保护，即使申请的新药品属于改进型药品专利，即使可能仅构成从属专利，发明者也可以依法获得对基础专利实施强制许可的请求权，而且完全有可能与基础专利权人达成交叉许可协议。

不仅如此，选择对药品实施商业秘密保护，还可能因为不能及时公开而造成重复研究，导致资源浪费，影响公共利益。因此，专利制度虽然并不完美，但是相较而言，往往可以产生更佳的效果。综上所述，对创新药品实施专利保护不是偶然的、随性的，而是必然选择。

二、发展仿制药的理论依据：药品及其专利的社会性

发展仿制药的理论依据较多，突出表现为药品及其专利既存在私利性，也存在社会性。对于其社会性，笔者主要从以下 3 个方面进行探讨：公共利益优先原则、专利权与健康权的平衡理论，以及药品专利权限制理论。

（一）公共利益优先原则

公共利益本身是一种价值判断，其具有时代性的特征。从法律意义考察，公共利益优先原则体现在：一方面，在公共利益与私人利益发生冲突时，公共利益享有优先保护权；另一方面，确定公共利益的目的在于最大限度地保护公共利益，甚至不惜对私权利加以限制。发展仿制药，不仅是对公共利益的兼顾，也是实现药品专利权限制的主要途径。

1. 关注公共利益是专利制度的本质要求

（1）专利中的公共利益脉络。专利权作为一种私权利，虽然归属于民事权利范畴，但并非完全的财产权，也不是完全符合私法原则，它是一种新的、特殊的、为绝大多数国家所认可的民事权利[①]。专利权与一般民事权利的一致性就表现在它具有私权性质。然而就其所追求的法律价值而言，专利权与其他民事权利又存在明显的区别。从所有权的限制制度考察，一般民事权利表现为对物的绝对支配权、对财产的绝对独占权，虽然也存在限制，但在权利的时间、地域和权能方面基本不存在限制。而专利权则不同，既存在保护期的限制，也存在推广应用、法定许可和强制许可的权能限制，还存在不同地域保护上的差别。可见，专利权本身就存在利益平衡精神，其立法的目的就在于调节专利权人、专利使用人和公共利益之间的关系，"实现利己主义和利他主义的结合，从而建立起个人与社会的伙伴关系"[②]。

从最早专利立法的英国来看，国王颁布专利权证书，就是因为创造新技术的研发者将自己的技术创新贡献给了本国的技术需要者，鼓励他们继续献身所从事的事业，而不受当地封建行会的干预[③]。这一点，既支持了科学技术的发展，又照顾到公共利益。其他国家的早期专利法都强调了促进科学技术的进步，如威尼斯 15 世纪下半叶实行的《专利法》，不仅更加注重保护专利所体现的公共利益，专利制度也有力地推动了各个产业的发

---

① 郑成思.知识产权论［M］.北京：法律出版社，1998：4.

② 张文显.二十世纪西方方法哲学思潮研究［M］.北京：法律出版社，1996：129.

③ 汤宗舜，文希凯.专利法［M］.北京：人民法院出版社，1990：5.

展，发展速度和发展质量都获得了很大的提高①。可以肯定，专利制度存在的意义是多元的，既保护了研发者的积极性，又发展了公共利益。难怪有专家说，资本主义的发展有两只翅膀，一只是有限公司制度，另一只则是专利制度，该说法也正体现了专利制度的社会性。

（2）专利法中公共利益条款的性质与功能。美国法学家韦斯利·纽科姆·霍菲尔德（Wesley Newcomb Hohfeld）指出，在法律体系中公共利益的形态主要表现在两个层次：一个层次是立法原则，即将公共利益保护确立为法律原则；另一个层次则体现在法律的具体条款上，一般都做出了保护公共利益的具体规定。具体到药品专利制度，公共利益也同样体现在原则性条款和具体的法律条款中。

首先，公共利益原则具有引导性和政治性。

引导性在于公共利益原则这一概念本身具有天然的抽象性和道德性。很难对公共利益的保护进行具体化描述，但不能否认公共利益在法律上的引导性。其引导性体现为两方面：一方面，要把公共利益原则作为立法的基础和根本立足点加以考虑，体现公共利益优先；另一方面，要将公共利益保护作为道德准绳贯穿于法律条款，即具体法律条款必须与公共利益相融合，而不能相冲突。值得一提的是，《多哈宣言》对药品专利与公共健康关系的关注，所体现的正是公共利益原则的要求。其现实意义在于：一方面药品专利的私权属性决定了其必须服从于公共健康的需要，即公共利益优先于私权利益；另一方面，给发展中国家和最不发达国家构建药品专利制度指明了方向。另外，在公共利益原则具体适用上，这一原则不仅法律意义明确，还带有浓厚的政治性倾向。

政治性在于公共利益一定程度上代表着国家利益，这既取决于药品的特殊性，又是由公共健康权的特殊地位所决定的。虽然很难对公共利益的概念做出法律界定，但不应该就此而放弃相关法条的可操作性；甚至为了保障公共利益，在专利法中必须明确公共利益的范围，如强制许可实施条件中的公共利益的范围。

其次，公共利益应在条款中有具体体现。考察《中华人民共和国专利法》不难发现，有部分条款直接体现了对公共利益的保护：第五条规定，"对违反法律、社会公德或者妨害公共利益的发明创造，不授予专利权。对违反法律、行政法规的规定获取或者利用遗传资源，并依赖该遗传资源完成的发明创造，不授予专利权"。这一条款属于原则性规定。第四十九

① 谢尔曼，本特利.现代知识产权法的演进：英国的历程（1760—1911）[M].金海军，译.北京：北京大学出版社，2006：232.

条规定，"国有企业事业单位的发明专利，对国家利益或者公共利益具有重大意义的，国务院有关主管部门和省、自治区、直辖市人民政府报经国务院批准，可以决定在批准的范围内推广应用，允许指定的单位实施，由实施单位按照国家规定向专利权人支付使用费"。这一典型的强制许可方式存在的前提是明确的目的性，即针对国家利益和公共利益考虑。第五十四条也就公共利益保护做出了规定，"在国家出现紧急状态或者非常情况时，或者为了公共利益的目的，国务院专利行政部门可以给予实施发明专利或者实用新型专利的强制许可"。上述条款中，虽然没有列举具体情形和事实状态，也没有明确违背公共利益的法律后果，但表明了立法者的态度，不但明确了公共利益优先的原则，而且公示了进行公共利益保护的方法。

2. 药品专利中公共利益的价值

在药品专利中，公共利益主要具有两个层次的价值含义。一方面，通过制度激励，激发药品研发的投资热情，促进更多创新药品不断涌现，从根本上解决药品的可及性；另一方面，为了保障人权，落实药品的可及性，又需要切实兼顾伦理性公共利益。因此，我们有必要对公共利益的价值进行论证。

（1）功利性公共利益。专利权具有公认的私权性，药品专利权人追求的是对创新药品的法律保护。专利法正是通过保护药品专利，激励药品研发的积极性、创造性。在保护中既有对私权的保护，也存在对公共利益的保护，对公共利益的保护的指向就是功利性的公共利益。本研究认为，保护起作用的结果是激励机制的形成。激励机制包括对创新药品研发的激励、对药品研发信息公开的激励以及对专利药品应用的激励。

首先，专利法的立法宗旨和激励药品研发的目标具有高度一致性，不仅在于鼓励技术创新和促进技术转化，也在于支持药品研发者、制药企业获得垄断利润，化解公共健康危机。药品专利制度只有具备了这一机制，才可能有源源不断的创新药品问世，这一结果本身正是公共利益的根本要求。

其次，作为药品专利技术性能体现的实验数据和技术信息，其本身就是公共利益的核心内容，属于国家以赋予垄断权换来的公开信息。它不仅是药品获得专利保护的条件，也为改进研究提供了基础技术，有利于避免重复研究、减少资源浪费。

最后，药品研发固然重要，但体现其实用性的成功上市销售显得更为重要。如果药品专利技术得不到应用，则药品专利不但是无效的专利，而且这一专利的存在还会影响相关专利的产生。因此，激励专利药品落实应用，可以加速药品技术信息的传播，使科学技术早日造福人类。

（2）伦理性公共利益。基于药品的公共产品属性，其专利制度对处理公共利益与私人利益的失衡问题尤为重要。首先，法律的价值必须体现公平正义，药品专利制度的正义价值就是满足人们的健康需要，公共利益原则正是药品专利制度所追求的正义价值。其次，从人权角度分析，药品专利制度具有人权属性，因为人权所关注的正是药品专利制度对实现生命健康权的影响。提升人类对专利药品的可获得性，正是公共利益原则的客观要求和正义价值实现的保障。

①生存权及其保护。1948年的《世界人权宣言》确认了国际法保护的基本人权。《公民权利和政治权利国际公约》和《经济社会文化权利国际公约》也对人权做出了具体规定。为此，需要先了解一下基本人权问题。人的自然本性和社会本质决定了保护基本人权的客观性和必然性，国际上赋予了人类享有普遍性权利的绝对性。保护基本人权正是药品专利背后的伦理性的重要体现。基本人权的核心是生存权，生存权的主要内涵是生命权和健康权。生命权是人类维持生命及其安全的权利，健康权是维持身体机能的正常运作和维护心理健康的权利。

②知识产权的分享性。知识产权制度体现了知识产权成果的独享性和分享性，即知识产权所有权人在独享权利时，还必须兼顾到与社会公众的共享。如果社会公众无法分享成果，知识产权所有者的独享就很难实现。因此，在知识产权制度建设中，既要保障创造者的研发及其投资的合理回报，以保护其创新的积极性，又必须兼顾公共利益；既要追求知识产权在应用中的利润最大化，更要实现公共利益的最优化。

③药品专利关系基本人权。专利制度的人权属性决定了药品专利与基本人权的关联性。全球公共健康危机正反映了药品专利权与生存权之间的冲突，也为引发公众对公共利益的关注提供了一个契机。基于药品的特殊性，其专利保护应该优先考虑其与人类生命权和健康权的关系，确保基本人权的实现。在此基础之上，专利法才能设计权利的主体、权利实现的方式、权利保护方式、侵权者应承担的责任等。专利权作为知识产权的一项主要形式，从权利产生开始，就承担着保护人权的义务 [①]。

④药品可及性的保障。从药品专利的意义出发，人权最现实的体现是药品的可及性。可及性的影响因素不仅包括可获得的药品数量和质量，也包括药品价格。国际社会普遍认为，专利药品价格过高是药品可及性低的主要

---

① 冯洁菡. 公共健康危机与 WTO 知识产权制度的改革：以 TRIPS 协议为中心［M］. 武汉：武汉大学出版社，2005：54.

影响因素，而且价格已经超出了人们可承受的范围，对发展中国家而言，实际情况是有药可治却无力购买，这在一定程度上威胁到了全球公共健康。药品专利制度的消极作用，不仅直接影响到人的基本权利，也会威胁到人类生存的环境。当代生物技术，尤其是转基因技术的迅速发展，在推动经济发展的同时，也对自然基因库造成了污染，原有生态平衡正在逐步被打破。如何保障环境安全也成为完善药品专利制度时必须面对的严峻问题。

⑤伦理性公共利益高于一切。涉及公共利益的权利是多元化的，这些权利不仅包括发明人的权利、社会公众对发明成果的分享权，还包括地位更加优越的生命权、健康权等事关伦理性公共利益的权利。这些伦理性质的权利，无论是在权利体现还是法律地位上，都必然优越于功利性的权利。如博登海默所言："人们依靠哲学及其方法对法定的利益进行有先后顺序的安排，而且要保持一定的权威性，实在是一件很困难的事，但这并不意味着所有利益是无次序的，维持着相同的重量级，也不意味着无法对利益的次序进行安排，如涉及生命的利益就是一切利益中的最高利益，高于财产性利益，也高于其他人身利益，正像健康利益高于生活中享乐或娱乐的利益一样。"将此道理运用到专利制度，那么我们必须将专利制度作为公共政策的一种形式，既要保护发明人的经济特权，又要最大程度地实现公共利益，使公共利益高于私权利益。

（二）药品专利权与公共健康权的平衡理论

随着法治建设的不断发展，对私权利的确认和保护已经达成共识，对社会公共利益的保护也受到普遍重视。私权保护容易使私权权利人欲望膨胀，而私权的滥用将与公共权利的行使发生冲突。具体到药品专利，专利权与健康权的冲突更引人瞩目，这种冲突的解决事关国家长治久安和社会稳定发展。如何平衡药品专利权与健康权的利益冲突，目前学术界的观点有两种：第一种观点认为，保护药品专利如果与保障健康权发生冲突，应该对药品专利予以限制，理由在于优先保障健康权。第二种观点认为，保障健康权不应该限制药品专利权。健康权与药品专利权都是私权，保障健康权应该是政府的责任，由政府通过医保体系的完善和财政补贴政策解决药品价格过高及患者支付能力不足的问题。但是，公共健康权不是一般的健康权，属于公共利益，应该享有优先保护政策。因此，本研究认同第二种观点，只有保障了公共健康权，才能对私权利进行限制。那么，如何平衡药品专利权与公共健康权的利益关系呢？笔者认为，既要界定药品专利与公共健康权，又要分析两者的冲突，并对冲突的协调进行理论分析。

1. 药品专利和公共健康权的界定

如前所述，药品是一种特殊商品，具有治病解痛的功能，历来被认为是属于患者的必需品。基于药品的公共产品特性，长期以来，多数国家都没有将药品纳入专利保护，即使是保护药品专利的国家，也只是将药品制备方法纳入专利法保护。直到《TRIPS 协议》的签订，各成员统一对药品实施了专利保护的规定，从此在全球范围内出现了"药品专利"，引发了药品研发创新的热潮。

（1）药品专利。药品专利是专利药品的一种法律形态，意味着创新药品可以申报专利，获得审批后可以获得专利制度保护。药品专利具有如下特点：

①药品专利包括产品专利和方法专利，形成难度高于一般产品专利，表现在研发周期长、风险大、投入多等。

②药品专利的保护具有特殊性。按照《TRIPS 协议》，不仅要保护试验数据，还实施了延长保护期限制度。

③药品专利保护对健康权产生直接影响。从本质上看，保护药品专利就是保护原研药企业制定的药品价格、垄断利润，但这必然会使药品消费者负担加重，尤其是发展中国家的消费者。在发达国家，不仅药品消费者本身的支付能力较强，国家医保政策补贴也比较到位，健康权有较好的保障；而在发展中国家，国家财政实力和个人支付能力都比较弱，在对健康权的保障上与发达国家存在较大的差距。可见，药品专利保护将对健康权产生直接的冲击。

④药品专利的限制在所难免。从专利法考察，世界上有专利制度的国家在专利制度中都规定了专利限制的内容，不仅包括侵权例外情形，也包括强制许可。关于药品专利强制许可的规定，《TRIPS 协议》认可成员做出此规定，各个成员也结合本国或本地区的实际情况规定了药品专利强制许可的条件。值得一提的是，健康权的保障作为药品消费者和所在国政府的一项共同义务，不应该依托于限制药品专利予以解决。《中华人民共和国宪法》第四十五条规定："中华人民共和国公民在年老、疾病或者丧失劳动能力的情况下，有从国家和社会获得物质帮助的权利。国家发展为公民享受这些权利所需要的社会保险、社会救济和医疗卫生事业。国家和社会保障残废军人的生活，抚恤烈士家属，优待军人家属。国家和社会帮助安排盲、聋、哑和其他有残疾的公民的劳动、生活和教育。"公民拥有健康权，具有从国家和社会获得帮助的权利。为了保障公民健康，国家大力发展社会保险、社会救济和医疗卫生事业。虽然健康权被认为是一种私

权，但是，通过药品专利限制保障公共健康权却是国际共识，关键是如何界定公共健康权，如何合理区分健康权与公共健康权。

（2）公共健康权。首先，健康权是一项基本人权，既不能侵害、限制，也不能剥夺公民获得医疗服务的机会。虽然国际人权公约规定了药品应保护公民的健康权，但在不同国家，健康权的实现却存在巨大的差距，突出表现在医疗条件和医用药品上：医疗条件包括医务人员的数量和水平、医疗设备、医院条件等；医用药品主要指药品的可及性，是否有药可用，以及有药的话可否用得起。在一些极不发达国家，无药可用和有药难用的问题并存，健康权无从保障。其次，健康权依据权利主体可以分为个体健康权、群体健康权和公共健康权。与药品专利权发生冲突时享有优先保护指的是公共健康权。本研究分析得出，公共健康权有以下3个特点：①公共健康权的主体是国家，因为具体享有权利的是国家代表的社会公众，而不是某个人或某一类人；②公共健康权实施行为属于群体性行为，公共健康权是利用国家指令、社会力量所获得的；③对于公共健康涉及哪些疾病，国际、国内都没有明确。本研究认为，保障公共健康权的意义主要在于"公共"二字。一方面，在一个国家，若疾病威胁的范围很大、人数众多，则会给国家、社会造成影响；另一方面，从对国家的影响看，即使患者人数不多，但若疾病传染性极强，患者不及时医治，对国家、社会也将产生影响，如新冠病毒，虽然我国实现了有效控制的目标，但是其引发的疾病仍然属于传染性疾病，需要利用国家力量进行防疫和治疗。基于公共健康原因对某些权利进行限制的正当性根源是个人利益对公共利益服从之必要与可能性的存在[①]。

2. 药品专利保护与公共健康保障之间的冲突

之所以平衡药品专利与公共健康之间的关系，是因为药品专利权保护与公共健康保障存在利益冲突。其冲突表现在：

（1）控制药品专利的少数国家、少数药企与国际公共健康之间的冲突。一方面，跨国药企不仅拥有大量药品专利，还控制着专利药品市场和专利药品价格。据调查，全球高端药品专利近50%掌控在十大制药公司手中，而且，世界前十大制药公司集中在美国、日本和欧洲部分国家。另一方面，发展中国家和非洲极不发达国家公共健康问题突出，艾滋病等传染性疾病的发病率较高，对专利药品的需求较大。

（2）专利药品价格过高与药品消费者支付能力不足的冲突。一方面，

---

① 胡肖华. 论公民基本权利的限制正当性和限制原则［J］. 法学评论，2006（6）：22.

药品专利保护虽然发挥了激励研发的作用，但专利药品价格过高却是不争的事实。另一方面，部分不发达国家受到经济发展状况限制，公共卫生体系和社会医疗保障制度不够健全，面对公共健康问题无能为力；甚至一些极不发达国家的患者，由于自身不具备药品支付能力，只能无奈放弃治疗，听天由命。综上可见，目前有药买不起的矛盾还较为突出。

（3）发展中国家药品研发能力较低、制造能力不足与公共健康问题突出的矛盾。相关数据显示，在极不发达国家，药品研发资金仅占药品生产总投入的5%[①]。从制药企业角度看，极不发达国家药企不仅药品的研发能力十分低下，药品的仿制能力也不具备，难以为社会提供高质量的药品。从极不发达国家的公共健康问题看，一方面，有治疗效果的专利药品价格过高，有药买不起；另一方面，国内药品市场供应紧张，有病却无药可买。

（4）药品专利的强保护与公共健康弱保障在制度上的不平衡。从国际上看，《TRIPS协议》就药品专利申请的试验信息、保护期限、保护范围等都做出了明确规定，但是对滥用药品专利等需限制情形却规定不足，尤其缺少公共健康保障的具体法律规定。从我国法律规定看，为了与国际接轨，我国专利法对药品保护的规定十分明确，也规定了专利权强制许可的4种情形，但是长期以来，我国很少动用专利强制许可这一工具，即使是药品，也没有通过强制许可仿制来保障公共健康。

3. 药品专利保护与公共健康保障之间冲突协调的理论分析

（1）利益平衡是解决药品专利保护与公共健康保障之间冲突问题的基本原则。

首先，从平衡理论考察，知识产权保护理论并非普世通行，实际上一直存在"知识产权怀疑论""反知识产权论"等学术观点，其原因主要在于知识产权保护存在冲击公共利益的负效应。上述观点虽然试图阻止知识产权制度的设立，损害了知识产权所有人的权益，但其警示作用不可忽视。所以，知识产权保护水平必须与社会经济发展水平相适应，否则，知识产权的过度保护必将阻碍社会经济发展。

其次，从协调的对象考察，药品专利保护与公共健康保障之间的关系本质上是专利私权与公共利益之间的关系。药品专利保护存在必然性，没有专利保护，就难以激发发明创造的积极性，同时难以保障创新药品的供给；药品专利限制也存在必要性，因为一旦存在药品专利的过度保护，就必然会损害公共健康利益。对于如何协调药品专利保护和限制，以及各国

---

① 杨军. 医药专利保护与公共健康的冲突研究［M］. 北京：北京大学出版社，2008：28.

是以保护药品专利为主还是以发展仿制药为主,需要依据本国实情做出特色性的选择。

最后,从利益平衡的本质考察,药品专利与公共利益是私人利益和公共利益关系的体现。在私人利益与公共利益之间,药品专利制度如何实现利益平衡呢?一方面,需要厘清两个利益的关系,两者不是绝对对立关系,而是依存共生关系。没有私人利益就不可能存在公共利益;没有公共利益,私人利益也没有意义[①]。另一方面,保护私人利益是保护公共利益的基础,保护公共健康,必须以保护药品专利为前提。药品专利制度的价值之一在于维持药品专利与公共健康之间的平衡。

(2)对创新和公共利益进行双保护是平衡的目的。习近平总书记指出:"保护知识产权就是保护创新。"为了激励药品创新,我国构建了比较完备的药品专利制度。如果未将药品纳入专利保护,则不仅不符合《TRIPS 协议》的规定,还会使药品创新失去动力,国外的创新药难以引进,国内药品创新缺少保护,进而导致药品供应不足,降低药品的可及性。如果依据《TRIPS 协议》将药品纳入专利法保护,而不兼顾公共健康保护,那么一方面,患者购买力不足将使药价过高的药品市场萧条不景气,另一方面,患者买不起专利药品,药品的可获得性降低,不利于解决公共健康问题,同时会加剧药品专利与公共健康的矛盾。可见,若既要保护药品专利,又必须兼顾公共健康利益,那只有实施双保护制度,才能有效利用药品专利保护解决公共健康问题。

(3)创新药品专利制度是药品专利与公共健康平衡的主要途径。药品专利保护下,如何使公共健康得到保障呢?国家可以采取的措施很多,如控制药品价格、控制药品市场经营行为、调节税收政策等。对药品实施国家定价,毫无疑问可以维护药品消费者利益;但是,如果仅考虑消费者利益而不考虑药品的研发成本,则药品的有效供给必然会失去动力,药品市场也会失去活力。在对药品的税收政策进行调节这点上,一方面,减免税收可刺激药品创新,但减免税收的优惠程度与药企研发成本不成比例,刺激作用十分有限;另一方面,通过税收调节药品进口,同样难以改变药品价格过高的情况,如尽管我国对进口的癌症治疗药品实施零关税,但其价格患者仍然难以负担。综上所述,要想平衡药品专利与公共健康,必须改革药品专利制度,通过发展仿制药来提高药品的可及性。

[①] 窦衍瑞.行政补偿制度的理念与机制[M].济南:山东大学出版社,2007.

（三）专利权限制理论

仿制药与专利药之间本身存在限制与反限制的关系，主流观点认为，发展仿制药是药品专利限制的体现。可见，专利限制理论为发展仿制药提供了重要理论依据。

1.专利权限制的含义

（1）专利权限制的形成与发展。早期的专利权限制制度产生于15世纪，当时的《威尼斯专利法》在赋予专利权人垄断权的同时规定了对专利权的限制，被学术界视作专利权限制思想的萌芽。当时，专利权限制理论提出了两大制度功能：

①制度自由功能，主要保护发明人的私人权利。如美国"发展国家经济的专利理论""秘密公开论""奖励发明论""防止不正当竞争论"等理论为专利立法奠定了基础，同时将专利制度的核心内容列入宪法，即"国会有权对作者或发明人就其作品或发明专有权利，予以一定期限的保护，以促进科学和技术的发展"。

②制度社会功能，以保护专利权为前提，与自由制度功能相对应，侧重于通过对专利权的限制来保护公共利益。这一功能表现为3点：首先，限制专利权的过度保护，减少其对公共利益的侵害；其次，通过适当限制专利权，约束专利权的合理实施；最后，平衡专利权与公共利益之间的关系，实现二者共存共荣，在依存中共存，在排斥中依存。

专利法的上述社会功用是通过专利权限制实现的。1474年的《威尼斯专利法》和1623年的英国《垄断法》最早规定的专利限制制度包括两项内容：一是保护期限的限制，即通过发明、申请、获批的专利并非无限期保护，而规定了有限期，成为早期的专利权主要限制形式；二是专利权的权能限制，早期规定虽然不够完备，但概念性规定十分明确。权能限制的内容到近现代得到了发展和完善，以英国、美国、法国为代表，在专利法中设置了专利权的权能限制，核心内容包括权利穷竭、先用权等限制制度。

（2）专利权限制的本质。从上述专利权限制的功能和内涵分析，笔者认为，专利权限制是专利制度中与专利权保护相对应的制度。对专利权人而言，其属性不是受益性而是负担性的法律制度；其内容表现为专利权人应该承担的特定义务或专利权特定权能的禁止；其价值在于对专利实施权、处分权的适当控制，合理调整专利权人和专利使用人之间的关系，既保障社会公众对专利技术的合理分享，又促进专利技术的充分利用和公共利益的维护。在此意义上，专利权人承担的义务是其享有专利权所必须付出的代价。

（3）专利权限制的内容。关于专利权限制的范围，从不同视角出发存在不同的划分。

①按照专利权限制的定义，可以划分为广义和狭义两大类。笔者认为，广义的专利权限制是指专利取得、期限、行使和处置环节的法律限制；狭义的专利权限制仅指对专利权人行使专利权的限制，不包括其他专利权限制，如专利客体的限制和专利权期限的限制。

②按照专利制度的内外部作用，划分为内部限制与外部限制。内部限制主要体现在专利客体、专利主体、专利保护期限等方面；外部限制主要是指强制许可、侵犯专利权的例外、先用权、专利权的穷竭等。内部限制虽然称为限制，但其实属于保护专利的前提，如专利客体方面的限制，其实是可专利范围的规定；专利主体的限制，其本质是确认真正的专利权人，包括职务发明、委托专利、共有专利等方面对专利主体的确认；专利期限，既是保护又是限制，只是从不同角度出发进行的解读。发展仿制药的理论依据，从专利限制视角考察，主要是通过外部限制来实现药品专利保护与限制的平衡。

综上所述，专利权限制理论是发展仿制药的理论依据。为了发展仿制药，世界各国都在专利法中明确规定了专利权限制制度。

2. 专利权限制的正当性

（1）正当性的含义。专利理论告诉我们，专利权限制与专利保护一样都存在正当性。但在分析专利限制的正当性之前，有必要先分析正当性的含义。

按照数理逻辑规律，"正当"与否虽然一直是一个判断性标准，但"正当"是一个变量。由于在判断过程中，需要借助主观判断、可行性路径和科学的论证方法，上述手段的不同选择必然会产生不同的论证结果，因此，为了实现正当性判断的合理性，必须将客观事实作为检验主观判断的主要标准。

所谓"正当"，从字义理解，"正"一般理解为合法、正义，与公平主义要求一致，符合法律要求；"当"即合理、适当之意，即凡事都要有一定的限度。从法理学角度分析，正当性实质上是一个评价性概念，虽然其评价依赖不同的价值标准，但是价值标准是正当性检验的终极性标准。

（2）正当性的法律属性。法律上的正当性与正义具有等同价值，如刑法的正当防卫体现了正义，因此，分析正当性离不开对正义的研究。对正义的法律属性分析如下：

①正义的多元划分。从正义的内容考察，正义包括交换正义、分配正义、归属正义、程序正义、结果正义等不同的类型。从正义体现的主体考

察，正义可划分为社会正义和个人正义。所谓社会正义，当代美国哲学家罗尔斯认为，是指社会制度的正义，内容包括社会基本结构和社会制度安排；所谓个人正义，系个人行动原则，尤其是在特殊环境下的行动原则。罗尔斯认为，社会正义是个人正义的基础，个人的正义体现在个人对制度的责任原则。从正义的法律作用考察，正义存在实质正义和形式正义之分。实质正义源于制度本身，体现为制度的公平合理；而形式正义是指程序正义、诉讼正义，要求严格依法办事，即法治。

②正义的法律体现。西方法学解释了法律与正义之间的关系，得出3个方面的结论。首先，法律与正义本质上具有一致性，即法是正义的化身。古希腊思想家柏拉图在其《理想国》一书中指出，正义是统治者的工具，真切表现为法及其作用。色拉叙马霍斯（Thrasymachus）认为："正义不是别的，就是强者的利益。"就统治者或政府而言，都是将正义用法律形式提醒公民，正义是政府意志的体现，公民必须遵守，否则就是违法或非正义。这一观点体现的是国家主义思潮。其次，正义是法的准则，是判断良法和恶法的重要标准。这一观点强调了正义的客观性，体现了西方法律思想的自然法学。因此，这一学说在17—18世纪较好地指导了资产阶级反封建斗争，是后世自由主义思潮的重要法律思想。最后，19世纪分析法学派的奥斯汀（Austin）认为，法与道德正义无关，至少没有必然的联系，法的判断和效力关键在于是否合法制定，即在于法律产生过程的合理性，而不在于法是否存在正义性。此观点失之偏颇，完全将正义与主观判断相联系，不能科学回答正义的真正含义。

③利益调整中法律的双重作用。首先，与正义不同，利益概念比较简单，核心是指满足某种需要或愿望。庞德曾在论述法的任务时，认为利益就是满足某个体或团队的欲望和要求，但不同时间或不同环境下利益的属性、内容等存在区别。利益区别在各种社会关系中，必然涉及利益的正当性问题，从而影响社会关系。其次，法律调节利益关系存在双重性：一方面，积极的地方包括利益确认、利益保护、利益实现、利益协调等；另一方面，消极的地方包括利益限制、利益纠纷的裁决、利益损害的补救等。最后，法律对利益具有双重作用，即不仅具有保护利益的作用，也存在对利益的限制作用。其限制作用的具体形式有3种：一是外部限制，即从外部对相关利益行为进行限制，不是对利益主体、客体内部予以限制；二是法律制裁性限制，即通过法律对利益主体、获取利益的行为等进行强制性限制；三是法律规则的维护需要法律手段，为维护法律规则的运行，必须依靠法律手段，法律手段既有保护作用又有限制作用。

（3）专利权限制的正当性表现。首先，专利权限制作为一项法律制度，其与正当性的关系体现了法与正当性的关系。一方面，专利权限制制度本身具有正义性，属于"正规性的正义"，虽然不能保证实现实质正义，但形式正义可以消除某些不正义；另一方面，正当性又是设立专利权限制的出发点和制度实施的目的。其次，专利权限制体现的是社会正义与个人正义的关系。专利权保护体现个人正义，完全立足于保护专利权人的私权利，其保护力度、范围和期限都是政府维护个人正义的印证。专利权限制则是为了调整个人和社会两个利益集团的关系，在保护专利私权的同时，兼顾保护社会利益。最后，考察多种正义形式，与专利权限制相关的主要是交换正义，主要体现在：①从专利形成关系考察，也即专利构成的基本条件，发明人以技术特征的公开换取国家授予专利权，体现了专利权人个人利益与公众利益的互换；②在专利有效期内，未经专利权人许可，任何人不得实施其专利技术，专利交易必须按照市场规则进行；③专利保护期满，专利技术进入公共领域，任何人使用其技术都不视为侵权，这就是专利期限限制的结果；④虽然专利权属于合法垄断权，但国家依然保留了对专利技术交易的强制权。

总之，上述三个方面为仿制药发展提供了强大的理论支撑。

三、发展仿制药的法律依据：国际和国内两个层次

发展仿制药，既有国际法依据，也有国内法依据。

（一）国际法依据

为了兼顾发展中国家及不发达国家的利益，国际社会在仿制药保护和药品专利制度的平衡问题上付出了较大的努力。仿制药发展的国际法依据主要包括《巴黎公约》《TRIPS 协议》《多哈宣言》《关于实施多哈宣言第 6 条款的理事会决议》等。

1.《巴黎公约》为药品强制性仿制提供了依据

（1）强制许可制度的适用条件。《巴黎公约》和《反不正当竞争示范法》及各成员自身都有明确规定。《巴黎公约》规定，专利权人如出现不实施等滥用专利权的前提，各成员可以使用强制许可制度。不仅如此，《巴黎公约》还赋予了各成员对"滥用专利权"的解释权，使成员具有了实施强制许可的机动权利 [①]。《反不正当竞争示范法》的规定更加具有操作性，规定了可以使用强制许可的 3 种情形：第一种，当存在依赖性专

---

① 《巴黎公约》第 5 条。

利，即后一专利的实施依赖于前一专利技术的实施时，如果前专利不实施，后专利的实施将构成对前专利的侵权；第二种，当出现国家安全、公众健康、关键产业发展等公共利益需要时；第三种，《巴黎公约》第 5 条提出，为了防止专利权滥用，允许成员立法规定专利强制许可制度，主要针对"未实施专利"的情形。"未实施专利"的一般解释为：专利权人从授权之日起满三年或从申请之日起满四年，但是，如果专利权人有未实施的正当理由，可以暂缓实施强制许可。如果出现上述情形，各成员政府判断其符合强制许可的条件，就可以决定不经专利权人许可而强制实施。然而，《TRIPS 协议》第 31 条不仅没有明确强制许可的概念，也没有列举实施强制许可的情形，如此限制条款，无法实现专利保护与专利限制的平衡。

（2）强制许可制度的特别内容。在《TRIPS 协议》之前，《巴黎公约》、世界知识产权组织颁布的《反不正当竞争示范法》已经对此做出明确规定：①允许扩大强制许可的实施权范围，参照《巴黎公约》，《反不正当竞争示范法》规定允许实施专利强制许可具有排他性，即强制许可实施人的权利可以超出一般使用权，享有独占性使用权，不仅排除第三人使用，甚至可以排除专利权人使用专利技术；②强制许可实施人需要向专利权人支付一定的补偿费，在费用支付上也体现了对专利权的限制，区别于《TRIPS 协议》提出的充分补偿。

2.《TRIPS 协议》为发展仿制药提供了系统的依据

国际上关于《关税及贸易总协定》（General Agreement on Tariffs and Trade，GATT，以下简称"关贸总协定"）的谈判进行了很多次，在乌拉圭回合增加了新的议题。有学者认为，此次谈判将知识产权保护绑在了关贸总协定的战车上，这完全是发达国家主导的结果。1994 年 4 月 15 日，《TRIPS 协议》在马拉喀什签字确认，该协定就是与贸易有关的知识产权保护协定。此协定确定生效日期为 1995 年 1 月 1 日。从此，在全球范围内知识产权保护水平普遍提高了，因此，有专家称此为"国际知识产权法发展史上的一场革命性的变革"①。这个说法的理由在于：一方面，《TRIPS 协议》所负责的范围相当广泛，几乎包括了所有领域，是此前任何协议所不可比拟的，不仅涵盖了过去从未保护的新的权利，还"复活"了过去保护效果欠佳的权利；另一方面，《TRIPS 协议》对知识产权实施做出了详细的规定，大大提高了知识产权保护的可操作性。

---

① REICHMAN J H. The TRIPS Agreement Comes of Age: Conflict or Cooperation with the Developing Countries?［J］. Case Western Reserve Journal of International Law，2000.

　　由此及彼,《TRIPS 协议》对药品专利的保护同样产生了深远的影响。欧美发达国家是全世界的药品供应大国,其创新药品占据全球市场的绝对份额。为了保护自身利益,持续维持其药品工业对全球的统治,这些国家一直寻求通过修改国际规定来实现药品专利的高水平保护。《TRIPS 协议》的签署,基本体现了发达国家的意愿,达到了创新药品垄断供应的目的,主要表现在以下几个方面:首先,《TRIPS 协议》扩大了可专利性药品的范围,明确提出了非歧视性的保护原则,专利保护的范围扩大到包括药品在内的所有技术领域,如药品和农化产品,自《TRIPS 协议》生效后,所有成员必须支持专利申请,提供行政审批的便利;其次,《TRIPS 协议》强化了专利权人的控制权,即明确了药品专利权的效力范围,规定未经专利权人许可,任何人不得实施专利技术和专利方法,明确规定了专利权人享有制造权、方法使用权、专利产品销售权、进口权等;再次,对药品或制药方法的专利保护期限做出了统一规定,即自专利申请之日起保护期限不低于 20 年,统一的保护期限无形中增大了发展中国家的专利保护负担,因为此前多数发展中国家对药品专利的保护期限为 10 ～ 15 年;最后,《TRIPS 协议》对专利强制许可规定了限制性条件,《TRIPS 协议》改变了此前国际公约关于专利权强制许可的规定,增加了限制性实施条件,药品专利也概莫能外,没有考虑药品专利的特殊性,给药品仿制加高了法律门槛。

　　应该如何认识《TRIPS 协议》? 有人说它是一份契约,在全球范围内具有法律效力;也有人称之为一种设定议程的手段。它作为一种设定议程的手段,不仅确认了药品专利权的范围,还为权利实施塑造了良好的环境。《TRIPS 协议》的契约意义也是如此。然而,从国际法形成机制考察,《TRIPS 协议》不但不是一成不变的,而且对协定中的原则问题、含糊不清的条款等都可以进行相应的解释,以解决不同利益之间的冲突以及由此引起的争端。对国际立法及其解释,都是议程设定的体现,该解释与立法具有同等效力。

　　《TRIPS 协议》是发达国家努力的结果,不但对药品和制造药品的方法实施了专利保护,而且保护范围从此前的 50 多个国家扩大到《TRIPS 协议》的所有成员,具体表现在此前多数国家都没有将药品纳入可专利范围,而只是规定可对制药方法授予专利[1]。《TRIPS 协议》有关仿制药保护的内容包括以下几个方面:

---

　　① 联合国贸易与发展会议《TRIPS 协议与发展中国家》第 30 页, 文献号: UNCTAD/ITE/1。

（1）确定了仿制药的对象。从本质上看，仿制药的对象就是可专利的药品。《TRIPS 协议》首先明确了专利保护的客体范围。《TRIPS 协议》第27 条第 1 款对可专利的范围做出了宽泛性的规定，专利权的客体应该包括所有技术领域（包括药品领域）的任何发明，对产品授予产品专利，对方法授予方法专利。授予发明专利必须符合"三性"要求，即新颖性、创造性和实用性。发明专利既要符合新颖性的规定，申请目前没有的技术方案，又要提供包含发明性步骤（inventive step）的完整、充分的技术方案，技术性能需高于现有专利的技术方案，具有首创性、独创性，还需要具备工业应用（industrial application）的条件，对此类发明都应该授予专利权。而且《TRIPS 协议》特别强调，各成员必须履行非歧视性原则，不论发明人、发明地点、技术领域、实施地点、进出口情况等有何不同，都不应该在专利申请、审查和授权上进行区别对待。

《TRIPS 协议》也指出，对发明专利实施保护也不是绝对的，如果属于下列情形，各成员可以拒绝提供专利保护：

①有违道德和伦理的技术方。《TRIPS 协议》第27 条第 2 款规定，各成员有权力决定不对某类发明授予专利权，其理由基于各成员的文化传统、民族习俗、社会公德等，如为了维护伦理道德，或者为了保护动物生命安全，或者为了保护环境等。但此种拒绝标准要做到一视同仁，不能存在国内和国外的区别对待。

②不适合个人垄断的方法专利。《TRIPS 协议》第27 条第 3 款第 1 项规定，允许各成员针对人类或动物的病因诊断方法、疾病治疗方法和外科手术方法拒绝授予专利权。

③不具有实用性的发明。《TRIPS 协议》第27 条第 3 款第 2 项规定，各成员有权拒绝对除微生物外的植物和动物及其生产方法授予专利权，但是，各成员可以通过其他法律途径对此实施保护。这一条并没有对此后出现的基因专利，或称"生命专利"做出规定，1999 年的部长会议就此进行了激烈的讨论。

（2）《TRIPS 协议》关于专利保护过渡期的规定为仿制药提供了黄金档保护。《TRIPS 协议》第28 条对专利权的内容进行了规定，即专利权人有权禁止未经许可制造、使用、许诺销售、销售和进口专利产品，有权禁止对专利方法进行利用，并对利用专利方法获得的产品进行使用、许诺销售、销售和进口。同时，《TRIPS 协议》第70 条第 2 款规定，为了照顾发展中国家的利益，对专利权保护制定了执行过渡期。过渡期内，各成员依据《TRIPS 协议》第30 条的规定，依据国情对专利权保护做出例外规定，但是此例外规定需要遵守 3 个原则：①不能妨碍已授权专利的正常利用；②不能损害专利权人的合法利益；③必须兼顾第三人的合法权益。过渡期届满，各成员需要对专利权给予完整意义的保护。

过渡期仿制专利药品不视为侵权，使仿制药出现了发展的黄金时段。《TRIPS 协议》第 70 条第 8 款和第 9 款分别规定了专利申请邮箱制度和独占销售权制度，考虑到部分发展中国家履行《TRIPS 协议》的实际困难，给出一个暂不执行《TRIPS 协议》的过渡期。在过渡期内，这部分成员不对专利实施法律保护。过渡期制度内容：①进入过渡期的国家应该对创新药品实施行政保护，包括受理药品专利的申请，授予许可销售的药品不少于 5 年的独占销售权；②过渡期确定至 2033 年，在这之前不仅不对药品专利实施保护，也不保护药品的试验数据；③成员中的最不发达国家，在 2021 年之前对专利产品享有平行进口权。

（3）监管例外原则。关于监管例外原则（Bolar 例外），一方面，允许各成员通过立法规定专利权保护的例外原则，又称法定许可原则，即他人可以不经专利权人同意使用专利技术，实现专利权人和使用人之间的利益平衡。此规定引自美国的一个经典判例，即 Bolar vs. Roche 案的专利侵权例外，主要体现了为科研目的使用药品专利的例外情形，即为了保护药品研发需要和必要的药品试验活动，规定可以在不经专利权人许可又不存在实际侵权风险的前提下使用专利技术。另一方面，例外原则是有前提的，首先要属于非商业利用，其次不得损害专利权人利益或影响专利权人的正常使用。遗憾的是，《TRIPS 协议》第 30 条没有对例外情形做出列举式规定，影响了该条的适用性。

在《TRIPS 协议》的具体实施过程中，针对条款中原则和规定比较模糊的情形，发达国家和发展中国家爆发了"解释之战"（interpretational battles）。最典型的两种解释引起了国际上的广泛关注。第一种解释中的代表性的观点为布莱克尼（Blakeney）提出的，他认为专利保护的例外至少有 3 种情形：①专利权与公共利益发生冲突，为了保护公共利益可以对专利实施强制许可；②特殊使用目的的限制，即如果使用专利方法或利用专利产品，其使用目的仅仅是科学研究和试验，则不应视为对专利的侵犯；③他人如果在专利申请之前善意地使用了专利技术或方法，也不应该视为专利侵权[①]。联合国贸易和发展会议（United Nations Conference on Trade and Development，UNCTAD）也发表了与上述基本一致的观点，特别强调为

---

① BLAKENEY M. Trade Related Aspects of Intellectual Property Rights: A Concise Guide to the TRIPS Agreement [M]. Sweet & Maxwell，1996：85.

了科学研究和试验使用专利产品和方法，其本身就是非经营性的使用，而且此使用还有利于促进专利的升级和创新 [①]。第二种解释从主观上属于缩小《TRIPS 协议》第 30 条适用范围的解释。代表性的观点是由国际商会（International Chamber of Commerce）所提出的，他们认为，对 TRIPS 第 31 条是否存在滥用难以预测，各种情形的出现无法做出准确的解释。究竟哪一种解释是可取的，莫衷一是。幸运的是，欧共体与加拿大关于专利药品的商业性试验争端的解决使各成员对第 30 条的解释有了重大突破，其结论就是所谓的"Bolar 例外"。

（4）平行进口（parallel import）的规定。平行进口是 100 多年来国际学术界一直争论的问题，涉及国际贸易和知识产权保护两个领域，又关系到国际法和国内法。有学者认为其虽有定论，但存在多种解释；也有学者认为，平行进口在国际上尚无定论。究竟什么是平行进口？在专利领域，平行进口是指在 A 国合法取得专利产品，未经授权进口到存在专利权的 B 国家。按照权利穷竭理论，专利权人在 A 国合法售出专利产品后，已经失去了对该专利产品的所有权利，因此对专利产品的出口权也不存在了，不应该再干预专利产品的进出口 [②]。但是，按照专利权构成理论解释，专利权人在 B 国不仅享有制造权、使用权、销售权等，还享有进口权，未经专利权人许可的进口都视为侵权。两种解释都有理论依据，对于两者的冲突应该建立什么样的服从关系，各执一词。在美国，非法进出口市场称为"黑色市场"，合法进出口市场称为"白色市场"，有学者将平行进口的专利产品称为"灰色市场商品"。美国判例法案中对"灰色市场商品"给出了定义，即未经美国知识产权所有人许可而进口到美国的在境外制造的受美国知识产权保护的商品。笔者认为，"灰色市场"概念比"平行进口"具有更大的包容性，但也表达了人们对平行进口合法性的怀疑态度。

从国际环境考察，支持药品专利平行进口的规定主要体现在《TRIPS 协议》第 6 条、第 7 条、第 8 条中。首先，TRIPS 第 6 条规定了专利权穷竭原则，允许各成员依据自身情况对专利权用尽做出规定，以不违反国民待遇和最惠国待遇为前提。这一规定实质上使专利权人的"进口权"受到了限制，为本国进口合法专利产品提供了理论支撑和法律依据。其次，TRIPS 第 7 条规定了平行进口需要遵循的原则，也可以说是作出平行进口规定的初衷，即从国际上保护药品专利，既要有利于药品的技术创新、流

---

① 联合国贸易与发展会议《TRIPS 协议与发展中国家》第 33 页。

② 丁锦希.TRIPS 协议框下的药品平行进口问题：兼评我国现行药品平行进口制度[J].上海医药，2006（09）：393-396.

通，又要兼顾专利权人和使用人之间的利益关系，更重要的是提供公共福利，造福人类。最后，TRIPS 第 8 条则规定，在药品专利保护中，公共健康原则是专利药品平行进口的合法依据。

（5）对药品专利强行仿制的规定。强行仿制是仿制药的重要类型之一。强行仿制主要体现在对药品专利的限制，即强制许可方面。因此，下面主要论证强制许可的规定。

①《TRIPS 协议》关于强制许可的规定。

其实，在《TRIPS 协议》中并不能找到专利强制许可的概念，但实际上存在强制许可的规定，这是斗争与妥协的最终结果。从条款看，第 8 条第 1 款和第 2 款对专利强制许可做出了基础性规定；第 27 条第 2 款明确规定，成员方政府有权作出专利保护例外情形的规定，如某发明涉及人类、动物的生命权，可以拒绝授予专利权；对于浪费能源、增加废气排放等破坏环境的发明也可以拒绝授权。第 31 条集中体现了强制许可的内容，既有专利实施条件的规定，也有专利权限制的内容。但是，这些限制性的规定都被发达国家增加了反限制的解释。令人费解的是，原本《巴黎公约》规定的"不使用"的强制许可条件没有得到沿用。因此，有学者提出，《TRIPS 协议》对强制许可做出的规定不但令人费解，而且规定了反限制的条件条款，实质上实施困难，如《TRIPS 协议》第 31 条第 6 项规定，对专利药品的强制许可，实施的成员仅限于本方市场的供应，显而易见，最不发达国家并不具有专利药品的生产能力，因此，相对于该国患者而言，专利药品仍然具有不可及性。

②《TRIPS 协议》关于强制许可的具体条款。

《TRIPS 协议》第 31 条第 2 项规定，如果专利权人在使用专利技术之前，第三方以合理的合同条件与其协商使用事宜，经过努力不能达到使用目的，专利权人也没有合理的拒绝理由，在此情形下，成员方可以实施强制许可。强制许可使用并非无偿使用，使用人应依据《TRIPS 协议》第 31 条第 8 项规定，参考该专利的经济价值，向专利权人支付使用费用。

《TRIPS 协议》第 31 条第 12 项第 1 目对从属专利强制许可做出规定：如果前后两项专利存在事实上的依赖性，后专利称为依赖专利。若依赖专利与前专利比较，更具有技术进步和显著经济意义，依赖专利实施将侵犯前专利，那么，依赖专利权人可以申请对前专利实施强制许可。当然，依据《TRIPS 协议》第 31 条第 12 项第 2 目规定，前专利权人也有权提出与依赖专利交叉许可，作为被强制许可的补偿。

《TRIPS 协议》第 8 条第 1 款规定，各成员在处于紧急状态时，如发生健康危机时，有权实施强制许可。这个规定在于保护公共健康利益。但是，由于第 8 条第 1 款仅仅是原则性规定，因此直到 2000 年，对其一直存在不同的解释。WTO 认为，作为对健康产生重大影响的创新药品，其投放市场无疑会产生积极的作用，理应允许成员面对公共健康问题的解决实施强制许可①。而发达国家对此解释持反对态度，认为对药品专利实施强制许可必须规定相应的构成要件，公共健康、国家危机等需要有严格的标准，不能由各成员自行确定作为强制许可的理由。面对分歧，2001 年的《多哈宣言》不得不对此项权利进行了重申，再一次赋予 WTO 成员在国家出现紧急情形下实施强制许可的权利。《多哈宣言》第 5 条第 3 项做出了具体解释性规定：一方面，关于"国家处于紧急状态或其他特别情形"，本着各方都可以理解的原则，由成员自己确认；另一方面，"公共健康危机"主要包括与艾滋病、肺结核、疟疾及其他传染病有关的健康危机。

综上所述，《TRIPS 协议》在对知识产权提供强保护的同时，也考虑采取限制措施。《TRIPS 协议》第 30 条对授予专利权的例外做出了规定；第 31 条的内容中隐含了强制许可制度；第 6 条规定允许实施平行进口，并且规定了构成条件；第 8 条和第 40 条给成员留下了立法空间，成员可以采取措施防止权利人滥用知识产权。南非和巴西在国家发生健康危机时，曾根据上述限制性规定，一方面仿制专利药品，另一方面平行进口专利药品，缓解了国内严重的公共健康危机。这一举措原本是合乎国际法要求的，但却遭到跨国制药企业的抵制和指控，认为这两个国家违背了国际法。跨国制药企业的行为受到国际社会的一致反对，发达国家也被迫撤销了指控。

1994 年《TRIPS 协议》正式颁布后，不仅提高了知识产权保护的最低标准，还扩大了保护范围，强化了药品专利垄断权，刺激了药品专利权人权利扩张的欲望，从而导致专利药价畸高难降，直接推动了专利药品的不可及性。由于《TRIPS 协议》的规定，发展中国家又不能通过进口方式获得廉价药品，从而导致发展中国家尤其是最不发达国家的强烈不满，有多起争端当事方提起了国际诉讼。国际社会开始呼吁尽快修订《TRIPS 协议》，才出现了接下来要讨论的《多哈宣言》和《关于实施多哈宣言第 6 条款的理事会决议》。

3.《多哈宣言》为仿制药发展提供了实施依据

（1）《多哈宣言》的主要内容。在《TRIPS 协议》下，发展中国家强

---

① 世界贸易组织《1997 年世界卫生报告》第 29 页。

烈呼吁国际社会关注药品价格过高的问题。在发展中国家的要求下，2001年11月，在卡塔尔的多哈召开了第四届部长会议，受到自身在与发达国家跨国制药企业的争端中取得胜利的激励，发展中国家勇敢提出草案，要求《TRIPS 协议》进一步确认公共健康原则。此议案一经提出就引起激烈讨论，并促使《多哈宣言》通过。

《多哈宣言》的主要内容：

①确认了公共健康权优先的重要原则，即《TRIPS 协议》不能阻止成员采取保护公共健康的措施，认可了公共健康权优于知识产权，公共健康在《TRIPS 协议》中存在优先权。

②为了保障公共健康权利，第 4 条规定，药品专利权人不得对抗公共健康权，若执行专利药品的过高价格，成员可以采取相应措施，中止药品专利权人的垄断性权利①。

③明晰了《TRIPS 协议》中限制专利权的弹性条款：一方面，各成员有权立法并批准对专利实施强制许可，可立足国情制定实施强制许可的条件，这使成员获得了强制许可的独立决定权；另一方面，明确了各成员享有平行进口专利药品的权利，在不违背《TRIPS 协议》中最惠国待遇原则和国民待遇原则②的前提下，有权在本国内或本地区内对权利用尽制度进行立法和解释。

④《多哈宣言》允许最不发达国家将药品专利的保护过渡期延长至2016 年。

⑤发达国家作为成员有义务依据《TRIPS 协议》第 66 条第 2 款规定，鼓励本国企业对最不发达国家进行技术转让，支持最不发达国家提高药品生产能力。

⑥鉴于有生产能力的发展中国家较少，也鉴于最不发达国家缺乏药品生产能力，而且 2016 年以后，印度等寥寥几个有药品生产能力的国家开始执行《TRIPS 协议》，最不发达国家随之失去了购买廉价专利药品的机会，因为印度等国强制许可制造的专利药品也只能遵照《TRIPS 协议》供应本国市场。《关于实施多哈宣言第 6 条款的理事会决议》拿出切实可行的办法解决了此问题。

① 《多哈宣言》第 4 条："我们同意协议不能够也不应该妨碍各成员采取措施以维护公共健康。因此，在重申对协定承诺的同时，我们确认该协议能够也应该在解释和执行方面支持成员维护公共健康的权利，特别是促进获得药品的权利。由此我们再次确认成员充分使用协议中为此目的提供灵活性的条款的权利。"

② 冯洁菡.全球公共健康危机、知识产权国际保护与多哈宣言 [J].法学评论，2003（02）：13-14.

总的来说，以上几点对具有药品生产能力的国家无疑意义重大，但是对最不发达国家而言似乎实际价值不大。

（2）《多哈宣言》的核心及其理由。《多哈宣言》的核心是第6条，即对公共健康专利强制许可的规定。其理由主要有两个：

①专利药品具有不可及性，可影响公共健康，应该作为一个独立理由受到国际法支持[①]。各成员依据《巴黎公约》规定，明确认识到即使药品专利权人不存在专利权滥用，事关公共健康问题时，也适用强制许可的规定。[②] 其实，国际社会正式讨论对药品专利实施强制许可，可以追溯到1999年，WTO西雅图部长级会议将药品专利的强制许可纳入了会议议题。从这次会议开始，发展中国家一直呼吁国际社会拿出正式意见，切实保障药品可获得的权利。

②专利权滥用问题，即专利权人不实施或者不能充分实施，构成对药品专利的滥用行为。

无论哪一种理由成立，都涉及对药品专利的强制许可。

（3）《多哈宣言》的效力。《多哈宣言》在一定程度上扭转了《TRIPS协议》的失衡，首先，最不发达国家可以依据宣言中的弹性条款做出专利药品强制许可的规定；其次，进一步明确了最不发达国家维护公共健康的权利[③]，赋予其灵活运用强制许可手段的决定权；最后，面对最不发达国家行使强制许可权利，发达国家无权进行法律干预和经济制裁。

《多哈宣言》的作用十分明显，但实际执行效力如何？占世界人口7/8的发展中国家和最不发达国家是否从中受益？实际上，《多哈宣言》的执行并非一帆风顺，其毕竟不是国际法，是否具有修订《TRIPS协议》的效力在国际上仍然存在争议。发达国家认为《多哈宣言》仅仅是一份政治性文件[④]，本身并不具有国际法效力；发展中国家和最不发达国家则认为，《多哈宣言》与《TRIPS协议》具有同等效力，否定其仅是一份政治性文件的观点。

实施药品专利强制许可的真正的目的是解决专利药品的可及性问题，即让不发达国家的患者可接触、可使用专利药品。《多哈宣言》试图提高

---

① WATAL J. Intellectual Property Rights in the WTO and Developing Countries[M].Kluwer law International，2002：319.

② Ladas S P.Patents，Tradem arks and Related Rights-National and International Protection[M]. Harvard University Press，1975：532-537.

③ 《TRIPS协议》第6条、第7条、第8条、第31条。

④ SCHETT J F.Comment on the Doha Ministerial［J］.Journal of International Economic Law，2003（01）.

药品的可及性，但是其效果并没有真正显示出来。原因在于《TRIPS 协议》第 31 条第 6 项虽然认可通过强制许可生产药品解决公共健康问题，但是又规定了生产出来的专利药品仅能满足国内市场，不能出口他国。这一限制对最不发达的成员来说，因为其不具有药品生产能力，所以不能获得应对公共健康危机所需要的廉价仿制药。能否畅通出口渠道，解除强制许可所生产药品的出口限制，成为国际社会面临的又一个新问题。

（4）国际上对《多哈宣言》的不同态度。2002 年多哈回合谈判启动后，发达国家和发展中国家围绕如何从制度上根本性地解决公共健康问题进行了艰苦卓绝的谈判，具体围绕解释《TRIPS 协议》第 30 条和修订第 31 条来进行。美国首先提出，不能通过解释第 30 条来解决公共健康问题，理由是根据《多哈宣言》第 6 条，具备强制生产许可的出口国和不具备生产能力的进口国都是发展中国家，如果适用《TRIPS 协议》第 30 条，对出口国和进口国都不加以地域限制，显然超出了第 6 条规定的范围。因此，美国建议通过两个途径解决争议：一个途径是豁免第 31 条第 6 项中的义务；另一个途径是通过争端解决机制，解决向最不发达国家出口药品的问题。欧盟同意通过解释《TRIPS 协议》第 30 条来解决《多哈宣言》提出的议案，即允许通过强制许可方式，根据现实情况确定生产数量，全部出口至不具有生产能力的最不发达国家，但是生产数量和出口数量必须相符，不得用于转出口。因此，欧盟也倾向于解释《TRIPS 协议》的第 30 条。发展中国家也倾向于对《TRIPS 协议》第 30 条进行解释，基于第 30 条本身就是专利权限制的条款，而且对其进行解释符合《TRIPS 协议》的规定。另外，重点提出对《TRIPS 协议》第 31 条进行修订。

4.《关于实施多哈宣言第 6 条款的理事会决议》为发展仿制药提供了有效依据

应对全球性公共健康危机是国际社会的一项主要任务，这一任务的难度在于如何协调公共健康和专利药品之间的冲突，解决发展中国家专利药品的可及性问题。在《TRIPS 协议》框架下，发展中国家强烈呼吁国际社会关注药品价格过高的问题。在发展中国家的要求下，2003 年，WTO 总理事会以《多哈宣言》为基础，又通过了《关于实施多哈宣言第 6 条款的理事会决议》（以下简称《决议》）。

（1）《决议》的内容。2003 年 8 月 30 日，WTO 总理事会终于通过了《关于实施多哈宣言第 6 条款的理事会决议》。

①《决议》明确规定具有药品生产能力的发展中国家可以对药品专利实施强制许可，且允许其将生产的专利药品出口到没有药品生产能力的贫穷国

家。此规定的意义在于畅通了仿制药的进出口渠道，赋予了贫穷国家对专利药品的进口选择权，提高了药品的可及性，降低了药品的市场销售价格。

②《决议》认识到《TRIPS 协议》第 31 条第 6 项在药品专利适用上确实存在问题，不利于发展中国家获得仿制药，因此，决定取消对强制许可生产的药品的出口限制，允许最不发达国家进口仿制药。

③《决议》对提到的医药产品的概念做了界定，即不仅包括医药领域的所有专利药品，也包括利用专利方法获得的药品。

④《决议》确立了仿制药进口国的范围，主要包括两类国家：一类是国际上认可的最不发达国家，没有药品生产能力或缺乏药品生产能力的国家，这类国家属于当然合格进口国家；另一类是没有被确定为缺乏药品生产能力的国家，但主动向理事会提出申请，理由是本国出现了紧急状态、健康危机等情况，表明本国不实施强制许可，也不对进口药品进行商业销售，希望获得仿制药进口权资格。"出口成员方"则是指遵照《决议》，将强制许可的专利药品出口至合格进口国的国家。

⑤《决议》规定了合格的进出口方豁免第 31 条第 6 项下的义务的条件，包括进口国向理事会报告的内容、出口国实施强制许可的条件、出口国向理事会报告的内容、出口国向专利权人支付费用等。

（2）《决议》效力进一步强化。2003 年，《决议》的内容使仿制药品进出口实现了合法化，不但使仿制国可以合法生产和出口专利药品，而且解决了最不发达国家专利药品的可及性问题，可谓对专利药品生产、进口和出口规定的最新解释。但是，《决议》毕竟只是一个临时性的妥协安排，属于过渡性的措施，关键是何时可以写进《TRIPS 协议》的修改案，这是广大发展中国家和最不发达国家所期待的。为此，2003 年，《决议》责成香港会议提交解决报告。2005 年，香港会议上 WTO 总理事会经过磋商，正式通过了《关于修改〈TRIPS 协议〉的议定书》。该议定书以《TRIPS 协议》第 31 条内容为修改目标，以药品专利强制许可为扩展内容，即作为第 31 条之一和关于第 31 条之一的附件，不仅将《决议》内容写入了《关于修改〈TRIPS 协议〉的议定书》，还增加了相应内容。

《决议》内容之外新增加的内容：

①进一步明确约定了合格进口国的条件，通过公布评估药品生产能力的附录，严格限定了进口国的范围。

②进口国和出口国应为 1994 年《关税及贸易总协定》第 24 条中和 1979 年 11 月 28 日《关于有区别和更优惠的互惠待遇以及发展中国家更充分参与的决定》中的区域贸易协定成员。

③规定了《TRIPS 协议》第 31 条之一对"非违约之诉"和"情势之诉"的无限期不适用。

④不仅明确了公共健康权优先于药品专利权的原则，还针对最不发达成员规定了延长履行《TRIPS 协议》义务的过渡期。

（3）《决议》的意义。如何评价《关于修改〈TRIPS 协议〉的议定书》？其积极意义十分明显：

①此修改是在 WTO 框架下完成的，具有国际法意义，对各成员具有广泛的约束力。

②此修改发展和丰富了《巴黎公约》关于专利强制许可的规定，为协调解决公共健康与专利药品之间的利益冲突提供了国际法路径，对降低专利药品价格、提高专利药品的可及性、更好地解决最不发达国家的公共健康危机等具有划时代意义。

③本次修改为公共健康前提下技术合作和技术转让条款的修订提供了参考和可能性，如果相应条款可以得到修改，则有利于提高最不发达国家的药品生产能力，有利于从根本上应对公共健康危机。但是，对成员药品仿制能力的评估、仿制药进口成员的资格的认定、实施强制许可的形式性要求以及相关公示等形式要求也必须引起足够的重视。

（4）《决议》争议不断。对《决议》的争议主要表现为发达国家和发展中国家对《决议》的不同态度。

①发达国家的态度主要取决于跨国制药公司的意见，这些大型药企表现出对《决议》执行中的担忧：一方面，豁免措施实施后，如果出现专利药品转出口问题应该如何解决，对此决议没有给出办法；另一方面，对强制许可放宽限制，必然会对制药业产生很大的影响。发达国家主要提出三个问题：

第一个问题是转出口问题。

转出口及表现形式。转出口又称产品的转售，是指产品在流通过程中违反合同法规定，改变销售的指定地点的行为。这一方式既存在于一国之内，又可以发生在国际贸易中。令发达国家或跨国制药企业担忧的是，专利药品经过强制许可生产并进入销售环节，原本的销售国属于合法进口国，但是如果进口国改变或者专利药品进入商业领域，违背了《决议》，对此如何防范呢？转出口的问题可能存在 3 种形式：第一种，强制许可生产的专利药品出口国直接违背约定，将专利药品出口到非合格进口国牟取利益，使得迫切需要药品的国家得不到药品；第二种，进口国在进口运输过程中将专利药品转出口到其他国家，改变了专利药品的用途；第三种，发达国家捐赠的药品也会出现转出口问题，如 2002 年，全球六大制药公司之一的葛兰素史克公司向非洲国家出口了 40 万份降价艾滋病药品，这批药品价值高达 1800 万美元，为了支持非洲国家应对公共健康危机，葛兰素史克公司实施了最低价格供应。然而，这批药品真正到达非洲国家的数量却不足总量的 10%，其他 90% 都被转出口至欧洲的荷兰，并且被重新包装后进入灰色市场重新销售①。

转出口的危害。转出口问题存在很大的危害，不但违背了国际规则和信誉，而且扰乱了国际和国内正常的贸易秩序。对于强制许可生产的专利药品，转出口问题的性质更加恶劣。如果不能采取有效措施加以遏制，不仅会极大挫伤出口国的积极性，更严重的是，这会破坏基于公共健康利益建立起来的平衡性制度。

重拳打击转出口问题。为了防止仿制药在进出口过程中被商业利用，真正将进口药品用于解决公共健康危机，各成员都制定了相应的国内措施。那么，国际上采取了哪些措施防止转出口问题发生呢？在欧盟的建议下，各成员经过认真讨论，于 2003 年的《关于实施多哈宣言第 6 条款的理事会决议》中最终达成了防止转出口的意见：首先，强制许可生产的专利药品，其进出口数量必须向总理事会申报，两者数量必须吻合；其次，出口国对强制许可生产的专利药品必须使用《决议》规定的统一标识，并且在自身网站公开生产数量、出口国家、出口价格、药品名称、药品标识、合格进口方等信息，同时通知 TRIPS 理事会；最后，进口成员必须采取严格措施，药品到达本国后不得出现转出口问题。

发达国家的担忧。虽然总理事会对转出口问题采取了防范措施，但是，发达国家仍然表示担忧，认为强制许可生产国、出口国和具备条件的仿制药进口国都是发展中国家，甚至进口方一般是最不发达国家，质疑这些国家是否具有落实《决议》的能力，如果防止"转出口"的措施得不到落实，再完美的监管措施也只能是水中月、镜中花。他们质疑的理由有三点：第一，解决发展中国家的公共健康问题本身是一件有利于发展中国家尤其是进口国的好事，但是，发展中国家毕竟还存在无法可依或有法难依或行政管理机制不健全等问题，侵权行为猖獗就是很好的例证。《决议》又给发展中国家提出了很高的要求，无疑又一次加大了知识产权执法的难度，对海关知识产权监管来说是一个较大的挑战，如果海关对药品包装标识和过境运输监管不严格，转出口就很容易发生。第二，即使是发展中国

---

① Borassa S A. Implementation of the Doha declaration: It is Impact on American Pharmaceuticals, 36 Rutgers L.J205.

家，边境检验机构的工作量也越来越大，对进出口商品的检验难免存在松懈可能，对专利药品的进出口是否足够重视、是否具备持续的认真检验能力也有待考察。第三，如果某一个国家在专利药品进出口过程中发生了转出口问题，那么总理事会应该如何处理呢？《决议》并没有做出规定。当事国的行政处罚和刑事责任都不能取信于国际各方，依靠当事国自行处理也不太现实。国际处罚规定应该如何与现有问题相适应，才是总理事会必须解决的。

第二个问题是包装标识问题。

为了防止出口专利药品的转出口，《决议》对强制许可出口专利药品的标识、包装等作出规定：首先，授权仿制的生产国，基于国内销售和国外出口的目标市场的区别，对专利药品必须采用不同包装，而且两种包装应具有明显区别，能从药品外包装上辨认出口药品；其次，上述所规定的区别由出口国自主决定，但出口国所做的区别性标识不能影响出口价格。

第三个问题是强制许可对制药业的影响及解决办法。

基于公共健康对专利药品实施强制许可，并允许出口至没有制药能力的国家，直接利益受损的是跨国制药公司，因此，他们在反对无效的前提下，质疑《决议》放宽强制许可制度的内容是否会导致发展中国家滥用这一权利。

第一，强制许可制度对制药业的不利影响。《决议》允许强制许可药品出口的规定，实质上就药品专利对出口国和进口国都进行了强制许可的授权，具有生产能力的国家获得了强制许可的生产权，缺乏生产能力的国家获得了强制进口的权利。而且，强制许可在实施过程中，其程序得到简化，实施强制许可生产之前，生产企业仅需要通过出口国向《TRIPS 协议》理事会报告和通知即可，无须经过审批，即发展中国家对药品专利实施强制许可措施具有充分的自主权。为此，跨国药企认为，这些规定会对自身的生产和经营产生不利影响。

首先，影响发展中国家乃至全人类身体健康的因素很多，有病无药应该是最根本的因素，药品价格会影响可及性，但不应该视作根本因素。发达国家的制药企业通过长期投入研制出创新药品，这个行为本身就是对全人类的伟大贡献，设定高水平的药价完全是为了弥补高研发投入。如果发展中国家滥用国际社会赋予的强制许可实施权，则必然挫伤药品创新的主动性，使药品研发的投入越来越少。

其次，创新药品从研发到市场准入不但时间漫长，而且投入巨大，药品制造者申请药品专利，原本希望通过对专利权的垄断来获得市场的主导权，在经营中获利，这样既保障了专利药品的全球供应，又可以弥补前期的投入。而药品价格偏高是客观表现：一方面，专利药品在研制时投入了大量人力、物力，需要通过售卖药品得到回报；另一方面，药品价格的制定也不是随意的，必须符合市场要求，若价格高到脱离市场，制药企业也难以实现最佳效益。因此，对药品专利的制造权和进口权实施强制许可还可能造成一个负面影响，专利药品的研发不但需要高投入，而且面临高风险，如果没有高药价的回报，药企势必望而却步，放弃研发，这个结果的影响比高药价影响更大，无药可医明显比有药可医更可怕。

最后，采取《决议》的强制许可生产和平行进口，受益的是发展中国家的制造商，它们没有投入研发，却能够通过使用专利技术类来获得生产利润，享受着"搭便车"的制度福利。

第二，强制许可费用的规定不明确。关于专利药品强制许可使用费的标准，WTO 总理事会依据《TRIPS 协议》第 31 条第 8 项的规定，考虑专利药品出口给进口方带来的经济价值，出口国应给予专利权人充分的"报酬"①。针对这一规定，跨国制药公司认为"充分的"是一个模糊概念，缺少具体的标准，实际支付报酬时，发展中国家通常会站在自身角度提出使用费的数额，跨国药企认为很难得到应有的报酬。

针对上述强制许可对跨国药企的影响，美国有学者设想出一个解决办法。

首先，建议总理事会同意成立一个由若干 WTO 成员组成的特别委员会，该委员会一方面接受并审查强制许可的报告，通过审查公共健康状况和需要的最佳药品，确定实施强制许可的理由是否成立，另一方面确定强制许可理由成立后，负责与药品专利权人协商，确定许可生产的数量、销售价格和许可使用费用，如果协商不成，则由 WTO 总理事会介入斡旋，对于专利权人无理拒绝的情况，由总理事会裁决。

其次，发展中国家可以选择最佳药品，但是否存在疗效上可以替代的通用药品，由特别委员会决定。

最后，对于发展中国家，尤其是最不发达国家，若有药品需求，首先应该向药品专利权人发出请求，专利权人应该从商誉和人道主义考虑决定是否提供平价药品，如果其拒绝提供，才能实施强制许可的生产。

从以上方案的设计，不难看出发达国家的意图：试图改变总理事会已经放宽的强制许可的规定，增大强制许可的难度；取消发展中国家强制

---

① 《关于实施多哈宣言第 6 条款的理事会决议》第 3 条。

许可使用的自主权，从而将主动权交给药品专利权人；试图通过特别委员会确立较高的许可使用费标准，加大药品制造成本，增加进口国消费者的负担。

②发展中国家认为《决议》在实施过程中存在着不可避免的4个缺陷：

第一，《决议》规定的强制许可请求资格问题。发展中国家虽然对《决议》表示赞许，但是认为程序十分烦琐，就实施平行进口的发展中国家而言，不仅要事先向理事会提起请求，请求报告中还必须包括专利药品的具体品种和数量，除此之外，还要提供不具备生产能力的证据。这些规定有可能使发展中国家遭受政治和经济风险，有时会使发展中国家放弃平行进口的权利。如果发达国家再增加许可条件，《决议》将成为一纸空文。

第二，点对点机制问题。《决议》为了防止转出口，特别规定了点对点机制，意在严格控制专利药品的流通渠道，保证药品从合格出口国点对点运至合格进口国。这一制度确实可以起到防止转出口的作用，但是，发展中国家在实际操作中提出了两个问题：第一，这一制度虽然强调了强制许可生产的品种、数量和质量，规定了药品供应渠道的单一性和供需衔接，但是对如何选择强制许可的生产商规定不够明确，如果按照竞争法则产生，价格有可能受规模经济影响而上扬。因为每个产业都存在最佳生产规模问题，生产规模越大，成本越低，价格自然较低；如果规模较小，药价就难以得到控制，这一问题是《决议》没有考虑到的。第二，《决议》要求事先决定药品的数量，没有考虑实际使用上的变化因素，一旦进口国需求发生变化，如需求扩大，进口国就需要向总理事会重新提起请求，殊不知事先确定的药品数量是一个预估的数据，这个数据会随着疫病流行的人数、症状等的变化一直变化，不可能估计出确切的数字，因此，药品供应中的需求量变化是很正常的。在正常变化的背景下，如果还需要多次向总理事会提起请求，无疑会加重发展中国家的负担，甚至贻误病情及医治时机。

第三，申请强制许可的程序问题。发展中国家普遍认为，申请药品专利的强制许可程序比较复杂。考察此程序可知：第一步，合格进口国向总理事会请求，由总理事会协调确定进口品种、数量和质量保证；第二步，选择强制许可生产商，一旦确定，生产商需要首先向药品专利权人申请许可使用，权利人拒绝后才能启动强制许可程序，即合格生产商需向所在国和进口国同时发出强制许可的申请，获得批准才能实施。从上述步骤和程序可见，在申请审批的过程中，时间拖延在所难免，这就势必会影响药品需求的及时满足，从而削弱强制许可制度的效果。

第四，自由贸易协定问题。在发达国家主导下，国际贸易正由多边贸易协定演变为双边或区域性贸易协定，这一趋势也将使《决议》成为一纸空文。在双边和区域性自由贸易协定下，知识产权保护标准超过《TRIPS协议》，不仅较少关注公共健康问题，还直接阻止了专利药品的强制许可制度。

综上所述，笔者认为，首先，发达国家继续干预《决议》的意图在于防止发展中国家滥用药品专利的强制许可权。其实，他们担心的是强制许可生产国不仅在本国市场销售，还可以将专利药品出口到合格进口国，会影响他们自身的利益。究其原因，这些跨国药企的利益是自身拒绝他国许可使用造成的，既然这些药企放弃了发展中国家市场，又为何要干预发展中国家之间相互提供药品呢？发达国家提出，如果放宽专利药品的强制许可，有可能使药品专利权人没有利润，从而影响研发积极性，这更是言过其实。因为专利药品强制许可对全球市场的影响不到10%，不足以对药品专利权人的利益产生多大的影响，所以这种想法足以体现其不愿承担国际义务的唯利是图的态度。其次，发达国家和发展中国家都对《决议》提出了问题，如对转出口问题如何解决缺少必要规定，强制许可申请的获准手续比较烦琐……这些问题的存在是极其正常的，因为《决议》本身就是一种指导性的规范，对具体操作的规定需要各个成员依据《决议》进行细化，以达到可行的立法效果。因此，两个阵营，尤其是发展中国家要充分认识到《决议》的来之不易，应积极创造条件，完善国内立法，在出现公共健康问题时，坚定地实施药品专利的强制许可。

（二）国内法依据

研究国内法依据，可从3个方面入手：专利法及其实施细则规定、司法解释、行政规章。研究思路主要依托仿制药的三大类型。

1. 药品专利制度在我国专利法中的整体体现

我国对药品实施专利保护始于1992年《中华人民共和国专利法》（以下简称《专利法》）的修订。在此之前，我国专利法仅对药品的制备方法提供保护，既不保护药品，也不保护利用专利方法制造的药品。2000年第二次修改《专利法》，实现了药品专利保护与国际接轨。2008年对《专利法》实施第三次修改，没有将药品作为特殊商品对待，相关内容如下。

（1）对发明专利"新颖性"标准实施绝对性要求[①]，依据现有技术和是

---

① 《中华人民共和国专利法》（2008年）第二十二条。

否存在抵触申请来判断是否符合新颖性构成要件。

（2）明确规定专利强制许可制度，将只申请不实施、滥用专利权、公共利益需要等情形作为实施强制许可的条件。

（3）规定允许实施平行进口，主要利用了《TRIPS 协议》给予缔约国的灵活立法空间。

（4）规定 Bolar 例外，明确在行政审批中使用药品试验数据属于侵权例外情形，为我国生产、进口专利药品提供了法律依据。

为了进一步规范药品专利的强制许可，2005 年我国制定了《涉及公共健康问题的专利实施强制许可办法》，不仅界定了传染病和药品的概念，还细化了公共利益目的和国家紧急状态的具体情形，使强制许可的操作性得到提高。

2020 年，我国公布了新的《专利法》，自 2021 年 6 月 1 日起实施，其中新增了关于药品专利保护的内容：首先，新增药品上市审评审批延迟的专利期限补偿，第四十二条规定"为补偿新药上市审评审批占用的时间，对在中国获得上市许可的新药相关发明专利，国务院专利行政部门应专利权人的请求给予专利权期限补偿。补偿期限不超过五年，新药批准上市后总有效专利权期限不超过十四年"；其次，建立药品专利侵权早期解决机制，第七十六条规定，"药品上市审评审批过程中，药品上市许可申请人与有关专利权人或者利害关系人，因申请注册的药品相关的专利权产生纠纷的，相关当事人可以向人民法院起诉，请求就申请注册的药品相关技术方案是否落入他人药品专利权保护范围作出判决。国务院药品监督管理部门在规定的期限内，可以根据人民法院生效裁判作出是否暂停批准相关药品上市的决定。"也就是说，在新药上市审评审批过程中，如果申请人与专利权人因药品专利问题发生纠纷，一方面，相关当事人可以起诉维权，另一方面，药品管理部门可以据此决定是否暂停审批。

2. 我国药品专利强制许可制度的立法

（1）《专利法》中有关药品专利强制许可制度的规定。1984 年 3 月 12 日，我国颁布了第一部《专利法》，其中不仅没有对食品和药品实施保护，涉及专利强制许可制度的也是原则性规定，形同虚设。此时，我国几乎不具有药品研发能力，基于药品不受专利法保护，国内仿制药得到了空前发展，低廉的药价导致药品可及性较高。1992 年，《专利法》修订，将药品和化学物质纳入保护范围，我国医药行业正式进入"专利时代"。为了适应 WTO 要求，2000 年，《专利法》进行了第二次修订，基本达到了《TRIPS 协议》的保护标准。第三次（2008 年）和第四次（2020 年）修订属于我国主动修改，对专利强制许可的条件、程序都做出了具体安排。

（2）有关专利强制许可制度的主要行政规章。为了提高专利强制许可制度的适用性、可操作性，国家知识产权局发布了相关行政规章，主要有4项：

①为了使强制许可制度更具有操作性，2003年国家知识产权局发布了《专利实施强制许可办法》，主要内容如下。

第一，对强制许可申请提出、受理、审查、听证和终止做出了规定。

第二，依据《专利法》对强制许可的情形做出了解释。

第三，规定了强制许可期限的确定，强制许可使用费的协商、裁定等。

但是，该办法仍然存在模棱两可、有法难依的问题：对强制许可的情形不但规定模糊，而且标准较高，甚至高于《TRIPS协议》的最低要求，如事由中没有包括为了消除垄断导致的不利影响等；举证责任被更多地指定为被许可人的义务；对强制许可事由中的"合理长的时间"未做界定，难以操作。

② 2005年，国家知识产权局发布《涉及公共健康问题的专利实施强制许可办法》。该办法的主要内容如下。

第一，界定了我国传染病和药品的范围。

第二，在界定"公共利益""国家紧急状态""政府使用的制造和进口"概念的情况下，明确了《决议》框架下如何解决强制许可药品的制造和进出口问题。

第三，依据《多哈宣言》和《决议》给缔约国提供的立法灵活性，对我国在公共健康需要时如何实施强制许可、平行进口等制度做出了全面安排。

第四，不但允许强制许可生产专利药品，而且允许将强制许可的药品出口到缺乏生产能力的国家。

③ 2012年，国家知识产权局废止了上述两个规章，发布了新的《专利实施强制许可办法》，主要内容如下。

第一，将原有强制许可请求的3项事由增加到5项，即只申请不实施或不充分实施、存在专利不当垄断且存在不利影响、国家出现紧急情形或公共利益需要、为了公共健康目的的出口、存在依存性发明。

第二，增设外国人在我国办理强制许可的要求。

第三，对于两项法定事由"垄断""合理时间内未获得许可"是否存在，由强制许可请求人负责举证。

第四，规定了国家知识产权局驳回请求的理由。

第五，依据《多哈宣言》和《决议》相关条款，确定了强制许可的范围。

④ 2018 年 4 月 3 日，国务院办公厅印发《关于改革完善仿制药供应保障及使用政策的意见》，主要内容如下。

第一，我国属于药品生产大国和消费大国，药品研发能力较弱，仿制药产量大但质量不高，医药行业一直处于低水平发展，与药品保障、药品安全的要求严重不适应，完善仿制药政策非常迫切。

第二，促进仿制药研发，既要保证质量又要保证供给：一方面，及时发布社会需要的仿制药目录，调查显示，我国尚有 157 种到期专利药品缺少仿制，急需研发仿制药，加快替代；另一方面，加强仿制药创新，应将关键技术和重要药品纳入国家相关科技计划；再者，为了协调和平衡药品专利权人与公共利益之间的关系，也应尽快完善现有药品专利制度。

第三，抓住突出问题，不断提高仿制药质量。尽快建立仿制药质量标准，包括原材料、产品、辅助材料等；提前公布对药品质量评价的政策，既要求制药企业自行评价，又公开药管部门的评价步骤和措施；按照仿制求同的原则，严格制药工艺和程序，确保仿制药质量不低于专利药品；改革药品审评制度，优化审批程序，缩短审批时间，突出审查质量一致性，提高药品获得的及时性；加大对劣质、低质药品的惩罚力度，对药品仿制中的数据造假、掺杂使假、偷工减料等违法违规行为予以严惩。

第四，多措并举，促进高质量仿制药尽快上市。重视仿制药发展，各级政府要将此纳入统一采购目录，在确保其与原研药疗效一致的情况下优先采购，降低用药费用；对仿制药要依法准确标注，在信息公开的基础上，让国民具有用药选择权；国家发展和改革委员会应加强对仿制药价格进行指导，尽可能赋予药企自主定价权；在《TRIPS 协议》框架下，切实推行药品专利的强制许可，一方面允许对国外药品专利实施强制许可，另一方面利用强制许可的震慑，增强我国在进口专利药品价格谈判中的主动权和话语权，提高专利药品的可获得性，实现"用上药、用得起"的目标；对国内药品专利鼓励开放性许可使用，加快专利转化，扩大药品的可及性；鼓励我国药企在仿制中不断创新，对原研药进行改制创新，生成新的药品专利，并对药品创新予以税收优惠；支持我国药企加大研发投入，参与国际药品行业的竞争。

3. 我国药品专利链接制度

2001 年，我国加入了世界贸易组织，将药品纳入专利保护，使仿制药发展迎来了前所未有的挑战。因此，为了支持我国药企创新和仿制，2002年国家药品监督管理局颁布了《药品注册管理办法（试行）》，使药品注册管理与药品专利保护实现了有效衔接。现行的《药品注册管理办法》（2020年）不仅对药品上市申请、专利声明、公示等进行了制度安排，还衔接了《专利法》中关于行政审批 Bolar 例外的规定。

近年来，我国针对仿制药发展中出现的问题，在注册审评和仿制药规范方面颁布了多项规定，如《国家药品安全"十二五"规划》《关于征求加快解决药品注册申请积压问题的若干政策意见的公告》《国务院关于改革药品医疗器械审评审批制度的意见》等。2017年，中共中央办公厅和国务院办公厅又联合印发了《关于深化审评审批制度改革鼓励药品医疗器械创新的意见》（以下简称《意见》），对建立药品专利链接相关制度做出了更明确的规定。

（1）信息公示制度。《药品注册管理办法》第八条就规定了对经审查获批的药品信息进行公布，但此信息具有综合性，缺少具体说明。2017年，党中央和国务院办公厅印发的《意见》中要求设立注册药品目录制度，无论是创新药品还是仿制药都要进行登记，不仅要公布药品的种类、药品成分、形态规格、注册人、专利权人、实验数据保护情况等信息也要进行公布。

（2）专利声明制度与专利纠纷解决。早在《药品注册管理办法》（2007年）第十八条中，我国就已经借鉴美国法案对药品注册上市申请时专利声明与纠纷解决作出了规定[①]，2017年，《意见》中又重申此规定：

①既要求药品注册申请人说明药品是否为专利药品及其保护状态，又要求其承担将注册情况告知专利权人的义务。

②如果在药品注册申请中存在专利侵权纠纷情形，专利权人可以行使诉讼权，但诉讼期间注册申请的正常审批过程不受影响。

③药品管理机关是否批准药品上市，需要依据法院所做的判决或仲裁结果，但诉讼过程需要规定时间要求，超过时间规定，药品管理机关可以作出上市批准。

（3）仿制药药品注册申请程序。《药品注册管理办法》按照药品的类

[①] 参见《药品注册管理办法》（2007年）第十八条："申请人应当对其申请注册的药物或者使用的处方、工艺、用途等，提供申请人或者他人在中国的专利及其权属状态的说明；他人在中国存在专利的，申请人应当提交对他人的专利不构成侵权的声明。对申请人提交的说明或者声明，药品监督管理部门应当在行政机关网站予以公示。药品注册过程中发生专利权纠纷的，按照有关专利的法律法规解决。"

型作出了具体的规定，如对中药、化学药品、生物制品就申请材料和程序都作出了不同的要求。

①对于仿制的中药品，要求除了提供申请材料，还必须提供不少于100天的临床试验材料。

②对于仿制的化学药品，除了正常提交申请材料，还需要补充药理毒理研究资料和临床试验材料。

③对于生物仿制药的注册申请，基于生物制药产品的相对分子质量较高，且具有三维结构的复杂性、异质性和生物活性，需要鉴定生物仿制药和原创性生物制药产品之间的生物等效性。

从我国仿制药注册审查材料看，与欧美只要求提供生物等效性资料相比，我国增加了材料要求，要求申请人必须补充毒理试验和临床试验资料。这一高要求，完全是基于我国仿制药质量不高的实际情况而决定的，旨在通过考察临床试验来提高仿制药质量。今后，随着法律和制度不断完备、仿制药质量不断提高，增加的审查内容有望免除。

（4）药品数据独占保护期。早在2007年颁布的《药品注册管理办法》中，我国就已经实施了药品数据独占保护期制度。

①享有独占期的药品，包括创新的药品、用于罕见病治疗的药品、专门用于儿童的药品、成功挑战专利的药品等。

②享有独占权的主体，即这些药品的生产者和销售者。

③独占期的时间规定，从药品获得上市许可之日起保护6年。

④对已经批准上市并享受独占权的药品，不再重复批准其他申请人享有独占权[1]。

（5）专利保护期补偿制度。在美国，专利法明确规定了专利保护期制度，主要基于专利药品通常需经历漫长的临床试验和申请注册时间，抵消了专利保护期，对专利权人的利益保护不足。因此，为了合理保护药品专利权人的利益，决定适当延长专利药品的专利保护期限。这一制度的实施，有利于增加创新药品的研发投入，但是会影响仿制药及时上市。考虑到这一制度的合理性，为了激励我国药企增加研发投入，鼓励药品创新，我国《意见》中决定采取药品专利期限补偿制度试点，对部分新药实施专

---

[1] 参见《药品注册管理办法》（2007年）第二十条："按照《药品管理法实施条例》第三十五条的规定，对获得生产或者销售含有新型化学成分药品许可的生产者或者销售者提交的自行取得且未披露的试验数据和其他数据，国家食品药品监督管理局自批准该许可之日起6年内，对未经已获得许可的申请人同意，使用其未披露数据的申请不予批准；但是申请人提交自行取得数据的除外。"

利期限补偿制度。经过一段时间的尝试，我国 2020 年《专利法》中对该制度作出了明确规定。

4. 我国自由贸易协定中与仿制药保护相关的制度

据统计，我国已经与 20 多个国家签订了自由贸易协定，其中部分条款涉及知识产权保护。考察这些自由贸易协定的知识产权条款内容可见：首先，符合《TRIPS 协议》的总体要求，只有部分协定涉及药品专利，如 2010 年与哥斯达黎加的自由贸易协定首次提到药品专利与公共健康的关系，同意适用《多哈宣言》的规定；其次，在这些自由贸易协定中还存在问题和不足，一方面，从内容上看，涉及仿制药保护的法条较少且比较简单，仅有的法条也有法难依，几乎不具有可操作性，另一方面，从仅有的法条的效力看，实体规范和强制性规范严重不足。对上述问题，我国既要扩大与友好国家的合作，又要研究共同抗衡"TRIPS-plus"的对策。

第三节　仿制药发展的现实意义

分析仿制药发展的现实意义，一定绕不过电影《我不是药神》，因为它生动地揭示了我国缺少高质量仿制药，而印度却有与专利药等效的廉价仿制药的现状。从制度层面考察，药品专利权与生命健康权的冲突是发展仿制药的最大诱因，因为两者的冲突直接表现为药品的不可获得性。要提高药品的可获得性，有两个途径：一个是允许平行进口药品，另一个是允许仿制。笔者沿着上述两条主线分析其现实意义。

一、从《我不是药神》检视专利药品平行进口制度

专利药品平行进口所涉及的知识产权与生命健康权冲突，其实质是贸易自由化、药品可及性与知识产权之间不同价值取向的矛盾。本研究通过价值分析与经济学分析方法，以专利产品的平行进口理论为基础，参照欧美相关法律法规，探寻我国专利药品平行进口的合法化路径。

（一）制度背景的检视

2018 年，我国热映了一部电影——《我不是药神》，本影片的情节源于 2013 年一个真实案例——"陆勇案"。陆勇是一位癌症患者，需要长期使用抗癌药"格列卫"，他偶然获得一个从印度购买廉价"格列卫"的机会和途径，不仅自购自用，还帮助病友代购，深受病友们的欢迎。但是，因陆勇所购的印度仿制药未经我国药品管理机关审批，属于非法上市药品，

所以，陆勇于 2013 年被批捕并被检察院公诉。虽然 2015 年陆勇被免予起诉，但此案引起了全社会的关注，尤其是这个题材被改编成电影后，代购仿制药行为的合法性引起了广泛讨论。

1. 代购境外仿制药的违法性

对于"陆勇案"的定性存在两种观点，而陆勇免予起诉是两种观点博弈的结果。首先，依传统法学的思路考察，原审检察院和法院一致认为，陆勇的罪名有两点，即涉嫌销售假药罪和涉嫌妨害信用卡管理罪，在此重点考察"涉嫌销售假药罪"。一方面，陆勇代购的"格列卫"虽然在印度是被药品管理当局批准的合法药品，但是，依据《中华人民共和国药品管理法》第九十八条："禁止生产（包括配制，下同）、销售、使用假药、劣药。有下列情形之一的，为假药：（一）药品所含成分与国家药品标准规定的成分不符；（二）以非药品冒充药品或者以他种药品冒充此种药品；（三）变质的药品；（四）药品所标明的适应证或者功能主治超出规定范围。有下列情形之一的，为劣药：（一）药品成分的含量不符合国家药品标准；（二）被污染的药品；（三）未标明或者更改有效期的药品；（四）未注明或者更改产品批号的药品；（五）超过有效期的药品；（六）擅自添加防腐剂、辅料的药品；（七）其他不符合药品标准的药品。禁止未取得药品批准证明文件生产、进口药品；禁止使用未按照规定审评、审批的原料药、包装材料和容器生产药品。"该药品在中国上市未经药品监督管理局审查批准，因此，该药品依法被确定为非法药品，有人称之为"假药"；另一方面，陆勇不仅自购自用，还为他人代购，其行为触犯了《中华人民共和国刑法》第一百四十一条的规定，确认犯有销售假药罪。其次，从现代法学考察，第一，陆勇的代购行为是否构成"销售行为"？代购确为购买，但有 300 多名病友为其作证，陆勇在代购价格的基础上并未加价，因此，代购仅仅是购买，不构成销售；第二，陆勇代购的"格列卫"是否为"假药"？上文讨论了假药的概念，假药与原研药的质量和疗效不相等，而陆勇代购的"格列卫"，无论质量和疗效都与原研药一致，药品本身不是假药，准确的定义应该是在我国境内的不合法药品；第三，即使陆勇代购的"格列卫"被硬性定义为假药，我国法律中也没有"购买假药罪"。综上所述，检察院撤回了对陆勇的起诉，认为"如果认定陆勇的行为构成犯罪，将背离刑事司法应有的价值"。

2. 药品专利权与公民健康权的冲突如何化解

"陆勇案"虽然没有以犯罪论处，但本案暴露出药品专利与公民健康之间的矛盾。试想，如果陆勇及其病友们没有代购印度仿制药"格列卫"

的途径，而中国市场上的"格列卫"价格昂贵，绝大多数患者负担不起，则他们唯一的结果就是不治而亡。即使陆勇及其病友们代购印度仿制药被免予起诉，但是此代购行为并不是我国政府所提倡的，反而是政府所打击的对象。国人不禁会问，为什么我国没有价格低廉的仿制药呢？我国又该如何解决药品专利和公民健康之间的矛盾呢？

研究现有的相关文献，在平衡药品领域知识产权与生命健康权关系的文献中，大多数学者探讨的重点是如何通过药品专利强制许可来提高药品的可及性，缓解两者之间的矛盾[①]。学者们的主要观点是公民的生命健康权属于基本人权，与知识产权相比具有优先保护权，因此，国家应该优先保护生命健康权。笔者对上述观点存在不同意见，认为协调药品专利与公民健康的冲突应该从以下 3 个方面分析：

（1）在药品专利保护的前提下，多元化举措保障人类健康。首先，应提高患者自身的支付能力，一般在患者可承担的范围内由患者承担；其次，要完善国家医疗保障政策和卫生保障体系，以保障人类健康，如我国《宪法》第 21 条、第 32 条和第 45 条明确表示国家有义务保障公民的生命健康权；最后，应大力发展一般仿制药和创新仿制药，我国《专利法》第一条表明了立法目的是保护专利权人的合法权益、鼓励研发创新，以及促进社会发展。

（2）在药品专利保护的前提下，保障人类公共健康权主要依靠发展强行仿制药。公共健康权区别于人类健康权，公共健康权保障的是公共利益。无论是《TRIPS 协议》还是我国《专利法》，都将公共健康权作为最高权利，如《专利法》规定，保护公共健康是限制药品专利的前提。为了保护公共健康，经政府批准可以对相关专利药品实施强制许可仿制，其本质构成对原研药的强制性仿制。

（3）在药品专利保护的前提下，平行进口药品有利于保障人类健康。为保障人类健康，《TRIPS 协议》虽然认可药品平行进口，但是对进口方资格、出口方资格和进出口方式都做出了限制性规定。我国《专利法》也对药品平行进口制度做出了规定。

（二）专利药品平行进口的理论及实践

1. 专利药品平行进口的基本理论

平行进口是指未经知识产权人许可，从不同法域进口合法产品。"平行进口"的合法性一直受到广泛争议，世界各国也都采取了不同的态

---

① 许子晓.药品专利权与公共健康权的冲突和协调［J］.知识产权，2011（03）：96.

度①。下面针对专利药品平行进口，对国际上实际存在的专利药品平行进口及其呈现的不同态度进行分析。

（1）专利药品平行进口的形成。在国际贸易中，跨国药企对专利药品的生产和销售以及专利保护都进行了精心布局，同样的专利药品在不同国家的销售价格存在较大的差异。药品经销商发现国外专利药品价格较低时，受利润驱使，一般会选择从价格较低的国家进口某种专利药品，以低于本国定价的价格在国内进行销售，与药品专利权人在本国进行市场竞争。上述情形，就是典型的专利药品平行进口。

（2）专利药品平行进口的双重效应。与专利的功能相似，专利药品平行进口具有双刃剑性质，存在正负效应。正效应：不仅有利于减弱药品专利权人对专利药品市场形成的垄断，促进专利药品市场的充分竞争，还能提升进口国专利药品的可及性。负效应：一方面，必然冲击进口国的专利药品市场，促使专利药品价格有所下降；另一方面，药品专利权人为了药品的销售已经投入了推广费用，而平行进口商的销售存在"搭便车"的嫌疑，可能涉嫌药品市场的不正当竞争。

（3）专利药品平行进口的争议。进口权是专利权人的一项重要权利，"平行进口"又是进口权行使的一种特殊形式。那么，专利药品的平行进口是否构成对进口权的侵犯呢？第一种观点否定专利药品平行进口，也代表了部分国家的态度。这种观点认为，在国际贸易中应该禁止平行进口，允许药品专利权人在专利药品流通中用专利权限制物权。平行进口涉及专利权人、经销商、进口商和消费者四方的利益，会造成个体利益和社会利益、贸易自由与非关税壁垒之间的矛盾。第二种观点肯定专利药品平行进口，允许专利权人用物权来限制专利权。其依据是权利穷竭原则（exhaustion doctrine），即专利药品在出口国合法生产并完成了首次销售，包含出口在内的销售权已经用尽。因此，平行进口具有合法性，不仅有利于防止药品专利权人滥用专利权，还可促使国际专利药品市场价格趋于平衡，提高发展中国家专利药品的可及性。

2. 国内外专利药品平行进口的制度实施

（1）欧美专利药品平行进口制度的实施。美国关于平行进口的司法态度历经3个阶段的演变，即肯定支持阶段、全面禁止阶段和有条件允许阶段，其演变过程也体现为相关成文法与判例的变化。一开始，美国允许专利产品的平行进口，其典型判例即"Apollinaris Co. v. Scherer 案"，肯定

---

① SEUNGWON S. Essays on International Distribution of Manufactured Products Under Possibility of Parallel Imports［D］. Boulder: University of Colorado, 2001: 1.

平行进口的合法性；随后，美国全面提高专利保护标准，进一步加强专利保护，平行进口被全面禁止，其代表性案例是"A.Bourjois & Co.v.Katzel案"；直到当代，美国提出了"平行进口"的新规定，一方面，国内各州之间适用专利产品的平行进口规定，其依据是销售权用尽原则，另一方面，针对境外完成首次销售的进口至美国境内的专利产品，采取"原则禁止、例外允许"的原则，根据《海关条例》第133.23条，允许有例外情形并加以确定，其典型判例是"Wei Ceramics And Glass v.Bernard Dash 案"。

与美国相比，欧盟对平行进口基本采取了允许的规定，但是具有区域相对性，表现为对欧盟内外采用不同的立法与司法。在欧盟范围内，为了废除自由贸易障碍，构建单一的贸易自由区，欧洲法院运用"权利的存在和行使的二分法"与"共同体权利穷竭原则"，明确了在欧盟区域内支持平行进口，促进自由流通；但在与欧盟以外的国家的贸易中不支持平行进口，强调专利权中的进口权保护。

（2）我国确认了平行进口制度。《专利法》第七十五条："有下列情形之一的，不视为侵犯专利权：（一）专利产品或者依照专利方法直接获得的产品，由专利权人或者经其许可的单位、个人售出后，使用、许诺销售、销售、进口该产品的；（二）在专利申请日前已经制造相同产品、使用相同方法或者已经作好制造、使用的必要准备，并且仅在原有范围内继续制造、使用的；（三）临时通过中国领陆、领水、领空的外国运输工具，依照其所属国同中国签订的协议或者共同参加的国际条约，或者依照互惠原则，为运输工具自身需要而在其装置和设备中使用有关专利的；（四）专为科学研究和实验而使用有关专利的；（五）为提供行政审批所需要的信息，制造、使用、进口专利药品或者专利医疗器械的，以及专门为其制造、进口专利药品或者专利医疗器械的。"可见，我国允许专利产品的平行进口，不视为对进口权的侵犯。其基础在于我国承认专利权用尽原则，专利权人或合法制造者完成了第一次销售，就失去了对后续销售权的控制，此为我国实施专利药品平行进口的法律依据。此外，我国香港特别行政区、澳门特别行政区均为世界贸易自由港，因此也都制定法律允许商品平行进口。

（三）国际国内对专利药品平行进口的协调和需要

1.《多哈宣言》关于专利药品平行进口的协调

《TRIPS 协议》明确了药品专利保护，但保护的负效应导致专利药品价格偏高，降低了药品的可及性，尤其是发展中国家难以保障公众健康权。为了提高发展中国家，尤其是极不发达国家的药品可及性，经发展中国家世贸组织代表的努力，达成了《多哈宣言》，其中的特别内容旨在协调《TRIPS 协议》与保障公共健康权之间的不和谐，不仅允许对药品专利实施强制许可，以增加药品供给，降低药品价格，还肯定了在成员之间实行药品平行进口的可行性。

《多哈宣言》第 4 条规定，如果药品专利与公共健康发生冲突，则各成员可以采取相应措施阻止药品专利权人行使专利权。具体措施既包括药品专利的强制许可，又包括平行进口专利药品，以平抑药价。

2. 我国需对部分专利药品实行平行进口

电影《我不是药神》揭示了我国仿制药的现状：首先，我国缺少部分仿制药品种，药品领域的仿制水平急需提高；其次，同样的药品，其他国家和我国之间存在较大的价格差异，如印度格列卫的市场价格不到我国格列卫市场价格的 1/10；最后，我国需要实施专利药品平行进口制度。综上所述，我国需要依据《多哈宣言》对《TRIPS 协议》的解释，运用《TRIPS 协议》中的第 6 条实施专利药品平行进口。我国现行《专利法》已经对专利药品平行进口制度做出了规定，将在提升药品供给保障、降低药品价格方面发挥积极作用。

二、药品可获得性客观上要求发展仿制药

面临频发的公共健康危机，人类的生命健康受到前所未有的挑战。如何在保护药品专利权人专利权的同时维护公共健康权呢？研究药品专利制度，发展仿制药，提高公众的药品可获得性，可在公共健康危机到来时快速有效地保护公共健康。

（一）药品可获得性及影响因素

1. 药品可获得性的内涵

（1）药品可获得性，又称药品可及性（the accessibility of drugs），是指药品市场供应充足，药品价格维持在患者可以负担的水平，药品质量有保证、疗效可靠。世界卫生组织（World Health Organization，WHO）将"药品可及性"定义为"从公众角度考察，公众必需药品的价格适中，保障健康的支付能力适当"。

（2）药品可获得性的特征：

①市场供给充足，即有药可用，病有药医，仅从供应角度说明医药创新、创造过程已经完成。但是，供与求的统一才构成市场交换，有供无

求、有求无供都不是成熟的市场经济。

②市场需求必要，或者说药品属于患者必需品。

③市场价格合理且适中，即市场价格维持在患者综合支付能力范围内。综合支付能力包括个人支付能力、国家财政医保补贴力度和商业保险的补充能力。

（3）药品可获得性分类分析。笔者认为，提高药品可及性针对的是可及性低或者不具有可及性的药品，并非针对一般药品。可及性较低的药品是指药品价格较高的原研药品，其价格较高，超出了患者的负担能力，导致难以获得。如何提高原研药的可及性呢？从发展仿制药角度分析，一般存在 5 条路径。

①普通仿制，也是传统观点对仿制药的定义，即药品专利保护期满后，任何人都可以仿制，这仅是传统意义上的仿制。毋庸置疑，普通仿制确实能够提高药品的可获得性，我国现在 90% 的仿制药正属于这一类型，但是，对已经患病却买不起原研药的患者来说，如果必须等到原研药专利保护到期后才能买得到便宜的仿制药，那么，病情恐怕不允许他们等待那么长的时间。因此，普通仿制药解决的是一般可获得性。

②强制性仿制，即在药品专利保护期内强行生产原研药品。这类仿制解决了患者没有时间等的问题，可以提升药品可获得的及时性。但是，强行仿制是有条件的，只有满足专利强制许可的条件才能强行仿制，而不被视为对药品专利权的侵犯。

③创新仿制，通过改进、进阶创新，在原研药的基础上形成新的药品，与原研药产生市场替代效应，可能打破原研药一统市场、价格垄断的局面，从而提高药品的可获得性。

④不侵权仿制，即通过挑战药品专利，利用无效请求、默示许可等方式实施仿制。

⑤平行进口仿制药，增加在国内的原研药供给途径，提高药品的可及性。

2. 影响药品可获得性的因素

提高药品的可获得性，首先需要研究药品可获得性的影响因素。

（1）药品价格。虽然大多数药品的价格因为市场竞争充分而比较平稳，但是，创新的专利药品价格仍然比较高昂，超出了公众的实际负担能力。在我国药品市场上，并非只有"格列卫"的售价在抗癌药领域内"一枝独秀"，如罗氏公司治疗肾癌的盐酸厄洛替尼片（特罗凯），售价 14500 元；辉瑞公司治疗肾癌的苹果酸舒尼替尼胶囊（索坦），售价 15480 元；拜耳公司治疗白血病的甲苯磺酸索拉非尼片（多吉美），售价 25192 元；诺华公司治疗白血病的尼洛替尼胶囊（达希纳），售价 36000 元，新基公司治疗骨髓瘤的来那度胺胶囊（瑞复美），售价 55620 元[1]。治疗艾滋病的专利药品的市场价格也高达常用药品售价的 4 ～ 12 倍，即使采用"鸡尾酒疗法"，每年的实际开销也需 10000 ～ 15000 美元[2]。

药品价格一直被认为是影响药品可及性的直接因素。原研药虽然质量好、疗效显著，但是市场价格过高，患者也只能望药兴叹。患者买不起的药品，质量再好、再对症也毫无意义。影响药品价格的因素同样呈现出多元化，除生产成本、销售费税外，关键还在于研发投入。

（2）药品市场供应的充足程度。药品市场供应是否充足，主要取决于药品生产利润的高低。如果某药品的生产利润低于平均利润水平，则该药品生产必然受到压缩，供应不足；原研药商也有可能为了控制市场，维持垄断价格水平而控制产量；如果原研药技术含量较高，制造技术难度较大，其市场供应量也会受到影响。

药品市场供应充足，有利于平抑市场价格水平，提高药品的可获得性。

（3）获得药品的便利程度。这一问题涉及我国公共卫生体系建设。伴随着改革开放的深入进行，我国缺医少药的状况已被极大地改善，卫生医疗机构分布更加合理，医疗资源的配置更加协调。但是，我国较为偏僻的乡村，药品供应网点难以顾及，即使在偏僻乡村设有药店，但供应品种不全、数量不充分，难以满足患者需求。值得一提的是，药品的特殊性也表现在许多药品不能通过网上流通，这也限制了药品的正常供应。

（4）购买药品的支付能力。如上所述，药品的支付能力主要有 3 个来源：第一，患者自身的负担能力，虽然我国城乡居民收入水平逐步提高，生活水平不断改善，但是，我国不仅存在药品价格较高的问题，医疗机构乱收费的问题也长期存在，医患矛盾不断加深，突出体现了公民在医疗方面的支付能力十分有限，严重威胁公众健康权；第二，国家医保支持虽然正在成为解决药品负担的重要力量，但是目前医保的报销范围、报销比例仍难以满足人们所需，"无钱治病、无钱买药"的现象仍然存在，覆盖特效药、创新药的购买更是不可想象；第三，商业医保正在被部分公民所认可，也是提高药品购买力的重要因素。

---

① 丁锦希、姚雪芳、刘维婧.中国药品专利强制许可政策定位研究：基于全球药品专利强制许可实施案例的定量分析［J］.中国新药杂志，2016（18）：2136-2141.

② 胡珊.论知识产权国际保护的限制：以艾滋病药品专利保护争议为例［J］.法律适用，2007（02）：8.

除了上述因素，我国的中药发展水平、日常用药习惯、医生的医德医术和处方行为、政府采购政策等都将对药品的可及性产生影响。

（二）药品可及性的经济学分析

对药品的可及性进行经济学分析，既要分析药品的商品化特征，又要分析药品受供求关系的影响。

（1）药品的商品化特征。经济学理论认为，商品具有价值和使用价值，作为特殊商品的药品，其使用价值毋庸置疑，在防病和治病中体现了其实用性和交换价值；而价值主要指凝结在药品生产过程中的无差别的人类劳动。在20世纪，药品的商品化特征并不明显，尤其在发展中国家，药品只是一种防病治病的工具，而发达国家完全将药品视为商品。

（2）药品是一种特殊商品，药品中的专利药品需求价格弹性低。需求价格弹性是指需求量变动与价格变动之间的比例，通常以百分比表示。在供给比较稳定的基础上，如果需求变动小于价格变动，说明需求弹性偏低，一般情况下，需求弹性低于1时称为低需求弹性。反之，如果需求变动大于价格变动，则说明需求弹性偏高。专利药品的可替代性较低，作为必需品的原研药，即使价格较高，需求也不会受到影响。因此，当药品价格高昂，患者又不得不买时，药品的可获得性势必会降低。

（三）我国必须关注并发展仿制药

1. 仿制药尴尬地位急需改变

（1）我国不应将仿制药视为假药。在我国，仿制药虽然占据药品总量的95%，但仿制药并不"受宠"。这一点在陆勇代购抗癌药一案中不难看出，一方面，代购的印度仿制药"格列卫"原本与我国药品市场上的"格列卫"具有质量、安全、疗效方面的一致性，但我国的司法机关最初却将其认定为"假药"，可见，在我国，仿制药常被视作假药；另一方面，我国仿制药发展滞后，如格列卫在2013年4月1日已到保护期，但我国不仅没有仿制药，还将其视为专利期药品[①]。

（2）我国的仿制药价格如何规制？发展仿制药的目的在于扩大药品供给、降低药品价格，但是，我国的仿制药价格为何堪比专利药呢？例如，我国有两家药企生产格列卫的仿制药，但其价格几乎维持了原研药格列卫的水平。仿制药价格居高不下，其原因在于：首先，仿制药供应不足，难以形成充分竞争的药品市场；其次，国外低价仿制药进口不畅，既有国际

---

① 张韬略.许诺在专利期限结束后销售专利产品是否构成侵权：从德国联邦最高法院的"辛伐他汀"案说起[J].电子知识产权，2010（07）：81-86.

贸易方面的问题，也有国家药品管理部门的药品进口审批政策的阻碍；最后，还有关税、经销商、医院、药店各种中间环节占有利润空间。

2. 给予仿制药发展以政策支持

（1）简化仿制药进口的审批方式。依据《TRIPS 协议》，仿制药进口无可非议，但是，无论是原研药还是仿制药，要进口就必须通过药品管理机构的审批。

首先，仿制药进口的依据，我国《专利法》规定了"权利穷竭"原则，明确了我国进口国外合法生产并销售的原研药品属于合法行为，不构成对专利进口权的侵犯。2014 年，最高人民法院、最高人民检察院发布《关于办理危害药品安全刑事案件适用法律若干问题的解释》，对于少量进口仿制药，即使未经国家药品管理机关审批，只要未造成严重后果，也不以构成犯罪处理。以上司法解释虽然为仿制药进口进行了法律松绑，但仍然强调进口药品在上市之前必须通过国家药品管理机关的审批。未经审批的进口仿制药将被视为违规药品，不但不受法律保护，还可能构成犯罪[①]。

其次，我国现有进口药审批程序烦琐。目前，我国对仿制药实行"两报两批"政策，即临床审批和上市审批，临床审批阶段也比原研药更为严格，程序多一道。例如，2007 年的《药品注册管理办法》强调将仿制药的质量作为审查重点，仅此一项指标的审查就需要 18 个月以上，再加上上市审批时间，常常需要 6 年的审查和审批时间。

综上所述，为了公众健康，需要适当放宽仿制药进口，并简化仿制药进口审核审批手续。

（2）不断提高仿制药质量。一方面，我国审查仿制药的程序复杂、时间较长、具体审批严格；另一方面，我国仿制药质量不高，尤其是对跨国药企专利保护到期原研药的仿制，其质量常常达不到原研药的质量要求。这种严格审查制度下的低质量现状如何改变？我国作为人口大国，解决公共健康问题刻不容缓。

（3）创新仿制形式。长期以来，认为仿制药就是专利药保护期满实施仿制获得的药品的观念实在是太狭隘了。如前所述，笔者已经提出要丰富仿制药的外延，既要发展普通仿制药，又要实施强制性仿制药的生产，更要发展创新性仿制药，通过仿制药的发展来促进供给侧结构性改革，平抑药品的市场价格。例如，强制性仿制药的实施其实就是专利强制许可制度的体现，利用这一发展仿制药的形式，可通过批准实施仿制药生产，或将

---

① 王玫黎，谭畅. 挑战与回应：我国药品专利制度的未来：以药品专利与健康权的关系为视角［J］. 知识产权，2017（02）：41-47.

其作为专利药进口价格谈判的砝码来降低原研药在我国的销售价格。

（4）解决国产仿制药价格过高的问题。一方面，国际上认为我国仿制药达不到原研药的质量要求，不能实现等质仿制；另一方面，国产仿制药价格仍接近已经失去专利保护的原研药价格水平。这一等价不等质的矛盾，同样是我国在仿制药发展中必须面对的问题。

第三章　域外仿制药发展的专利制度借鉴

各个国家在制定专利法的过程中，都会参考国外先进立法技巧和具体方法，紧密结合本国实际，调整各专利主体之间的利益关系。因此，经济和社会发展水平不同的国家，通常会选择不同的保护模式和保护标准。虽然《TRIPS 协议》从国际角度对药品专利统一了保护期限、强制许可方式、药品试验数据保护措施等，但是，《TRIPS 协议》毕竟是框架性的制度安排，加上其在具体规定上也给各成员预留了自主立法空间，如药品平行进口的规定等。因此，各国应在《TRIPS 协议》框架下立足于本国国情进行专利立法。以美国为代表的发达国家对药品专利一直奉行强保护下的平衡政策，既体现了对药品创新的法律保护，保证药品专利权人的利益不受侵犯，又激励仿制药的产生和发展；而以印度和巴西为代表的发展中国家则比较重视仿制药发展。本章一方面分析美国、加拿大和欧盟在仿制药保护和专利制度平衡中的相关制度；另一方面借鉴印度和巴西在发展仿制药方面的专利制度。

第一节　发达国家仿制药发展的专利制度适用

仿制药发展并非发展中国家的主要任务，发达国家一样重视仿制药的发展，并重视从法律角度进行激励和规范。在此，笔者选择美国、加拿大和欧盟的仿制药法律制度进行分析。

一、美国仿制药发展的专利制度分析

美国的医药产业非常发达，不仅较早实施药品专利保护，仿制药发展的法律制度也比较完备。美国仿制药法律制度主要包括药品专利链接制度、药品专利保护期补偿制度、首仿药激励政策、医药发明专利试验例外制度等，为各国完善仿制药法律制度提供了借鉴。

1983 年，罗氏（Roche）公司起诉博拉（Bolar）公司侵犯了其安眠药专利权。Bolar 公司及时提起抗辩，认为自己是为了向美国食品及药物管理局（FDA）提供行政审批而制造专利安眠药，并非为了市场销售。如果

法律不允许在药品专利保护期满之前生产仿制药，那么，在药品专利到期后，仿制药难以及时投放市场，实际上变相延长了药品专利的保护时间。此抗辩引起美国司法界和国会的高度重视，肯定了此抗辩的合理性。于是，1984年和2003年，美国国会分别颁布了《药品价格竞争和专利期补偿法》（又称"Hatch-Waxman法案"）和《医疗现代化法案》，成为国际上协调原研药商、仿制药商和社会公共健康利益间的经典法案。

Hatch-Waxman法案是国际上公认的平衡专利药和仿制药间利益关系的经典法案，不仅为发达国家所推崇，也被发展中国家所借鉴。

（一）仿制药注册审批与专利链接

为了协调药品上市申请与药品专利侵权之间的冲突，为FDA审查审批提供依据，"Hatch-Waxman法案"要求：

（1）FDA定期公布仿制药涉及的专利信息，其信息载体称为"橙皮书"。

（2）要求申请药品上市的仿制药商提交简略新药申请（ANDA）时必须附被仿原研药专利状态的相关声明，声明内容包括："Ⅰ向FDA提交文件中不含有该专利信息；Ⅱ该专利已过期；Ⅲ该专利保护期将于某一特定时间期满，在此之前仿制药不会进入市场；Ⅳ该专利无效或不会因制造、使用或销售ANDA申请之仿制药而受到侵犯，即第Ⅰ、Ⅱ、Ⅲ、Ⅳ段声明。"对于第Ⅰ、Ⅱ段声明的ANDA，按照相关法律要求进行审查后批准上市；对于第Ⅲ段声明的ANDA，一般在专利药保护期满即可授权上市；但提交第Ⅳ段声明的核准，如果有可能因涉嫌侵权将导致最长30个月的审批停滞。

1. "橙皮书"制度

所谓"橙皮书"制度，是指FDA依据"Hatch-Waxman法案"，为了对申请上市药品的安全性和有效性进行评价，每个月定期将拟批准的药品涉及专利的信息制作成名单进行公布，公布的载体作为一种特定出版物，因封面为橙色，故称为"橙皮书"，"橙皮书"形成的制度即"橙皮书"制度。"橙皮书"中不仅区分了处方药和非处方药，还针对药品的性质划分了专利保护和行政保护两种不同方式。

为了解释该制度的内容，FDA对创新药品上市登记和上市后专利申明做出了规定：

（1）关于创新药品上市登记的规定。创新药品申请上市的申报书中需要载明：①申请上市药品的基本情况；②如果申请上市的药品属于专利药品，则必须在批准上市后的 30 日内进行登记，主要登记药品专利情况；③如果批准上市的药品在批准上市后获得专利，则必须在获得专利 30 日内对药品专利情况进行补充登记。

（2）仿制药上市申请的规定。为了加强药品专利保护，对仿制药申请人作出了特殊要求，即要求申请人对照"橙皮书"上登记的药品专利，就仿制的对象向 FDA 提交专利申明书：①所仿制药品的专利现状，或属于药品专利保护期满，或属于非专利药品等；②虽然参照的药品属于专利药品，但是申请人保证生产该仿制药完全是为了行政审批需要，而不是为了上市销售；③仿制的目标药品虽然属于专利药品，但是在"橙皮书"中未做登记，依法如此仿制不构成侵权。由此可见，"橙皮书"制度是一种强制性制度，是一种对抗仿制的手段，只有在"橙皮书"上登记的药品专利才能对抗药品仿制侵权。

2. 仿制药上市的义务

仿制药申请人在申报时存在法定义务，此义务主要通过《专利法》和"Hatch-Waxman 法案"进行规定。

（1）美国《专利法》的规定：首先，对药品专利保护作出了基础性规定，在专利有效存在的前提下，任何人未经专利权人许可，擅自制造、使用、销售、进口、许可销售等，将构成对专利权的侵犯，可见，药品专利权人有权禁止仿制；其次，又对药品专利仿制做出了区别性规定，区别的标准在于仿制药的用途，禁止生产上市销售的仿制药，不禁止生产用于行政审批的仿制药。因此，仿制药可以提前研发，不必等到药品专利保护期满，即在药品专利保护期内可以生产样品，但不得生产商品。

（2）美国"Hatch-Waxman 法案"对专利药品仿制者作出了以下规定：首先，在药品专利有效期内，不禁止药品仿制者向 FDA 提出申请，如果仿制者在 ANDA（复制已上市药品）中申报上市销售药品，则在向审批机关提交 ANDA 的同时必须向 FDA 递交不侵权的证据，或证明仿制的药品专利不具有可专利性，或证明仿制的药品专利在"橙皮书"中未做登记；其次，允许仿制者挑战药品专利，但除了要向 FDA 申报外，还必须将申报内容、申报日期、被挑战的药品专利、挑战理由等在 20 日内通知相关药品专利持有者；最后，相关药品专利权人接到仿制者通知，应当在接到通知的 45 日内向法院提起诉讼，诉讼期限不超过 30 个月，即 ANDA 的批准时间将延后 30 个月。本规定的法律后果有 3 点：①如果药品专利权人申诉并获得成功，则 FDA 将对仿制者上市申请冻结 30 个月，即实现延期申请；②如果药品专利权人接到通知 45 日内不向人民法院提起申诉，则仿制药申请将确认有效；③如果仿制申请 30 个月冻结期满，而药品专利权人没有在诉讼中胜诉，则 FDA 将恢复对仿制药上市申请的评审，只要通过评审，仿制药即被批准上市。

3. 美国专利商标局和食品及药物管理局的分工合作

在药品专利链接制度执行中，有两个分工又协作的管理机关构成制度的两翼：一个是美国的食品及药物管理局（FDA），专门负责食品和药品的质量管理，对药品的上市注册进行审批；另一个是美国专利商标局（Patent and Trademark Office，PTO），类似我国的知识产权局。两个职能部门在专利药品管理上配合默契，分工中有合作，合作中又各司其职。例如，在药品专利期是否需要延长的问题上，FDA 决定是否延长，即判定某药品是否具备延长保护期的资格；而 PTO 判定某药品专利保护期限具体延长多久。可见，这两个部门的密切配合，不仅促成了美国的专利链接制度，还发挥了对药品专利侵权的抑制作用，也有效地调节了药品专利权人、仿制者和社会公众之间的利益关系。

专利管理责任由 PTO 承担，FDA 只承担药品管理责任。基于药品上市审批时间较长，研发者获得药品专利之后，专利药品并不能马上上市，甚至需要较长的上市审批时间，因为 FDA 需要用一段时间来考察药品的安全性和疗效，这实际上缩短了药品专利的保护期限。为此，美国政府允许药品专利权人申请延长药品的专利保护期限。对于需要延长药品专利保护期限者，该专利权人必须在 FDA 批准药品上市后的 60 日内向 PTO 递交申请。保护期限能否延长，由 FDA 协助 PTO 认定该药品专利权人的申请是否有效，即药品上市行政审批是否真正占用了药品专利的有效保护期；而是否延长以及延长多久，则由 PTO 决定。

在受理仿制药申请时，FDA 只对药品的安全性和疗效负责，对有关专利侵权、侵权纠纷的协调、仿制药品是否受专利法保护、相关专利药品是否登记等方面都不负责。

4. 简化了仿制药申请程序

"Hatch-Waxman 法案"之前，对于仿制药的上市销售申请，要求其必须进行安全性和功效性的检测，除非在公开出版物或其他文献上能够取得佐证的数据，不然不得免去该检测程序。其实，取得药品专利的公开技术数据并非易事，因此，对仿制药品的安全性和功效性检测就成为必需的程序，这无疑加重了仿制者的负担。为了促进仿制药发展，"Hatch-Waxman 法案"中删除了这一限制仿制药发展的规定，实现了仿制药上市申请的程序简化。仿制药品上市能否获得审批，关键在于判断仿制药品是否构成对药品专利的侵权。

（1）申请人必须提供所仿制药品是否属于专利药品的证明，如果属于专利药品，则需要提供专利证书及保护现状，申请提交后20日内告知专利权人。

（2）要求专利权人获得告知消息后，在45日内提起侵权诉讼。如果超出45日不提起诉讼，FDA将对仿制药品进行正常上市审查；如果专利权人在45日内提起侵权诉讼，那么，FDA将给专利权人30个月的诉讼宽限期。

（3）专利权人的诉讼只有两种结果，要么专利权人胜诉，仿制申请失败；要么专利权人诉讼失败，那么，仿制申请获得批准后，首仿药申请人还将享有对仿制药为期180天的独占性经营的权利，其诉讼期损失可得到部分弥补[1]。

5. 专利链接制度在自贸协定中的体现

美国不仅在国内法中确立了较完备的专利链接制度，其在已经签署的自由贸易协定中也有体现。

（1）行政审批目的使用药品专利的例外。在与智利签订的自贸协定中规定：①缔约方有权许可第三人因行政审批目的使用药品专利，也有义务保证药品专利在非授权下不得商业利用，如制造和销售等；②如果允许此授权下生产的药品出口，则该药品只能以满足上市审批条件之目的被出口到境外[2]；③在药品专利保护期内，如果有第三方请求上市批准，缔约方需通知专利权人确认是否经过授权，否则，不得批准和许可任何第三方的上市请求[3]。

（2）限制仿制药挑战专利药。在美国，专利链接制度的标准是"Hatch-Waxman法案"，开辟了仿制药挑战专利的法律路径，也为仿制药企在专利药品有效期内挑战专利提供了依据。事实上，在美国也确实有仿制药挑战成功的案例。但是，在与新加坡签订的自贸协定中，专利链接制度的适用标准不但高于《TRIPS协议》，而且超出了"Hatch-Waxman法案"的规定。在协定的内容中：①确立了药品专利的绝对权威性，废除了仿制药企业在专利有效期内挑战专利的可能性，规定仿制药企只能在药品专利保护期满后才能仿制；②在药品专利保护期内，缔约国医药管理当局批准仿制

---

① 姚颉靖. 全球视野下的药品专利：从利益分配到利益创造［M］. 北京：知识产权出版社，2011：108-109.

② 《美国—智利自由贸易协定》第17.9.4条。

③ 《美国—智利自由贸易协定》第17.10.2条。

药上市，必须得到被仿制药品的专利权人的授权，使得仿制药挑战专利的概率几乎为零。上述规定，不仅限制了仿制药的提前上市，影响了社会公共利益，也使药品专利强制许可受到阻碍，因为限制仿制药上市使得强制许可生产的药品不能正常投放市场。

6. 专利链接制度的积极作用

（1）实践表明，专利链接制度促进了创新药和仿制药的发展。从创新药产业看，"Hatch-Waxman法案"实施后，美国取代了欧洲主导的药品创新地位，成为国际最大医药市场。2013年，医药行业产值占美国国内生产总值的2.1%，全球5000种新药中有3400种为美国研发。美国仿制药市场也发展迅速，占全球仿制药市场的45%，而且十大仿制药商中占了8个。

（2）推动药品专利质量的提高。据调查，从2020年开始，国际上将有大批药品专利到期，仿制药企迎来难得的机遇，"专利悬崖效应"之一就是仿制药上市后迅速占据市场，创新药企必然出现较大的利益损失。这一损失虽然会暂时让创新药企感觉挑战大于机遇，但又必然刺激创新药企进一步加大创新投入和创新力度，致力于提升专利药品的质量，避免重复专利、低效专利。例如，礼来公司的氟西汀在专利挑战中被法院认定为重复专利，巴尔实验室挑战专利成功，不但享有180天的首仿独占期，而且首仿药上市60天就获得65%的市场份额[①]。

（3）设立了专利纠纷预警机制。药品专利链接的最大制度优势就在于将药品专利可能产生的纠纷在仿制药上市前提前解决。因为对仿制药企而言，成功仿制必然需要一部分投入，在仿制药上市后被认定侵权将会遭受重大损失，不仅难以收回仿制投资，还需要承担赔偿责任。有了专利链接制度，一方面，创新药企在新药注册上市申报时，必须提供新药专利的相关信息，由医药管理部门予以公示，有利于仿制药企进行有针对性的仿制，避免重复研究；另一方面，仿制药企在明确仿制目标专利情况后，提交仿制药上市申请时可以提供所仿制专利的到期信息等，做出挑战专利的声明，有利于药品专利权人提前制止侵权。

（二）仿制药注册审批中的"拟制"侵权

仿制药商提交ANDA时，其第Ⅳ段声明实质上构成"拟制"侵权。美国不仅从法律上规定药品专利权人享有对仿制药商的诉讼权，还规定了仿

---

① 李科举，宋民宪. 美国新药创新体系对我国的启示[J]. 中国民族民间医药，2015（08）：152-153.

制药商在申请的同时承担将申请情况通知药品专利权人的义务。药品专利权人接到通知后，既可以放弃诉讼，也可以在 45 日内就通知事项提起诉讼，但是否提起诉讼取决于药品专利权人，一旦提起诉讼即触发 30 个月的申请停滞期。FDA 批准 ANDA 的理由有两种：一是法院宣告原研药所形成的专利无效，或认定其存在不侵权的情由；二是法院认定该药品专利已经失效，或已过保护期，或药品专利权人放弃保护而失效。

30 个月的申请停滞，虽然限制了对药品专利的仿制侵权，但是本质上延长了药品专利的实际保护期。上述规定也被原研药商所利用，在 2003 年 6 月之前，原研药商为了制止仿制药挑战，将所有药品专利全部登记在"橙皮书"中。只要有仿制药商挑战药品专利，就展开专利侵权诉讼，甚至一次又一次地使仿制药申请进入申请停滞期。例如葛兰素史克帕罗西汀（Paxil）一案，药品专利权人因起诉导致多重停滞，涉嫌限制竞争被审查。基于上述缘由，2003 年 6 月，美国及时颁布了《医疗现代化法案》新规则（final rules），明确规定：首先，原研药商针对一项仿制药 ANDA 只能出现一次 30 个月审批停滞；其次，限制药品外包装专利、中间体或代谢物等外围薄弱专利进入"橙皮书"。

（三）仿制药入市与原研药专利期延长

药品专利保护期事关药品专利权人的切身利益，保护期长，药企独占市场的时间就长，对社会公众而言，不仅降低了药品的可获得性，推迟了仿制的时间，还会增加社会成本。再加上，美国过分强调药品专利权人利益，一方面，强调研发投入大、周期长，而且上市要求十分严格；另一方面，认为专利药品的发明要求技术人员具备较高的素质，创新过程中不仅要承受物质上的压力，还要防范投资失败，因此，认为不对药品专利实施高标准保护，必然打击创新的积极性。保护药品创新无可厚非，但从国家利益及药品制造商的立场出发，忽视公共利益，尤其是发展中国家利益就失之偏颇了。其实，虽然药品研发专业性极强，但是专利药品的特殊性也很突出，如在保护期内很难出现替代品等，药品专利权人实质享有的独占期较长。只有仿制药能够上市销售，药品市场竞争和价格理性才可能得到改善。美国不惜延长药品专利保护期，推迟药品仿制的步伐，实质上是对全球公共利益的侵犯。

《TRIPS 协议》统一规定了专利保护期为从申请日起不少于 20 年，意味着各成员对专利保护期限只能规定更长的时间而不能减少，但是并没有规定需要对药品专利因行政审批被占用保护期给予补偿。美国在明确规定药品专利执行 20 年保护期的基础上，"Hatch-Waxman 法案"又作出了补充规定：①药品专利保护期在《TRIPS 协议》统一规定的 20 年基础上，考虑专利药品上市申请审批耗时较长，规定对其补偿一定的保护时间，最长 5 年；②对药品专利保护时间实行绝对保护期规定，即最长不超过 14 年，包括补偿保护的时间。可见，美国的药品专利保护期有两种规定，一种是从申请之日起计算，药品专利保护 20 年；另一种是从专利药品批准上市之日起计算，药品专利保护期 14 年。据统计，该法案颁布后，美国药品专利的实际保护期限有所延长，每件药品专利的实际保护时间从 9 年提高到了 11.5 年[①]。药品专利保护时间的延长，实际上就是仿制药上市的推迟，也是人类享有廉价药品时间的滞后，甚至是生命的浪费。

上述规定，不但在美国得到了实施，而且实施范围已经扩大到几个与美国签订自由贸易协定的国家。这一制度的作用：一方面，在美国通过"TRIPS-plus"提高了药品专利保护标准，实现了促进药品创新的目标，而且这个制度覆盖了 20 多个国家，如美国在与约旦的自由贸易协定中约定，如果专利药品上市销售的行政审批时间被不合理延长，政府将对药品专利保护期限进行行政补偿，但该行政补偿不是自动产生的，需要以药品专利权人请求为前提[②]；另一方面，实现了药品专利保护期限的绝对延长，如美国在与巴林的自由贸易协定中，甚至没有规定药品专利保护期延长的前提条件，而规定只要已经获得药品专利的药品制造商提出要求，巴林政府就要相应地延长专利保护期[③]。

为了更好地落实药品专利保护期延长制度，对于延长保护期的前提条件，即行政审批导致了药品专利保护期的"不合理的减少"，需要做出权威性的解释。"Hatch-Waxman 法案"规定，药品专利权人如果申请延长专利保护期，应该在专利药品获得上市批准的 60 日内，向专利商标局提交申请。

（四）仿制药独占权的获得与取消

所谓仿制药独占权，是指为了激励药品仿制，法律规定对首仿药商赋予 180 天的市场独占权。但是这一规定存在两个需要明确的问题。

（1）独占期如何计算，是从独占权批准之日起计算，还是从首仿药上市之日起计算？如果从首仿药上市之日起计算，有可能给原研药商以可乘

---

① 丁锦希. 美国药品专利期延长制度浅析：Hatch-Waxman 法案对我国医药工业的启示 [J]. 中国医药工业杂志，2006（09）：115.

② 《美国—约旦自由贸易协定》第 4.23 条。

③ 《美国—巴林岛自由贸易协定》第 14.8.7 条。

之机，原研药商可能和首仿者达成同盟，推迟首仿药上市无疑会延长原研药的保护期。

（2）鼓励首仿药制造者是为了提高药品的可及性，通过扩大药品供给平抑市场药品价格，但在首仿药独占期内又要如何实现药品价格的下降呢？

基于上述两个问题，2003年，《处方药和医疗保险促进现代化法》作出了具体规定：首先，首仿独占期的开始之日自仿制药入市销售之日起，或自法院裁定原研药专利无效或不构成专利侵权之日起计算，上述时间以最先时间为准；其次，享有首仿药独占权的仿制药商应以原研药价格的60%～90%销售仿制药，如巴尔公司2011年8月成功挑战礼来公司的百忧解（Prozac）专利，首仿药氟西汀在180天市场独占期内的销售收入就达到3.11亿美元。

（五）限制对专利药品的强制性仿制

1. 对国际规定的解读

强制许可的规定是专利法中重要的平衡性条款，因为在知识产权强保护的国际环境下，专利权人不断扩大自身权利已经成为一种趋势，专利权人滥用专利权已是一个普遍存在的问题，这不但阻碍技术进步，而且严重损害公共利益，各国不得不采取立法措施，制定了限制专利权的条款，允许不经专利权人许可对处在有效期的专利实施强制许可[①]。实施强制许可的主要理由在于保护公共利益，尤其是针对专利私权与公共利益的冲突，有必要对专利权实施权能限制。

《TRIPS协议》第31条第2项规定，在以下5种情形可以对专利实施强制许可：①专利权人不实施或不充分实施，且无正当理由拒绝他人实施；②当成员出现紧急状态或极端紧迫状态，需要使用专利技术；③非商业目的的公共利益需要；④专利权人的滥用权利行为被确认为垄断行为；⑤存在从属专利的情形，从属专利权人的申请被基础专利权人拒绝则可以申请强制许可。

如前所述，为了保护发展中国家的利益，2001年，《多哈宣言》对强制许可措施做出了扩大性的解释：首先，公共健康问题是实施药品专利强制许可的合法性前提，公共健康问题是指公共健康出现危机使国家处于紧急状况或者非常时期；其次，强制许可使用不仅包括生产许可，也包括进口和出口权利，旨在解决不具有药品生产能力国家的公共健康问题；最

---

① 王迁. 知识产权法教程［M］. 北京：中国人民大学出版社，2011：328.

后，通过药品专利强制许可生产的仿制药，其出口对象明确为有资格进口的成员，突破了授权仿制药只能满足国内市场供应的《TRIPS 协议》的限制。

2. 美国限制强制许可的规定

毋庸讳言，强制许可就是专利权人的非自愿许可，影响专利权人利益是必然的。美国出于自身利益考虑，对《TRIPS 协议》中关于强制许可的规定采取了既不直接抵制又不执行规定的办法，通过 Trips-plus 对强制许可实施限制。限制药品强制许可的具体政策如下。

（1）弱化强制许可使用的条件，如美国与约旦签订的双边自由贸易协定中，就药品专利强制许可的适用条件做出了 4 种情形的列举性界定：专利权人的行为被确认为垄断行为、属于非商业性的社会利用或政府利用、解决国家紧急状态的需要、专利权人在非合理时间内未充分实施专利技术[①]。上述协定内容中，没有包括《TRIPS 协议》中规定的其他两个条件：一个是以合理理由和费用申请使用许可而遭到拒绝；另一个是确认为从属专利者，从属专利权人申请基础专利权人许可使用被不合理拒绝。考察美国与澳大利亚、新加坡的双边自贸协定，可见其又将"未能满足实施要求"排除在规定之外[②]。

（2）规定了对被实施强制许可的专利权人给予补偿。从美国与新加坡的双边自由贸易协定中可见，专利被授权强制许可后，实施强制许可一方应给予专利权人合理的补偿[③]，突破了《TRIPS 协议》规定的"充分"补偿的要求。

（3）规定专利权人不承担向强制许可实施人转让专利技术的义务。对强制许可实施人而言，仿制创造性较强的专利技术必然会加大实施难度，甚至对药品生产能力欠缺的发展中国家来说，结果还是难以仿制。

（4）限制强制许可药品的出口。美国单方面要求，被授权批准强制许可生产的药品，仅限于满足国内市场供应，禁止向其他国家出口。这一违背《TRIPS 协议》的规定，不仅限制了与美国签订双边自贸协定的国家出口强制许可生产的药品，还影响了最不发达国家的药品可获得性。例如，东南亚的越南、缅甸、柬埔寨、老挝等国家长期依赖于从泰国进口药品，此规定切断了他们获得药品的机会，使这些国家的公共健康失去了保

---

① 《美国 - 约旦自由贸易协定》第 4.20 条。
② 《美国 - 澳大利亚自由贸易协定》第 17.9.7 条。
③ 《美国 - 新加坡自由贸易协定》第 16.7.6 条。

障①，不仅违背了《TRIPS协议》第31条第6项有关强制许可的规定，没有考虑其对解决全球性公共健康危机的责任，以及个别缺乏药品生产能力的最不发达国家的需求，也违背了《多哈宣言》和《关于实施多哈宣言第6条款的理事会决议》关于确认强制许可生产的药品进出口许可的规定。

（六）限制专利药品平行进口

平行进口是国际贸易中常见的一种方式，实施的理由在于同一种专利产品在不同的法域存在明显的价格差异，这一价格差异，将原本十分普通的商品交易变得有利可图②。在美国，学术界将平行进口称为介于黑白市场之间的灰色市场的进口，因此，就平行进口的概念出现了多种表述方式。中国社科院郑成思教授认为，平行进口既关系国际贸易，又关系知识产权保护，是指未经国内享有知识产权所有人许可，从其他法域进口合法专利产品的行为③。上述观点揭示的是平行进口本身存在的内在性矛盾，又称知识产权与物权在国际贸易中存在的冲突。就专利领域考察，如果按照一般商品贸易解释，不考虑专利保护的问题，则平行进口行为不存在是否合法的问题。但是，平行进口绝不是普通的国际贸易问题，其形成的理论依据是专利权存在的地域性和专利权穷竭理论。专利权的地域性是由本国法律决定的，尽管专利申请和授权具有国际开放性，但各个国家在专利保护范围、方式、标准等上存在着较大的差别，这就是权利的空间差别。关于专利权穷竭理论，虽然国际上存在不同模式的概念，但其本质内涵差别不大，若有区别，就在于各国对平行进口的适用法律不同。例如，欧盟的态度是对平行进口不做限制，允许专利药品自由贸易；美国虽然一直奉行自由贸易，但在专利权用尽原则上持保留态度，法律规定可通过合同约定平行进口问题。《TRIPS协议》没有对平行进口进行规范，也不接受平行进口纠纷的国际争端，将平行进口的立法权交给各成员，各成员可自主立法解决此类争端。

通过考察美国与缔约国签订的双边自贸协定，发现个别协定中有涉及平行进口限制的规定，如在其与摩洛哥签订的协定中，规定专利权人享有进口权，未经专利权人许可，任何人不得进口专利产品以及利用专利方法生产的产品④，在美国与澳大利亚、新加坡等国的协定中也存在表述方式

---

① 石现明. 美式自由贸易协定TRIPS-plus条款对发展中国家药品获得权和生命健康权的影响与危害[J].兰州学刊，2011（01）：80.
② 尹新天.专利权的保护[M].北京：知识产权出版社，2005：96.
③ 郑成思.合同法与知识产权法的相互作用[J].法律适用，2000（01）：23.
④ 《美国-摩洛哥自由贸易协定》第15.9.4条。

不同的类似规定。其实，澳大利亚、新加坡在国内立法中也体现了对平行进口行为的限制，然而，他们也曾试图做出开放性修改，但此协定必然会使两国打消取消平行进口限制的念头①。

以笔者所见，在专利领域，首先，发展中国家对平行进口持开放性态度对自身发展有利。以我国为例，在20世纪初，我国申请和授权的专利中，外国人的专利占据相当大的比重，而且，外国人在中国申请专利的目的也呈现多元化，有的是为了保持技术领先，在世界范围内申报基础研究成果；有的是瞄准了我国的市场及潜力，准备在我国设立独资或合资企业，掌握技术和产品在我国市场的主动权；也有的虽在我国申请专利，但既不在我国生产，又不向我国出口专利产品，不仅限制了我国在相同领域的创新，也让我国消费者难以获得创新带来的成果。在这种情况下，我国只有保护专利的义务，却没有享受专利产品的权利。如果我国和众多发展中国家都对平行进口采取开放性态度，则至少我国人民可以通过进口获得技术领先的专利产品。其次，对于发达国家，尤其是拥有高端专利的跨国公司而言，肯定希望将平行进口权赋予专利权人，否定专利权用尽原则。最后，药品专利的平行进口体现了更为复杂的利益关系，不限制平行进口对发展中国家有利，发展中国家可以选择价格较低的国家进口；限制平行进口对药品专利权人有利，有利于药企根据不同国家情况实行差别定价的策略。《TRIPS协议》将平行进口的立法权交给各成员，不仅体现了药品专利的社会性和公共利益性，也促进了药品市场的竞争，推动了仿制药的发展。

（七）限制仿制药企对药品专利的挑战

美国关于仿制药挑战药品专利的限制主要体现在两个方面。

1. 限制专利撤销制度

（1）专利撤销与专利异议。什么是专利撤销？一般是指在专利申请获得授权后，如果有人，尤其是利害关系人认为该专利不符合授权条件的，可以请求专利机关撤销该专利权。专利机关依据请求，对已经授权的目标专利进行必要审查，最后做出维持权利、全部撤销或部分撤销的决定。容易与之混淆的概念是专利异议。世界上大多数国家在专利审查授权过程中设置了专利异议期，即在专利审查之后以及授权之前，对专利申请案进行拟授予专利权的公告，允许任何人就专利进行监督、提出异议，如果异议

① 吴雪燕. TRIPS-plus条款的扩张及中国的应对策略：以药品的专利保护为视角[J]. 现代法学，2010（05）：115.

理由成立，拟授权的专利最终将不能获得授权。两个概念既有相关性，又存在本质区别，其相关性表现为目的一致性，都是为了接受社会监督，避免审查失误；区别在于接受监督的时间点不一致，专利撤销是在授权之后，专利异议是在授权之前。

（2）专利撤销与专利无效。部分国家没有设立专利撤销制度，取而代之的是专利无效宣告制度，如我国 1984 年《专利法》规定了专利异议制度；1992 年《专利法》以专利撤销程序取代了专利异议程序；2000 年《专利法》设置了专利无效宣告制度，删除了专利撤销条款。其实，专利异议制度与专利无效宣告制度仍然存在互补性，因此，很多国家的专利法继续保留了专利异议制度。例如，德国专利法对专利异议做出了明确规定，在每项专利申请审查通过后设立了 3 个月的异议期，专利机关面向社会发布专利授权公告，在公告期内，任何人均可以就此专利的新颖性、创造性、实用性等向专利管理机关提出异议[①]。《TRIPS 协议》对专利撤销做出了原则性规定，一方面，要求成员设立专利撤销制度，避免不符合条件的专利授权，另一方面，要求给被宣告无效的专利权人提供行政或司法的申诉机会和救济途径。

（3）对专利撤销的限制。美国对专利撤销规定了限制条件，在其与缔约国签订的双边贸易协定中可见一斑。首先，对专利撤销理由进行了列举性的规定，包括不符合授予专利权的构成要件、申请中存在欺诈行为和虚假陈述、专利机关在专利申请案审查时存在不公正行为等，并没有将可撤销专利的合理理由全部罗列；其次，没有将与公共利益相对抗的情形列入可撤销的法定情形；最后，将专利异议和专利撤销程序相对立，混淆了两种社会监督的本质含义。例如，美国在与新加坡、摩洛哥、韩国等签订的双边自由贸易协定中，取消了专利异议程序，规定专利撤销程序在专利授权之前进行，既可以由专利机关主动撤销，也可以在请求审核后撤销；再如，美国在与韩国签订的双边自由贸易协定中，规定专利撤销程序在专利授权后进行，废除专利授权之前的专利撤销程序[②]。

综上所述，美国推行的限制专利撤销制度的影响无非有两个：一方面，有利于保持专利权的稳定，消除了一些影响专利权稳定性的因素；另一方面，加大了专利撤销的难度，一般情况下，不符合法定情形的请求很难撤销专利，削弱了社会的监督作用。具体到药品专利，美国对专利撤销的限制影响更大。首先，限制专利撤销制度阻断了化解公共健康危机的路

---

① 《联邦德国专利法》第 59 条。
② 《美国 - 韩国自由贸易协定》第 18.8.4 条。

径。解决公共健康问题的路径本来有两条：一条是通过专利撤销，直接在授权环节拒绝对与公共利益对抗的药品进行专利授权，但这一条路径被美国的专利撤销限制阻断了；另一条路径就是通过强制许可授权解决公共健康问题，但强制许可程序复杂、条件苛刻①，这也正是我国在药品专利强制许可问题上有法律没适用的原因。其次，限制专利撤销制度降低了对药品专利的社会监督效果。美国采取的取消专利异议，或以专利撤销代替专利异议，或禁止专利授权前后重复使用专利撤销制度等，都是对社会有效监督和质疑专利合法性的限制②。最后，限制专利撤销制度有利于维护药品专利权人的利益，主要体现在跨国药企在发展中国家的药品专利处于相对稳定状态。

2. 授予旧药新用专利权

（1）旧药新用及其保护理由。旧药新用是指发现了已经投放市场、医疗效果已经被社会所接受的成熟药品的新用途。"旧药"并不限定于现有专利药品，也包括曾经的专利药品和非专利药品。"新用"是指发现了原有药品的新用途、新疗效，使"旧药"变"新药"。对旧药新用提供保护的理由：第一，这一发现实质上意味着增加了一种新药，只要符合疗效标准要求，就相当于省去了大量研发投入和研发所需要的时间，也省去了对质量的审查；第二，"新药"的低成本使药品价格大幅度下降，不仅提高了药品可及性，同时惠及社会公共利益，因此受到政府的关注和药企的重视。

（2）美国为"旧药新用"提供专利保护。我国《专利法》不保护发现，认为发明作为专利权的客体，是利用自然规律、改变自然中形成的新的适合应用的技术方案，但发现是对已经存在的客观事物的认识。《TRIPS 协议》认可的专利权客体范围更广，也包括发现。究竟药品新用途的发现是否具有可专利性？从发明专利的类型考察，既包括产品专利，又包括方法专利，无论是产品还是方法，只要符合"三性"构成要件，就可以授予专利权。方法发明的内容为某种技术效果的程序、流程和实现步骤，在医药领域就表现为药品的制造方法和疾病的治疗方法。那么，"旧药新用"是

---

① 《多哈宣言》及其补充声明提出了一系列复杂的程序性要求，如药品进口国在进口药品前必须先行通知并进行审议；须证明该国具备制药能力；须将实施强制许可的决定通知 TRIPS 理事会；除非无法与专利权人协商，否则即使在急需药品的情况下，仍须先寻求自愿许可；药品生产国若要出口这类药品，也必须通过实施强制许可，且须将出口药品的情况在相关网站上予以详细公布。

② 吴雪燕. TRIPS-plus 条款的扩张及中国的应对策略：以药品的专利保护为视角[J]. 现代法学，2010（05）：115.

否可以确认为治疗方法呢？《TRIPS 协议》没有否认，只是明确了不具有可专利性的是疾病诊断方法，意在保护公共利益，因为诊断方法不适合被个人所垄断。而是否保护治疗方法、用何种方式保护，由成员自主立法决定。从国际范围考察，只有少数国家将医疗方法纳入专利保护，多数国家的专利法不保护医疗方法。因此，"旧药新用"在大多数国家是不受保护的，理由是保护"旧药新用"必然延长药品专利保护期，容易形成跨国药企的专利圈地风潮，有可能使公众利益受到损害。

美国对"旧药新用"的保护主要体现在自由贸易协定中，允许药企就已有药品新用途的发现申请专利保护。美国在与澳大利亚签订的自贸协定中，规定了专利法保护的客体包括已知产品新用途的发现以及已知产品新的使用方法[①]；在与摩洛哥签订的自贸协定中，针对"旧药新用"的条款更为具体，规定受专利法保护的已知产品新用途包括人类和动物的疾病治疗。[②] 上述规定产生了较大的影响：首先，缔约方失去了《TRIPS 协议》赋予的对医疗方法是否保护的选择权，协定签订后只能对国内法进行修改，扩大专利权客体范围，对医疗方法实施保护；其次，实施"旧药新用"专利保护，为延长药品专利保护期开辟了合法渠道，实际上为跨国药企持续获利提供了便利条件。

二、加拿大仿制药发展的专利制度协调

在加拿大，涉及仿制药保护和药品专利保护的平衡制度主要体现在药品专利链接制度与强制许可制度上，在此重点分析其制度特色。

（一）药品专利链接制度的内容和特点

药品专利链接制度起源于美国，而加拿大是最早借鉴的国家，其制度的完善和实施也引起了国际上的关注和借鉴，对其成败得失评价较多。药品专利链接实际上是在药品注册申请期间，监管当局对审批的仿制药与有效专利药关系的考察程序。加拿大对专利药和仿制药的关系非常重视，一方面，基于创新药品的研发过程较长、投入较多，又有可能失败的风险，因此，建立了比较完备的药品专利保护体系；另一方面，也充分认识到药品事关生命健康的特殊性，故借鉴美国经验，鼓励仿制药生产，以降低药品价格。

---

① 《美国 - 澳大利亚自由贸易协定》第 17.9.1 条。
② 《美国 - 摩洛哥自由贸易协定》第 15.9.2 条。

1.药品专利链接的内容

加拿大药品监管体系从无到有，走过了100多年的历程。1993年，为限制仿制药侵权性提前上市销售，为了维护药品专利权人的利益，加拿大借鉴美国专利链接制度，颁布了《药品专利链接（批准通知）条例》（Notice of Compliance Regulations，NOC Regulations），在国家卫生部设立专门机构——专利药品及联络办公室，专司其职①。

药品专利链接的内容：

（1）卫生部内部的专利链接。依照NOC Regulations做出的规定，当药品第一申请人提出进行新药注册申请（new drug submissions，NDS）、对新药进行补充申请（supplemental NDS，SNDS）时，申请文件中必须包括申请注册的药品涉及有效专利的所有信息。NDS、SNDS由卫生部负责审核，审核通过后颁发批准通知（notice of compliance，NOC），交由专利药品及联络办公室进行相关专利的登记。

如果出现药品注册的第二申请人，需要依据申请进行第2次专利链接。只要专利登记簿中已经存在与申请相关的有效专利，那么，第二申请人也必须随注册申请作出有关专利情况的声明。对已经失效或已经到期的专利，同样需要提交相关证明，否则就进入专利阻止程序，不能进入申请材料的技术评价和审查程序。第二次审查的内容主要包括：第一申请人就第二申请所作出的回复、是否存在专利纠纷、专利纠纷的协调解决情况等。这些问题的解决，是卫生部颁发批准通知并移交专利联络办公室的条件。

（2）卫生部与加拿大知识产权局（Canadian Intellectual Property Office，CIPO）的专利链接。卫生部针对第一申请人在申请注册时提交的相关专利信息，依据链接程序的规定，可以直接向CIPO进行咨询，CIPO对相关专利的有效性或合法性状态进行确认，由卫生部进行专利审查时参考，作为是否颁发NOC的依据之一。当事人如果对卫生部的决定有异议，可以请求司法救济。

（3）卫生部与联邦法院的专利链接。第二申请人在注册申请时，需要提供相关专利无效或不构成侵权的理由。卫生部接到声明后，一方面启动对申请案的技术性审查，另一方面通知第一申请人。第一申请人接到声明通知（notice of allegation，NOA）后的45日内，有权向联邦法院申请临时禁令，期限为24个月。如果第二申请人胜诉，或者确认第一申请人的专

---

① BLANCHARD, CLARK A J, et al.Canada：a review of intellectual property and regulatory Issues and trends for the life science in dustry[R].Gowling Lafleur Henderson LLP，2006.

利保护期满，或者 24 个月诉讼期满仍然没有司法结论，那么，第二申请人挑战专利成功，卫生部批准第二申请人的 SNDS 和 ANDS。

2. 加拿大专利链接体系的特点

加拿大是最早借鉴美国药品专利链接制度的国家，有以下 4 个方面的特点。

（1）从药品注册管理的内容考察，专利链接程序主要包括专利登记程序和专利审查程序。获得专利保护的创新药品申请注册的核心是对药品专利进行登记，并由注册管理机关予以公告。仿制药申请和声明主要用于应对相关专利的审查，审查的依据是已经登记的专利。如果药品专利没有登记，那么即使仿制药构成了对未登记专利的侵权，专利链接程序也否定其侵权成立[①]。

（2）专利链接审查的另一内容是仿制药是否利用了登记专利的实验数据。如果仿制药申请人所使用的实验数据属于已有的临床试验数据，那么药品注册管理机关需要对仿制药是否侵犯专利权进行审查。理由是仿制药申请人如果利用了现有数据，节约了研发成本，则也必须承担相应的义务[②]。

（3）在创新药品登记中，适用专利登记的必须是已经授权的专利，尚处在申请和审批过程中的申请案不能进行专利登记，可见，在新药申请注册中参与登记的是享有专利权的有效专利权人。由此推彼，已经超过保护期限的药品专利也不在登记的范围内。这一规定既发挥了专利链接中专利登记的权威性，又避免了专利纠纷，还有利于仿制药商获取相关专利的准确信息。

（4）加拿大药品管理、专利管理部门与法院之间是协同关系，不存在彼此制约关系。由于前两个管理机关对专利有效性和侵权存在不做实质审查，因此，为了解决专利纠纷，通过专利链接程序激活专利诉讼，有利于形成法律意义上的判决。

（二）药品强制许可制度在调整中实现平衡

创新药的保护离不开专利制度，这已成为各国政府和跨国药企的一种共识。《TRIPS 协议》成员都将专利制度作为创新药品保护的一个重要法律手段。在过去的 35 年里，加拿大的药品专利制度及配套政策变化较大，

---

① BAKER B K.Ending drug registration apartheid: taming data exclusivity and patent/registration linkage［J］.American Journal of Law and Medicine，2008，34（04）：305-307.

② Bouchard R A.I'm still your baby:Canada's continuing support of U.S.linkage regulations for pharmaceuticals［J］.Marquette In tellectual Property Law Review，2011，15（01）：72.

尤其是药品专利的强制许可制度不断调整，使专利的保护与限制不断趋于平衡。

加拿大的专利强制许可制度可以追溯到1923年。此前，加拿大的专利法对专利权的限制是专利撤销制度，即如果专利权人在一定时间内不实施专利，则专利管理机关可下令将其专利权撤销。1923年，加拿大专利法删除了撤销专利制度，规定当专利权人存在滥用专利行为时，可以对专利实施强制许可。

1. 药品专利强制许可取得成效

加拿大是对药品实施专利保护较早的国家之一，但专利药品的垄断价格和垄断利润严重影响了药品的可及性。为了平抑市场药价，鼓励授权仿制药生产和稳定国内市场供应，1969年，加拿大再次对专利法进行修改，本次修改主要针对专利强制许可做出规定：首先，规范程序，对批准强制许可的国家统一颁发强制许可使用证；其次，允许任何人就药品强制性许可提出请求，申请颁发许可使用证书；最后，强制许可使用费由政府进行统一规定，避免许可与被许可双方就使用费标准产生纠纷。该规定迅速见效，不少药品专利被强制许可使用，使一些专利药品转化为非专利药品。加拿大国内通用药品的生产获得较快发展，在18年内颁发的药品专利强制许可使用证多达400多个，国内品牌药品价格趋于合理水平，较好地保障了公共利益。

2. 药品专利强制许可制度被弱化

加拿大实施的药品专利强制许可制度虽然改善了民生，但受到创新药企的抵制，关键还在于美国的施压。1987年，加拿大不得不再次启动《专利法》修订，此次修订体现了对药品专利限制的反限制，主要内容：首先，规定了药品专利强制许可的时间条件，即药品专利获得保护10年后才能实施强制许可，最短也要7年；其次，受关贸总协定谈判影响，延长了药品专利保护时间，由17年提高到20年；再次，取消了对药品专利的强制性生产许可，同时废止了药品强制许可使用证制度；最后，对药品仿制启动时间做出了规定，即通用药品的仿制需要在药品专利保护期满前6个月才能开始生产。

加拿大药品专利强制许可制度被废除之后，药品专利权人扩张专利权的欲望失去了制度控制，专利药品价格迅速上扬，一度超出了国民承受的限度。此时，加拿大政府从国民日益高涨的不满中意识到药品价格暴涨的危害，在2005年专门成立了专利药品价格审查局，对药品价格以及形成机制进行干预，及时纠正不合理的药品市场价格，要求药品专利权人在药品价格上回归理性，与同类药品市场价格保持一致。

3. 重启药品专利强制许可制度

加拿大政府虽然对药品价格实行了政府管制，但效果并不理想，甚至影响到药品的市场供应。当然，直接诱因是 2001 年美国 "9·11 恐怖袭击事件"。袭击事件发生后，国际恐怖组织利用邮件传播炭疽杆菌，类似事件在加拿大陆续发生，一度引起国内民众的恐慌。当时，治疗炭疽热的特效药是作为专利药品的盐酸环丙沙星，药品的专利权人是德国拜耳公司。但是，作为专利药品，盐酸环丙沙星的进口价格长期保持畸高。面对这种情况，加拿大政府重新启动了废止的药品专利强制许可制度，并对盐酸环丙沙星实施了药品专利强制许可，授权一家具备生产条件的药企仿制，不但满足了市场需要，而且迅速降低了药品价格，每粒由 1.77 美元降低到95 美分。

三、欧盟对仿制药的弱保护制度

《TRIPS 协议》的颁布是包括欧盟各国在内的发达国家主导的结果。如何利用《TRIPS 协议》这一重要成果来促进欧洲医药工业持续发展？对于药品行业发达的欧洲，其目标无非两个：一个是如何更好地利用《TRIPS 协议》获得更多的利益；另一个就是维持国际知识产权保护的高水平，防止《TRIPS 协议》修改使保护水平降低。

（一）欧盟对仿制药保护的消极态度

欧盟既是《TRIPS 协议》的倡导者，又是其强力的支持者，并且在《TRIPS 协议》的执行中强烈呼吁反对知识产权盗用行为。欧洲共同体委员会认为，全球国际贸易的发展，尤其是科学技术的发展，要求国际社会建立更加完备的知识产权保护机制，《TRIPS 协议》在国际知识产权保护方面具有划时代意义。《TRIPS 协议》不仅确定了国民待遇原则和最惠国待遇原则，还统一了知识产权国际保护标准，初步构建了争端解决机制和不同类型知识产权的实施机制。该协定更加突出的成绩是取得了各成员的一致认可，堪称一项国际成就。欧盟委员会称："我们有理由相信，TRIPS这一 WTO 与世界知识产权组织（World Intellectual Property Organization，WIPO）紧密合作的成果，不但有利于促进国际贸易，减少知识产权侵权引起的贸易摩擦，而且将有利于推动国际技术合作。"[1] 欧盟对仿制药保护的消极态度，从其对《TRIPS 协议》的支持中可见一斑。

---

① 欧洲共同体委员会贸易总司 (1999c)。

1.TRIPS 是发达国家推动的成果

欧盟公开承认，《TRIPS 协议》是发达国家长期推动的结果，并指出，较早实现工业化的国家，既有扩大出口的欲望，又惧怕新技术被盗用、新产品被模仿。因此，欧盟一直致力于通过国际社会建立全球知识产权保护新秩序，各成员通过国际上的一致法律和国内行政、民事和刑事措施减少对知识产权的侵犯，还以此孤立那些对知识产权保护不力的国家[①]。实际上，欧盟委员会的态度体现了发达国家的意志，反映了发达国家是《TRIPS 协议》的最大受益者。

对于《TRIPS 协议》中的知识产权保护标准问题，欧盟委员会也有明确态度：首先，《TRIPS 协议》为欧盟企业在欧盟之外进行经营活动提供了充分的法律保障，所有技术创新基本实现了更大范围内的有效保护；其次，1996 年欧盟委员会向欧洲议会提交报告，其中指出，欧盟内外知识产权保护的标准已经基本一致，欧盟企业在欧盟外享有的待遇与在欧盟内部已经非常相似，为欧盟企业走向国际市场提供了保证[②]。

2.TRIPS 也代表发展中国家的长远利益

欧盟认为，如果说国际知识产权保护与发达国家的工业利益紧密联系，那么，如果将知识产权保护放在国际贸易自由化的框架内考虑，发展中国家对提高知识产权保护标准的认可，也与他们从自由贸易与投资中的预期收益关系密切。依据欧盟委员会的意见，发展中国家支持《TRIPS 协议》的理由是对贸易自由化的期望，是出于长远发展利益的考虑。应该接受这一事实，即在国内保护知识产权与推动贸易自由化是相互联系并相互促进的。

首先，从目前看，发达国家与发展中国家的差距是有目共睹的，发达国家都是知识产权强国；其次，从现实看，《TRIPS 协议》的直接受益者是发达国家，对发展中国家而言，义务明显大于权利；再次，从长远利益看，发展中国家加入《TRIPS 协议》有利于参与全球自由贸易，从而获得新产品和新技术，为下一轮技术竞争奠定基础；最后，我们不得不承认，在过去的若干年中，凡是发展速度快、发展质量高的国家都是知识产权保护制度比较完备的国家，没有知识产权保护就没有高质量发展的未来，而没有开放性的包容，也就不可能获得持续的发展。

---

① 欧洲共同体委员会贸易总司 (1998a)

② 欧洲议会对外经济关系委员会 (1996: 8)，文件号：A4—0320/96。

（二）欧盟就限制仿制药发展所采取的行动

对 WTO 争端的处理是欧盟对 TIRPS 协定立场与行动的最佳反映，如欧盟与印度就《TRIPS 协议》第 70 条第 8 款和第 70 条第 9 款药品发明的专利保护而产生的争端、欧盟与加拿大就专利药品的临床试验产生的争端。在这两起争端中，欧盟的行动在很大程度上代表了欧洲发达药品工业的利益。

1. 欧盟与印度的争端："邮箱程序"与专有营销权

1997 年 4 月 28 日，欧盟要求根据 WTO 争端解决程序（dispute settlement Understanding，DSU）进行磋商，讨论印度对药品及农化产品缺乏专利保护的问题[①]。欧盟主要提出了如下意见：

（1）《TRIPS 协议》要求所有 WTO 成员对该协定第 27 条规定的客体进行专利保护，包括药品和农化产品。

（2）根据《TRIPS 协议》第 70 条第 8 款的规定，截至《TRIPS 协议》生效之日仍未对药品及农化产品发明进行专利保护，且受益于《TRIPS 协议》第 65 条及第 66 条过渡条款的 WTO 成员，必须采取措施，允许当事人就上述发明进行专利权申请"邮箱程序"。

（3）一旦对药品及农化产品的专利保护得到实施，上述成员必须根据《TRIPS 协议》规定的专利授予标准审查以上申请。对此类申请授予的专利权必须与《TRIPS 协议》的规定完全一致。

（4）根据《TRIPS 协议》第 70 条第 9 款的规定，对利用邮箱程序并获得营销许可的药品及农化产品，WTO 成员必须授予为期 5 年的专有营销权，但其条件是，所涉产品已在另一 WTO 成员处取得专利以及营销许可。

（5）与《TRIPS 协议》第 27 条的规定相反，印度既未对药品和农化产品发明提供专利保护，也未提供与第 70 条第 8 款和第 70 条第 9 款规定义务相符的充分的规则和机制——邮箱程序及专有营销权。因此，印度的法律制度与《TRIPS 协议》规定其应承担的义务不相符。

（6）基于以上各点，欧盟要求印度修改其国内法——《1970 年专利法》（the Patent Act of 1970）——以使其符合《TRIPS 协议》的规定[②]。

---

① WTO 争端解决机构《印度：医药和农用化学品的专利保护——欧盟的资讯请求（1997b）》，文件号：WT/DS79/1。关于该争端的详细分析与评述，可参见朱榄叶编著的《世界贸易组织国际贸易争端案例评析》（法律出版社 2000 年版，第 426 页至第 439 页）。

② WTO 争端解决机构《印度：医药和农用化学品的专利保护——请求欧盟成立专家组》，文件号：WT/DS79/2。

从上述意见可见，欧盟在药品专利保护和限制仿制药发展方面与美国立场高度一致。

2. 欧盟与加拿大的争端：商业测试与"Bolar 例外" ①

（1）欧盟对商业测试的规定。欧洲的药品工业一直在努力扩大专利权的范围及延长专利保护的期限。他们希望能够确立一项规则，即在未得到专利权人许可的情况下，不得对专利药品进行检测和试验。如果商业检测和试验只能在专利期限届满后才能进行，则以研发为基础的药品公司在专利保护期限（20 年）届满后，仍可保持市场垄断优势。

可见，专利权的范围和期限在发达国家之间也不是完全相同的。在这一问题上，有两个因素特别重要：一个是各国专利法对专利产品的商业测试的禁止达到何种程度；另一个即是否存在立法，为专利保护提供补偿期限。

在这两个问题上，欧盟的立法对以研发为主的药品公司最为有利。首先，欧盟禁止对专利药品进行商业测试。这类测试的主要目的是使仿制替代药品获得市场许可。通过分析欧洲各不同法院的判决，人们发现，司法已经普遍接受这样的规则，即试验性使用的抗辩并不能使人有权在专利期限届满前对专利药品进行商业检测。其次，欧盟还通过附加保护证书（supplementary protection certificates，SPCs）的方式为专利提供额外的保护期限 ②。

（2）欧盟就 Bolar 例外与加拿大的争端。

①欧盟和加拿大在药品专利保护上存在区别，加拿大 1992 年的《专利法》有利于仿制药的发展。该法第 55 条第 2 款第 2 项对 Bolar 例外作出了规定，并未规定药品专利的附加保护期。

②对于 Bolar 例外问题，欧盟的立场比较强硬，欧洲制药工业协会联合会（The European Federation of Pharmaceutical Industries and Associations，EFPIA）对试验性使用例外表示了坚定的支持。欧盟依据 EFPIA 提供的情况，认为 Bolar 例外的规定对欧洲药品研发机构影响较大，据不完全统计，仅在与加拿大的药品贸易中每年就损失了 1 亿加元。欧盟认为，一方面，Bolar 例外促使仿制药过早上市，在专利药品保护期满就开始上市销售，如果控制豁免范围，仿制药品需要在专利保护药品期满 2 年才可以上市销售；另一方面，依据《TRIPS 协议》，豁免范围仅包括试验性使用，不应该

---

① 关于该争端的详细分析与评述，可参见朱榄叶编著的《世界贸易组织国际贸易争端案例评析 1995—2002（下册）》（法律出版社 2004 年版，第 803—816 页）。

② 欧洲共同体 第 1768/92 号指令。

包括仿制和其他商业利用。

欧盟的观点不仅与加拿大的专利法存在矛盾，与美国的立场也存在冲突。国际仿制药品联盟（International Generic Pharmaceutical Alliance，IGPA）对欧盟的意见也表示了强烈的不满，他们认为，Bolar 例外是《TRIPS 协议》就创新药与仿制药所作的平衡性规定，是各成员一致意见的体现。欧盟为了自身利益，挑起了违背《TRIPS 协议》的争端，不应该得到国际社会的支持。

③欧盟对处理争端的主张。尽管立场受到国际社会的质疑，但欧盟还是将其提交给 WTO 争端专家组处理。在欧盟与加拿大争端的处理过程中，欧盟的主张：第一，根据《TRIPS 协议》的规定，在专利申请、审批和获得过程中，各成员不得因发明地域、申请案所处技术领域、专利产品进口或出口环节等而实施歧视政策[①]；第二，根据《TRIPS 协议》的规定，对于专利权人现有的专利产品制造权、专利方法使用权、专利产品销售权及进口权等，未经专利权人许可，任何人不得实施这些权利[②]；第三，《TRIPS 协议》规定专利的保护期为 20 年；第四，上述规定是药品专利保护的依据，但是，首先，加拿大《专利法》第 55 条第 2 款第 1 项的规定与《TRIPS 协议》的规定相违背，擅自允许第三方使用有效期内的药品专利，不仅直接侵犯了药品专利权，还给仿制药在该药品专利期满即刻上市提供了方便[③]，其次，第 55 条第 2 款第 2 项及《专利药品生产和存储条例》（The Manufacturing and Storage of Patented Medicines Regulation）都允许仿制药商在药品专利保护到期前 6 个月生产和存储专利药品，保护期满后上市销售，更不符合《TRIPS 协议》的规定；第五，加拿大《专利法》主要违反了《TRIPS 协议》的第 27 条、第 28 条及第 30 条。

（3）加拿大的辩解。加拿大认为，其国内法没有违背《TRIPS 协议》，完全是对《TRIPS 协议》适用的合理解释。欧盟在药品专利授权上存在"积极歧视"（positive discrimination），与《TRIPS 协议》第 27 条第 1 款规定的反歧视原则不一致。对于加拿大的主张，美国公开表示支持和赞同。

欧共体将上述争端提交给国际贸易组织仲裁。这一 Bolar 豁免的争端表明：①欧盟和加拿大对《TRIPS 协议》条款持有不同的解释，反映了各自利益和各自立场；②欧洲发达的医药工业有足够的话语权影响欧盟的立法和相关政策，法律行动与利益追求存在高度一致性。

---

① 《TRIPS 协议》第 28 条。
② 《TRIPS 协议》第 28 条。
③ 加拿大《专利法》第 55 条第 2 款第 1 项。

第二节　发展中国家仿制药发展的专利制度保障

健康权与药品专利的法律冲突一直是国际法上的重要问题之一。《TRIPS 协议》和《多哈宣言》签署以来，各国专利法纷纷与国际法接轨。以药品研发为主的发达国家更加注重药品专利权的保护，而作为药品消费者的大多数发展中国家则更加重视公民健康。为保障药品的可及性，发展中国家往往对药品专利采取了较为消极的态度，如巴西和印度。我国的公民健康管理形势也十分严峻。在此，本研究选择巴西和印度两个代表性国家，对发展中国家在仿制药发展中的专利制度适用和安排进行论述。

一、巴西发展仿制药的专利制度安排

巴西政府格外重视公民健康，在其建国以来的 7 部宪法中都提到了对公民健康权的保护。为此，国家不遗余力地支持药品的研发和生产，作为落实公民健康权的主要举措。尤其是面对南美洲艾滋病病毒肆虐的现状，巴西政府对能够抗病毒的有效专利药品，往往会采取强制许可措施，允许国内药企强行仿制国外的专利药品，以保障国家的公共健康。因此，发达国家指责巴西在药品专利保护上有违《TRIPS 协议》的规定，对药品专利保护不足、限制有余。其实，巴西作为发展中国家的典型代表，对药品专利保护持积极态度，所采取的专利药品强制许可也没有对抗《TRIPS 协议》。本研究通过分析巴西公共健康问题的严峻性，首先论述了巴西如何应对国际上对药品专利的高标准规则，其次讲述了巴西如何通过立法保护仿制药发展，最后介绍了巴西与域外药企的对垒。

（一）巴西面临严峻的公共健康问题

巴西政府自建国以来就十分重视公民健康权，不仅在宪法中将公民健康权作为人权的一部分，而且在民法、知识产权法、药品管理法等具体法律中都对其作了保护性规定。为了保障公民健康权，巴西自推翻葡萄牙统治取得国家独立以来，不断完善国家医疗保障体系，同时，各级政府都设立了基础性医疗保障基金，防止出现突发性公民健康问题。

依据国际卫生组织发布的信息，巴西的公民健康仍然受到较大威胁，具体表现在两个方面。首先，巴西处于低纬度地区，与南非一样，长期面临病毒威胁，如艾滋病病毒。为了应对艾滋病病毒，巴西政府一方面加大创新药品的研发投入，另一方面积极引进治疗艾滋病病毒的特效药品。世

界银行（World Bank）数据库显示，1994 年，巴西的艾滋病患者超过 100 万人，巴西政府从 1997 年开始，对全国患艾滋病的公民实施免费治疗[①]，经过 3 年的积极防控，到 2000 年，巴西的艾滋病患者人数降至 53 万人左右。巴西政府分析，这一成绩，不仅取决于政府在卫生体系建设和医疗保障制度方面的积极努力，还有赖于治疗艾滋病专利药的廉价进口。其次，巴西在解决公民健康问题方面的努力，仍然没有改变其在全球健康水平上相对落后的现状。一个生动的表现就是平均寿命较短，据调查，2010 年，巴西人口的平均寿命为 73 岁，比近邻美国的人口平均寿命——78 岁短 5 岁；比世界上人口平均寿命最长的摩纳哥——89 岁短 16 岁。

（二）以强行仿制为主的健康权保障立法

巴西在保护仿制药立法上的目的非常明确，就是提高药品的可及性，保障公共健康权。

（1）激励药品创新，及时明确药品专利保护。首先，药品专利保护的背景，笔者认为主要有 3 点：①巴西是世界第八大经济体，位于俄罗斯之前，是全球的药品消费大国，其药品消费额占全美洲的 7%，占拉丁美洲的 40%；②巴西药品行业相对落后，在其 160 多亿美元的药品零售市场中，美国占 31%，欧洲占 42%，本土药企仅占 27%，因此，欧美国家将巴西作为药品行业投资的一块热土；③巴西加入 WTO 之前，已经倡导本国药企研发对抗艾滋病病毒的药品，但是并没有将药品纳入专利保护。其次，巴西意识到药品行业发展的重要性，借 1995 年 1 月 1 日加入 WTO 之契机，为了满足《TRIPS 协议》对成员的要求，于 1997 年及时颁布修订后的《工业产权法》，不仅将所有药品纳入专利法保护，也允许创新药品的全面仿制[②]。值得一提的是，巴西 1997 年颁布的新专利法中，体现了《TRIPS 协议》对药品的高标准规定，如明确药品专利的保护期限为 20 年，并规定当国内出现公共健康紧急形势时，法律允许对药品专利实施强制许可[③]。

（2）强行仿制的依据。《TRIPS 协议》在统一药品专利保护标准的同时，也允许在保护公共健康的条件下实施强制许可，而且强制许可的条件具有明显的原则性，具体细则由各成员具体解释[④]。巴西政府为了应对公

---

① CALINAS-CORREIA J. Big pharma: a story of success in a market economy[J].Medicine，Health Care and Philosophy，2013，16:305-309.

② 1996 年 5 月 14 日《里约热内卢官方公报》（第 9.297 号法令）。

③ 参见《巴西工业产权法》（1996 年 5 月 14 日第 9279 号法律）：Official Gazette of Rio de Janeiro.Industrial Property Law[EB/OL].[2021-10-12].https://www.loc.gov/item/global-legal-monitor/2021-10-12/brazil-patent-law-amended-to-allow-for-compulsory-licensing-of-patents/

④ 世界贸易组织《关于 TRIPS 协议的公共卫生宣言》（2001 年 11 月 14 日）。

共健康问题，同时为了降低药品的市场价格，往往果断决定启动药品专利的"强制许可"。1999 年，巴西曾宣布全国进入"紧急形势"，不仅实施了相关药品的专利强制许可，强仿药品进入并供应国内市场，还在全国范围内建立起抗病毒医药系统，鼓励国内药企投入仿制和进一步研发，其效果是艾滋病死亡率得到有效控制[①]。巴西的成就受到发展中国家的一致认可，但是，美国质疑巴西存在滥用强制许可的行为，曾公开对此表示不满[②]，好在巴西此举得到了国际社会的支持，因此，在与艾滋病病毒的"战斗"中没有受到大的影响。基于巴西实施药品专利强制许可且获得良好效果的事实，国际社会开始考虑对强制许可的条件进行明确，如《多哈宣言》中就体现了强制许可条件的具体化。

（3）平抑药价。虽然巴西政府在紧急形势下对药品专利实施了强制许可的授权仿制，但并非对抗《TRIPS 协议》中有关药品专利保护的规定。对于是否选择实施药品专利的强制许可，巴西政府会进行利益权衡，如果发现专利保护的成本很低，即使出现紧急形势也会考虑对专利药品实施保护性使用[③]。相关案例显示[④]，在巴西，对于价格较高的进口专利药品，在公民难以承受的情况下，政府不但取消关税，而且由国家财政进行价格补贴，以减轻国民的负担。当然，实施这一举措与巴西的经济发展总水平不无关系，虽然巴西被界定为发展中国家，但其经济实力较强，非一般发展中国家所能及。因此，药品价格补贴一方面体现了巴西的财政实力，另一方面也体现了政府对公民健康权的保障态度和努力。

（三）积极应对国际高标准保护药品专利

巴西长期采用药品可及性政策，对艾滋病实施免费治疗，在 1997 年至 2004 年的 6 年多时间里，不仅将死亡率降低了 40%，也将发病率降低了 70%，同时节约财政支出 23 亿美元。但是，随着专利药品增多，免费治疗政策越来越难以为继。

1. 立法应对

《TRIPS 协议》规定了知识产权保护的最低标准，也给发展中国家和最不发达国家一定的宽限期。《TRIPS 协议》构建的目标是提升社会和经

---

① 世界贸易组织《TRIPS 协议与公共健康多哈宣言》（2001 年 11 月 14 日）。

② 丁锦希，邵美令，孟立立.美国知识产权反垄断诉讼中专利范围测试规则的适用及启示：基于"Schering vs. Upsher"案实证分析［J］.知识产权，2013（06）.

③ 刘婵.仿制药企业应对专利覆盖的专利无效宣告策略：产品特征与生产工艺专利的对比分析［J］.财经问题研究，2014（05）.

④ EPPICH C. Patenting dilemma: drugs for profit versus drugs for health［M］. SANTA CLARA: L. REV, 2002: 289, 294.

济福利，促进权利与义务的平衡，促进技术创新和传播（第 7 条），允许各成员采取立法措施保护公共健康利益（第 8 条）。《TRIPS 协议》也体现了灵活性，如第 31 条规定的强制许可、第 6 条规定的平行进口、第 30 条规定的实验需要和 Bolar 例外。在涉及公共健康问题时，如何以更合理的价格取得药品是巴西政府所必须考虑的。

（1）关于强制许可的规定。巴西知识产权法主要针对强制许可的前提条件做出了规定，如第 68 条规定，如果在巴西申请专利，但专利产品没有在巴西生产和市场供应，可以实施强制许可，如果药品专利权人滥用权利，则允许实施强制许可；第 70 条规定，如果出现依存专利即从属专利，则从属专利权人可以请求实施强制许可；第 71 条规定，在国家出现紧急情况或出现公共健康危机时，可以实施强制许可。

（2）为了鼓励仿制药发展，巴西政府在法令中增加了有关 Bolar 例外的规定①。

（3）规定了药品的平行进口②。这一规定被视为提高药品可及性的重要规定。跨国药企在全球销售中，其销售价格存在较大的差异，巴西一旦需要药品，就可以在全球范围内选择最低价格的药品实施进口，以满足国内需要。

（4）对于药品试验和行政审批需要的强制许可实施③，一方面可以公开专利申请案技术，接受社会监督；另一方面，有利于促进国内药企进行技术改进和二次创新。

（5）巴西对药品专利申请的审查相当严格，既要符合《TRIPS 协议》的要求，又要防止对不符合公共健康需要的药品授予专利权。

2. 法律适用

巴西于 1995 年加入 WTO，依据《TRIPS 协议》，于 1997 年颁布了专利法，对药品专利进行保护，允许药品专利权人享有 20 年专有权，但明确规定在公共健康紧急形势下将实施强制许可④，并对"公共健康紧急形势"的定义作了规定⑤。

尽管巴西政府已经参考《TRIPS 协议》的灵活性在国内立法，但是，在获得廉价药品的过程中，包括巴西在内的所有发展中国家仍然面临严峻

① 参见《巴西工业产权法》第 43 条第 7 款。
② 参见《巴西工业产权法》第 68 条。
③ 参见《巴西工业产权法》第 43 条第 2 款和新增第 229 条。
④ CALINAS-CORREIA J. Big pharma: a story of success in a market economy[J].Medicine，Health Care and Philosophy，2013，16:305-309.
⑤ 世界贸易组织《关于 TRIPS 协议的公共卫生宣言》（2001 年 11 月 14 日）。

挑战。对专利药品实施强制许可是提高药品可及性的主要手段。2001 年 8 月，因为罗氏制药公司研发的专利抗病毒药品奈非那韦（Nelfinavir）的价格较高，所以巴西政府拟通过强制许可授权国内药企进行仿制，以保证国内市场的供应。时隔 1 个月，巴西卫生部宣布罗氏公司已经接受降低价格的请求，将奈非那韦在巴西的售价降低 30%[①]。这一事件是药品专利权人与使用国利益博弈的典型案例。从专利药使用国巴西的利益考察，药品价格居高不下，直接增加了巴西政府的医疗预算；从专利药生产企业看，即使降价也不能放弃专利保护或被强制许可生产专利药品，选择主动降价无疑是上策。

2007 年，巴西对专利药品依非沃恩颁发了强制许可生产证书。依非沃恩是治疗艾滋病的主要药品，2007 年巴西有近 8 万人使用。巴西与药品专利权人默沙东公司谈判，希望每片价格为 1.59 美元，每个患者的年负担控制在 580 美元。默沙东公司没有同意巴西政府的建议，最初提议降价 2%，在巴西社会强烈呼吁下统一降价 30%。巴西政府在不满意降价幅度的情况下，于 2007 年 5 月颁布强制许可法令，从印度进口依非沃恩的仿制药品，每片进口价格 45 美分，每个患者每年支出 164 美元。2009 年巴西实施国内强制仿制后，国产药取代了印度进口药。

在巴西，实施强制许可成为与跨国药企进行价格谈判的主要策略。巴西的药品研发单位提供强制许可的生产保证，为卫生部门实施强制许可做强大的后盾，若价格谈判受阻，就颁发强制许可证书。因此，跨国药企宁愿降价，也不希望巴西国内企业仿制专利药品。事实上，价格谈判仍然十分艰难，药品价格居高不下导致财政支出增加，已经影响到巴西整个国家的艾滋病防治计划的落实。例如 2005 年，在与雅培公司就洛匹那韦药品价格进行谈判时，巴西政府启动了强制许可，要求雅培公司必须提供一个较低的价格，最终使得每个患者每年负担 1380 美元，此价格稳定至 2011 年。雅培公司要求巴西不实施强制许可，并承诺不考虑国际市场价格因素。

巴西的仿制药不仅供应国内市场，也出口到南非地区。2002 年，巴西政府向南非政府提供了一批抗艾滋病病毒的无专利药物，价格不足专利药品的一半[②]。虽然南非政府因为经费不足而没有大批进口，但是这批药

① 陈永正，黄滢.我国专利药独家药价格谈判机制的战略问题[J].现代经济探讨，2017（06）：16-23.

② 无国界医生组织、治疗行动委员会和乐施会《非专利药物、艾滋病药物为南非人带来新的生命：进口仿制药降价》(2002 年 1 月 29 日)。

在南非还是发挥了重大作用。这一行动此后被加拿大等国仿效，推动了药品的无专利研发活动。

3. 巴西政府与制药外企的对垒

巴西是发展中国家中经济较为发达的国家，药品的创新和仿制能力也比较强。即使如此，巴西政府在与跨国药企针对药品专利保护和仿制药发展方面仍时常发生冲突。巴西方面调查显示，2000 年，跨国药企在巴西药品市场供应的抗艾滋病专利药品的价格偏高，如使用专利药品，每位艾滋病患者每年在抗艾药品上的支出在 1 万美元以上，而巴西生产的仿制药的年支付不足 3000 美元 [①]。患者的负担能够减轻，离不开强制性仿制药的发展。

巴西政府较好地利用了专利强制许可制度，其功能主要有两个方面。首先，巴西专利法详细规定了专利尤其是药品专利强制许可的条件，一旦药品专利构成强制许可的情形，只要有本国药企申请，政府便积极支持对专利药品实施强制性仿制，但仿制药的市场价格不得高于专利药品价格的60%。巴西的仿制药不仅供应国内市场，也出口到非洲等经济极不发达国家。其次，跨国药企清楚地意识到药品专利一旦被强制许可，不仅会被引入药品市场竞争，药品价格也将出现大幅度下降，因此，部分药企为了应对专利强制许可，一般情况下会主动降价，一方面迎合了巴西政府就专利药品价格的谈判诉求，另一方面，主动降价可能会使强制许可的请求人考虑到仿制利润低而放弃仿制。双方的对垒，表面上引发了专利药品的降价现象，实质上反映了专利强制许可制度的功能。

从对垒双方的利益关系分析，巴西作为专利药品的使用国，有权力依据本国专利法规定的专利限制情形对药品专利实施强制许可，即由本国药企有偿仿制跨国药企的专利。这一点体现了药品专利保护不是绝对的，在特殊情形下，其权能可能受到限制，如巴西作为专利药品使用国，基于专利药品价格过高，政府预算难以承受，及时采取了强制许可措施，虽然没有真正实施，但达到了实施的目的。对发明专利药品的跨国药企而言，药品专利一旦被强制许可，其市场份额、销售量都将锐减，主动降价阻止仿制不失为一个好的策略。

巴西政府重视仿制药的研发和生产，其仿制药大量出口到非洲国家，虽然销售价格不足专利药品价格的一半，但也获得了较好的收益。

---

① KAPCZYNSKI A, et al. Addressing global health inequities: an open licensing approachfor university innovations［D］. BERKELEY TECH. L.J., 2005.

（四）非政府组织对仿制药保护立法的推动

巴西实施普遍治疗政策得益于以医药工作者为代表发起的公共健康行动，该行动不但加速了民主进程，而且推动了宪法改革。早在 1988 年，巴西宪法就规定了卫生保健是公民的权利和政府的职责[①]。20 世纪 80 年代，艾滋病侵袭巴西，1983 年，圣保罗开始了第一批政府项目扶持，以应对全国防治计划。此时，巴西出现了两个非政府组织，一个是圣保罗的艾滋病预防互助团，另一个是里约热内卢的艾滋病协会。他们一方面致力于消除歧视，另一方面共同努力抗病。他们基于当时治疗艾滋病的药品存在耐药性和效果不佳的现象，希望获得新药，依据联邦宪法提起了诉讼。在社会力量的强大压力下，巴西通过了"9313 号法案"：首先，改革艾滋病计划，国民可以免费获得新药；其次，进一步强调国民的健康权和生命权；最后，不支持对药品授予专利权。

《TRIPS 协议》生效后，巴西仅获得两年过渡期，虽然采用了所有的灵活措施，但在公共健康维护方面仍然存在一些问题。2001 年，一个非政府组织诞生了，即巴西人民联合网络知识产权工作小组（Global Trade Partners, Inc., GTPI），与其他社会团体合作，致力于协调解决《TRIPS 协议》给巴西带来的不利影响，其主要工作内容：①促进南南合作，尤其是民间组织之间的信息共享和合作；②参与自由贸易协定的起草、讨论，分析其对巴西社会的影响；③密切关注国际社会关于药品可及性的讨论；④研究提高药品可及性的新途径。在此主要针对该民间组织的行动及其成果进行分析。

1. 针对强制许可的行动

上文提到，2005 年巴西向雅培公司购买治疗艾滋病的药品费用占据了国家计划经费的 30%。在巴西政府不得不与雅培公司进行谈判时，雅培公司不答应巴西政府的降价条件，谈判失败，巴西卫生部长宣布实施强制许可，同时向雅培公司发出实施强制许可的时间表。雅培公司权衡利弊后，答应巴西政府的条件并签署了降价供应药品的协议。但是，该协议中不仅包含了降价销售的内容，还包含了违背巴西国家公共利益的内容，如取消强制许可的实施和技术转让。巴西在 2011 年之前执行协议确定的价格。

面对该协议，GTPI 提起了民事公益诉讼，要求巴西政府对该药品实施强制许可。该诉讼案件受理后，初审法院预测如果支持强制许可要求，则巴西有可能受到发达国家的报复，而且有可能造成该药品供应短缺，因

[①] 参见巴西《宪法》第 196 条。

此并未支持诉讼。但是，GTPI 此举受到了无国界医生组织（Médecins Sans Frontières，MSF）、克林顿基金会和联合国开发计划署的支持，他们组织本国药企和专家进行仿制药制造论证，改变了雅培公司的不合理要求。

2. 参与专利审查

在专利审查中，GTPI 主要参与授权前的异议程序和授权后的无效程序。参与的依据是巴西知识产权法的规定，即任何利益方都可以提交文件或者信息以帮助巴西工业产权局进行对专利申请的审查[①]。2006 年，GTPI 开始阻止巴西工业产权局对药品专利的不当授予。

第一件是雅培公司就洛匹那韦和利托那韦化合物提交的第二项专利申请。在此案例中，雅培公司第二项产品专利申请实质上是"分案申请"。对于第一项专利申请已经通过管道机制获得直接授权[②]，分案申请是否还可以使用管道机制，巴西法律没有明确。因此，GTPI 质疑，认为此申请不能满足授权条件。第二件是质疑 Gilead 公司专利申请案的新颖性和权利要求，其在有关富马酸替诺福韦酯（tenofovir disoproxil fumarate）的药品专利申请案中，描述的每种物质在申请日前已经属于现有技术，如抗击艾滋病病毒的活性成分替诺福韦酯在 1989 年已经公开了，证据是美国专利局否定该项药品专利的文件。2008 年 9 月该申请案被驳回。

GTIP 在 2007 年还对一项已授权的诊断用具专利发起了无效宣告请求，取消了该专利权。

3. 对法案提出法律意见

对于巴西国会审议的一些法案，尤其是超《TRIPS 协议》的条款，GTIP 都会表达法律意见。在此笔者分析了几个法案形成过程中 GTPI 所做的努力。

（1）2003 年第 22 号法案：该法案界定了不受专利法保护的药品清单。2005 年，GTIP 上书议会支持此项立法活动，认为该法案既支持制药行业的创新和发展，又兼顾国民的健康权和生命权，符合巴西宪法的要求。

（2）2006 年第 29 号法案：该法案内容是建立药品专利链接制度，实现药品注册管理和药品专利保护的衔接。GTPI 认为，该法案不仅从立法上取消了 Bolar 例外规定，还将阻碍仿制药的发展，因此提交书面意见反对通过该法案。

（3）对专利审查指南做出评议。巴西工业产权局（Instituto Nacional da

[①] 参见《巴西工业产权法》第 31 条。

[②] 巴西法律规定，专利申请的管道机制是允许不经过对法定授予专利权的条件进行评判就直接授权，很多法学家认为该机制是违宪的。

Propriedade Industrial，INIP）通过颁布专利审查指南来具体指导和规范专利审查工作。INIP 颁布的专利审查指南由 GTPI 进行评议。2007 年，GTPI 对指南作出评议，有 3 个较为突出的意见：首先，认为指南应该是知识产权法的解读，但事实上更加宽泛，不符合宪法的规定；其次，INPI 的指南中明确对已知产品的新用途给予保护，在实践中被称为"常绿化"，这一规定不利于保护真正的药品创新；最后，建议提高专利审查的透明度，较多制药企业代表参与评议后认为"指南存在影响公共健康的敏感问题"。

4. 向巴西律师总会提交请求书

2007 年，GTPI 向巴西律师总会提交请求书，认为专利授权中的管道机制与宪法不符，要求律师总会提起违宪诉讼。管道专利在巴西始于 1996 年，指对于未进入巴西市场但在他国授予专利权的药品，巴西提供追溯性专利保护。GIPI 认为管道药品专利在巴西已经处于公有领域的技术，而不是一种新的技术，不仅侵犯了公众利益，还违背了宪法保护创新的初衷，也与《TRIPS 协议》不一致。该请求不仅得到了律师总会的支持，也得到了国际民间组织的赞同。

二、印度发展仿制药的专利制度安排

在二战后，印度取得了独立，但是仍然沿用英国殖民统治时期的专利法，直到 20 世纪 70 年代才有了自己的专利法。作为人口大国，印度将药品置于专利保护范围之外，应该说是符合国情的。印度虽然已经成为制药大国，但是，并不充分拥有具有自主知识产权的药品。因此，从其加入世界贸易组织后的历次专利法修改可见，印度并没有追求对药品专利的高标准保护，而是在与西方抗衡中逐步修改专利法。对发展中国家而言，印度在仿制药发展的法律制度方面有以下 3 个值得借鉴的地方：①对抗国际"常青"药品；②利用发展仿制药的有效时机，颁布了发展仿制药的专利制度；③有效地推进了强制性仿制药的发展，提高了药品的可及性。

（一）在对抗国际"常青"药品专利中寻求平衡

国际上关于专利权客体的弹性规定给印度制药业留下了周旋余地。由于《TRIPS 协议》对"发明"没有做出明确的定义，对新颖性和创造性的界定交由各成员灵活把握，既可以严格一点，也可以宽松一点，因此印度专利法保持了一定的法官自由裁量权，以便与跨国制药集团进行周旋。印度判例法显示，印度不保护药物专利"常青"，具体表现在：首先，印度严格执行《TRIPS 协议》对专利保护 20 年的规定，但无论任何情况，都不对药品专利实施延期保护；其次，印度保护药品专利和药品制备方法专利，但是不保护专利药品的成分。第二条虽然受到发达国家的指责，质疑其有违《TRIPS 协议》的内容，但却受到发展中国家的支持和效仿。

2007 年，诺华制药公司（Novartis AG）印度分公司就抗癌药"格列卫"向印度专利部门申请发明专利。印度专利部门经过审查认为，"格列卫"前身是伊马替尼，属于改进型药品，不具有新颖性；其疗效与前身药品相比，也不具有显著进步，缺少创造性，因此，依据相关法规驳回申请。针对驳回决定，诺华制药公司向印度马德拉斯（Madras）高级法院提起了两起诉讼：第一，认为印度专利部门驳回理由不成立，印度的相关法规与《TRIPS 协议》中关于药物专利常青的规定相悖，缺少国际法依据；第二，认为新药可以申请专利，印度专利部门的审查存在随意性[1]。

马德拉斯高级法院受理后，首先驳回第一起诉讼，理由是本院对相关条文的规定无管辖权；其次，第二起诉讼被称为极具代表性的"Novartis AG 公司诉印欧联盟"案，经过三审最终的结果依然是诺华制药公司败诉。前两审法院都认为该申请案不符合授予专利的条件，不是一项新的发明，属于为了延长药品专利保护期限而申请的专利。

从上述判例可知，印度结合本国实际对《TRIPS 协议》的规定作出了解释，如对可专利性条件，印度依据国际法规定[2]进行了国内法解释，具体解释又体现了《TRIPS 协议》的规定[3]，即如果一种药品虽然在创造性方面存在不足，但如果就同类药品申请方法专利，而且属于新的制备方法，则符合授予专利的条件。

这一案例也给发展中国家带来了启示，给成功对抗常青专利药品提供了借鉴。2012 年，阿根廷借鉴印度的做法成功抗击了一项常青专利药申请。

（二）印度仿制药保护制度的主要内容

1. 长期拒绝药品产品专利给印度仿制药的发展创造了时机

印度虽然较早颁布了《专利法》，但是受英国专利保护制度的影响，最初的专利法完全与国情相背离，在药品专利保护上尤甚。1911 年，《印

---

[1] 游文亭. 发展中国家药品专利权与公民健康权的博弈与平衡［J］. 电子知识产权，2018（07）：38-44.

[2]《维也纳条约法公约》规定："条约应依其用语按其上下文并参照条约之目的及宗旨所具有之通常意义，善意解释之。"

[3]《TRIPS 协议》第 27 条第 1 项规定："专利可授予所有技术领域的任何发明，无论产品还是方法，只要它们具有新颖性，包含发明性步骤，并可供工业应用。"

度专利和外观设计法》颁布，将药品等纳入了专利保护范围。1959 年专利修订委员会提交的《修改专利法报告》显示，由于当时的专利法将药品纳入了保护范围，因此一时之间大量跨国药企上报药品专利，印度 85% 左右的药品专利被外国企业控制。一方面，印度本国药企的发展受到抑制，制药业的发展停滞不前；另一方面，跨国药企在印度申请的药品专利中 90% 没有在印度实施。结果就是，药品、食品和化学品价格高昂，市场被跨国企业所垄断。为此，印度新修订的专利法规定药品不是专利权的客体，并且在 2005 年印度履行《TRIPS 协议》过渡期届满前，也一直没有对药品实施专利保护。

考查 1970 年印度的《专利法》可见，印度放弃药品专利保护为仿制药的繁荣准备了充分的条件。印度之所以在原有药品专利保护的前提下成功放弃，原因在于：首先，印度宪法规定，专利立法属于联邦立法权范畴，只有议会才具有专利立法权；其次，议会在立法讨论时，高度重视公共健康和公众诉求，保证了专利立法的审慎性。

2. 过渡期"邮箱申请"使印度满足《TRIPS 协议》要求并兼顾自身发展需求

为了兼顾发展中国家的利益，世贸组织在统一规定专利保护范围、标准的前提下，对发展中国家履行《TRIPS 协议》中的义务规定了过渡期，即在过渡期内可以不完全执行协议的规定。印度享有的过渡期是 1995—2005 年，此期间虽然改变了不保护药品专利的规定，但是并非从此即对药品实施专利保护。依据《TRIPS 协议》中关于过渡期的规定，1999 年，印度及时对专利法进行了修订，虽然肯定了对药品专利进行保护，但是在过渡期内，对药品专利申请只接收不审核，即公开药品专利申请"邮箱"，"邮箱"的开启日为 2005 年 1 月 1 日，而且过渡期内实施市场独占权制度。过渡期届满，不仅取消市场独占权，也废除"邮箱制度"。

药品专利申请的"邮箱制度"虽然仅通过行政指令的形式进行规定，但极大地刺激了仿制药发展，不仅制药行业迅速发展，增加了药品供给，大幅度降低了药品价格，其仿制药还大量出口至俄罗斯、中国、巴西、非洲各国等。

从 2005 年开始，印度药品专利保护的过渡期结束，正式履行《TRIPS 协议》，这给印度仿制药发展战略提出了新的挑战。值得一提的是印度在过渡期的对策：

（1）印度政府和药企都很重视药品研发，国家财政支持和药企加大投入，促进了药品研发。

（2）印度制药企业组成创新联盟，承包研发与协同创新相结合，不仅在国内广泛申请药品专利，还针对化学药品和生物药品在美国、欧洲大量申请药品专利。

（3）大力发展仿制药，扩大生产和市场份额。

（4）在 10 年的过渡期内，印度制药行业迅速发展，销售利润率大幅提升，从 1995 年的 8.8% 提高到 2005 年的 15.4%。

3. 强制许可为印度制药公司与跨国公司的自愿许可争取到谈判空间

印度的专利法比较完备，尤其是其中的强制许可制度设计合理。印度在 1970 年的专利法中就对强制许可做出了专门规定，2002 年和 2005 年印度专利法进行了两次修订，强制许可制度得到了进一步完善。印度专利法就强制许可的情形进行了详尽的安排，即从专利授权之日起，如果出现以下情形，任何人均可向专利管理当局申请强制许可：

（1）公众对该专利发明的合理要求未能得到满足。

（2）该专利发明不能以合理的、可承受的价格向公众提供。

（3）该发明没有在印度领域内实施。

上述 3 种情形，满足其一即构成专利强制许可的条件。

印度政府在 2012 年实施了第一个药品专利强制许可，针对德国拜尔公司在印度申请的专利药品，即抗癌药品索拉非尼，印度 Nacto 公司认为其符合强制许可条件，请求对拜尔公司的药品专利实施强制许可。印度专利管理机关受理后，认为德国拜尔公司的索拉非尼满足强制许可的情形，并由知识产权上诉委员会和印度最高法院审查，于 2014 年确定请求合法并批准实施。

在上述"索拉非尼案"中，印度司法决定代表了政府的态度，一方面，对国外药企在印度申请专利和专利药品的上市销售提出了新的要求；另一方面，印度药企对强制许可态度积极。该案件产生了以下效应：首先，印度政府鼓励药企申请强制许可的态度在一定程度上调动了药企仿制的积极性；其次，印度政府对药企从事仿制药生产的积极性也产生了一种担忧，即担心强制许可有可能对吸引外国投资产生负面影响，因此，印度专利当局对于强制许可的实施，一方面严格审查法定的强制许可情形，另一方面审慎颁发强制许可证；再次，跨国药企基于强制许可的压力，有可能增加在印度的专利申请量，构筑以权利重叠为核心的专利集群，形成专利丛林，消减单个专利强制许可的作用；最后，为了应对药品专利的强制许可，药品专利权人逐渐意识到不可盲目追求垄断利润，实施许可使用和牺牲一部分利润有可能产生与实施人双赢的效果。

4.专利权保护客体的弹性规定给印度制药业留下了周旋余地

《TRIPS 协议》并没有对"发明"做出具体解释，且将其构成元素的创造性、新颖性的定义留给各成员自行诠释，这无疑给印度应对跨国制药集团的专利布局提供了有利条件。

在《TRIPS 协议》的框架下，印度专利法的修订和改善体现了印度药企与跨国药企在利益上的博弈。从印度专利管理当局看，在专利法中既要对发明的构成、专利的构成要件、专利的保护范围等做出合理界定，又要通过对药品专利申请条件的规定设置第二层标准来避免出现药品专利常青现象。理由在于药企为了长期霸占药品市场，往往通过对原有药品专利的技术特征做细微修改来申请新的药品专利，以延长药品专利的保护期。细微修改的内容，既包括活性成分、制剂、化学中间体，又包括制造方法、作用机制、筛选方式等。

在反对药品专利常青的同时，又必须区分专利常青与进阶式创新行为。所谓进阶式创新，就是在现有药品专利的基础上进行改进的创新，又称仿制性创新。首先必须确定的是专利常青不属于进阶式创新，常青式的专利实质上没有改变原药品专利的本质特征，仅仅对非本质特征进行了改进。

窥一斑而知全豹，印度药品专利制度在制定、修改和运用上都积累了丰富的经验，面对纷繁复杂的国际环境和不利于发展中国家制药业发展的国际规则，表面上是闪转腾挪地回避、我行我素地直面，实则步步为营地应对，不仅有效地推动了制药业的快速发展，还在保障药品供给的前提下大大降低了公民在药品消费方面的负担。

（三）印度药品专利强制许可制度及实证分析

印度与其他众多发展中国家一样，国家的经济实力和公民的药品负担能力都十分有限，价格高昂的原研药严重影响了公共卫生体系的建设和医疗健康保障制度的实施，制约了药品的可及性。为了保障公民健康权，尤其是公共健康权，发展中国家必须考虑如何应对药品专利权人滥用专利权，即药品专利权人通过限制供应数量和提高市场价格获取垄断利润。发展中国家既要在本国鼓励药品创新，扩大创新药品的市场供给，提升市场药品的替代性，又需要通过强制许可大力发展强制性仿制药。如前所述，印度不仅完善了专利强制许可制度，还将此制度在药品领域进行了充分适用。

1.印度药品强制许可仿制的规定

（1）总体规定。印度分别在 1999 年、2002 年和 2005 年对专利法进行了 3 次修订，关于药品专利的强制许可制度是每次修订的重点，得到了丰富和完善，如第 84 条规定，如果某一项专利，自授权之日起的三年内未能使公众的合理要求得到满足，或者公众无法以合理价格获得此专利，则满足强制许可的情形，任何人都可以请求专利局对该专利实施强制许可。1999 年的《专利法》，使印度药品行业经历了从简单仿制到创新仿制再到独立研发的过程，不但推动了药品行业的快速发展，而且对应对公共健康危机起到了保障作用。在 2002 年的《专利法》中，印度将"国家突发事件、其他非常紧急情况以及专利产品的公众非商业化使用"作为请求实施强制仿制许可的理由，丰富了强制许可的情由内容。2005 年的《专利法》扩大了专利保护范围，将药物、农用产品列为专利权的客体，同时对强制许可制度又一次进行了修改。本次修改的内容如下：

①第 11 条第 1 款第 7 项规定，"在 1995 年至 2005 年间申请专利的药品的仿制药，可以在支付完合理的权利金之后继续生产"，不仅承认 2005 年之前仿制的继续有效，也要求仿制药商向药品专利权人支付许可费用，保障了药品专利权人的利益。

②新增第 92 条第 1 款第 1 项规定。首先，强制许可生产专利药品的目的有 3 个：供应印度本国市场；为了反竞争之需要，应对药品垄断问题；出口至制药能力严重不足的国家，保障极不发达国家的公共健康。其次，依据《TRIPS 协议》，只要无制药能力的国家申请进口药品，并经国际相关组织批准同意，就允许将仿制药出口至获得批准的药品进口国。

（2）具体制度安排：具体考察印度药品专利的强制许可制度，可以从申请主体、申请事由、批准机构和运作程序 4 个方面进行分析。

①强行仿制的申请主体。印度的专利法中关于专利强制许可的请求人的规定呈现以下特点：首先，对强制许可申请人的要求较低，没有要求企业必须具有仿制能力，明确规定为"任何相关利益人"，意味着"请求人"包括具有潜在专利仿制能力的人；其次，区别于我国对强制许可设计的前置条件，即以合理条件未能得到专利权人的许可使用，在印度，即使是专利许可合同中的被许可人，也可以请求强制许可，强制许可获利更多，成本更低。可见强制许可请求限制较少，实质上发挥了鼓励强制性仿制的作用；最后，获得专利强制许可的实施人，其实施虽然非专利权人自愿许可，但是强制实施人依然有权维护专利权，对专利侵权的出现，如果专利权人怠于维权，强仿人有权通过诉讼维护专利[①]。

---

① 佳英.我国药品专利强制许可制度研究［D］.上海：华东政法大学，2013.

②强制许可的申请事由。目前，印度关于药品专利强制许可制度的实施，依靠的主要有"三条通道"①，即政府通道、社会通道以及出口通道，不同的主体适用于不同的申请事由。所谓的"政府通道"，是指政府及其机构作为申请主体，申请事由主要在于公共健康需要和国家出现紧急状况，为了摆脱公共危机，政府以申请人、批准人的重合角色，及时通知专利权人自身专利被强制许可。所谓的"社会通道"，是指由法人或自然人作为申请主体，一般以专利权人实施不充分，或出现专利权人滥用专利行为，或违背标准必要专利的公平、合理和非歧视（fair，reasonable and non-discriminatory，FRAND）原则为由申请强制许可，经专利机关审查，若符合强制许可的条件，则批准强制性仿制。所谓的"出口通道"，是指仿制药品出口的规定，即允许强制性仿制药出口到没有制药能力或制药能力水平较低的国家，但出口药品种类、出口数量、出口目的、进口国需要等要求都需要与《TRIPS协议》的规定相一致。上述"三个通道"原则成为发展中国家在制定强制许可制度时以及在强制性仿制药发展过程中的重要参考。

③强制许可的主管机构。在印度，涉及药品专利强制许可的主管机构主要有两个：一个是印度专利管理局，另一个则是印度知识产权上诉委员会（Intellectual Property Appellate Board，IPAB）。印度专利管理局是国家专利工作的主管机关，总部设在加尔各答，为了方便管理，分别在金奈、新德里和孟买3个城市设立了分局。各分局负责所在区域内的专利事务，每个专利分局负责管理各自辖区范围内的专利事务，既包括专利申请的受理、申请的审查和授权，又包括专利无效申请和审查、强制许可的核准和发证、专利代理机构的管理等。印度IPAB主要针对专利申请中的行政复议进行复核并发布结论，对专利实施中的许可使用和强制许可中的纠纷进行复核。

④强制许可的运行流程。主要包括以下七大程序：

第一个程序是预谈判。本阶段一般限定在6个月内，印度专利局接到申请，需要就申请理由进行核实，并通知专利权人予以答辩机会。规定本程序的时限，意在防止专利权人借磋商浪费时间。

第二个程序是受理。此程序从时间看包含在第一个程序里面，但其内容主要针对受理要考虑的因素：一是目标专利的状态，包括性质、授权时间、专利权人等；二是申请人对目标专利的实施能力，成功实施对公众服

---

① 俞铖航，田侃，喻小勇.印度药品专利强制许可制度分析及对中国的启迪[J].中国新药杂志，2016，25（3）：253-257.

务的作用；三是申请人提供实施目标专利的条件、实施方案等；四是目标专利实施风险及其回避。

第三个程序是公告。依据《专利法》第 84 条，专利强制许可的申请人的申请被受理后，如果满足法定条件，印度专利局将发布公告，即在每周公报中发布专利强制许可事宜；同时，将申请情况通知申请人和专利权人。

第四是听证程序。上一个程序——公告的期限为两个月，在两个月内，专利权人有权就该强制许可申请提出异议。异议的内容：首先，申请人的理由是否属实，如果存在否定证据，应及时提供给专利局；其次，就该强制许可申请有权提出请求"听证"；最后，如果认可强制许可成立，可以就许可费用提出意见。

第五个程序是实施。强制许可裁决后，申请成功的实施方需要向专利权人缴纳一定的专利许可费。许可费的标准如何确定，如何实施？印度专利强制许可制度规定：首先，许可费分期支付，以实施人销售额的 3% ～ 7% 进行议定；其次，印度专利局负责对许可费的支付实施监督，即由实施方定期向专利局报送专利产品的销售情况，自觉接受监督。除了接受专利局监督之外，还需要接受专利权人监督。

第六是申诉程序。在专利强制许可实施过程中，对于出现的纠纷，如果申请人或专利权人有任何异议，均可以在 3 个月内向印度 IPAB 申诉。如果对 IPAB 的裁决依然存有异议，则可以上诉至印度最高法院。

第七是终止程序。据考察，印度现行《专利法》没有对强制许可终止的时间、情由等作出规定，在实践过程中，强制许可期限与专利保护期一致。当然，专利法对强制许可也规定了限制条件，如果实施方违反了专利法的规定，强制许可也可能提前终止。

2. 印度药品强行仿制制度的实证分析

如果专利药品与公共健康发生冲突，就必须对药品专利的实施进行必要的限制，而对药品专利实施强制性许可是对药品专利进行限制的最有效手段。印度最新的《专利法》中维护公共健康的重要规定即药品专利强制许可制度。2012 年 3 月，印度药企 Natco 公司成功获得德国拜耳公司专利抗癌药索拉非尼的强制许可生产权。这一消息使得索拉非尼降价了 97%，得到了印度民众的热烈支持。

（1）案情回放："甲苯磺酸索拉非尼"[①]（sorafenib tosylate）是印度专

[①] 该药品英文通用名为 Sorafenib，我国普遍称之为"多吉美"，2008 年 7 月 8 日在中国国家食品药品监督管理总局（SFDA）获得批准，该药品主要是用于治疗肝脏以及肾脏恶性肿瘤。

利法保护的一种专利药，专利权人是德国拜耳公司，授权时间是 2008 年。该药品是治疗中晚期肾癌和肝癌的特效专利药。在此之前，拜耳公司已经在印度获得进口权和销售权，但并没有立即展开销售行为，此后的两三年也只有少量进口。该药品价格昂贵，按照每人每天服用量计算，每人每天的治疗费用高达 2400 多美元，远远超出了一般患者的负担能力。

Natco 公司是印度最大的仿制药企。2011 年 7 月 29 日，Natco 公司请求对抗癌特效药索拉非尼实施专利强制许可，于是向国家专利机构递交了药品专利强制许可申请。印度国家专利局依据相关规定，当天就受理了此申请，并在 3 日后进行消息公布。专利权人拜耳公司反应迅速，就此问题先后提起两起诉讼：第一，以印度专利局违宪受理此申请为由向孟买高等法院提起诉讼，同时请求专利局在诉讼期间不要做出强制许可的决定；第二，同年 10 月，以印度 Natco 公司构成专利侵权为由向印度德里高等法院提起诉讼，请求法院判令国家专利局停止审核强制许可申请工作。其结果是拜耳公司的两个诉讼请求均被驳回。印度国家专利局按照法定程序，分别在 2012 年的 1 月 13 日以及 2 月 27 日对强制许可请求事宜举行了听证会。听证会上，申请人就申请事由进行陈述，拜耳公司提出抗辩事由，经过对双方提供的证据进行分析，国家专利局最终在 2012 年 3 月 9 日做出裁定，决定由 Natco 公司对索拉非尼药品专利实施强制仿制。

（2）本案的争议：拜耳公司的专利在印度的有效性本身不存在争议，在此，主要围绕是否符合印度专利法规定的强制许可条件展开分析。印度专利法从一般情形和特殊情形规定了专利强制许可的条件，在前文已有描述。

首先，拜耳公司的专利药品是否在印度进行了实施？申请人认为，专利权人在 2008 年获得授权后，仅有少量进口，诸多证据与事实表明，拜耳公司在印度并未批量销售索拉非尼专利抗癌药品，其大量进口、生产和销售的是非索拉非尼的其他抗癌药品。显而易见，该专利药品并未在印度充分实施。拜耳公司认为，"实施"并非生产，进口、销售行为也是"实施"行为，因此，没有在印度生产并不能等同于没有在印度实施专利。拜耳公司在德国的设备精良、技术优异、产品质量较高，面向全球销售，就是对该专利的实施。如果将"实施"仅作为生产解释，则不符合专利法规定。况且，印度对该专利药品的需求量尚未达到在印度设立工厂的规模，通过进口完全可以满足印度市场的需要。

其次，该专利药是否满足了印度国内的市场需求？申请人认为，该药品在印度获得专利权后的两年内，进口数量很少，对十几亿印度人而言无异于杯水车薪。世界卫生组织 2008 年的调查显示，印度 2008 年发现的肝癌患者高达两万人，而且一经发现大多已进入中晚期，特别需要索拉非尼缓解症状、减轻痛苦，但是其高昂的价格令患者望而却步。专利权人对此辩称，在印度市场上销售索拉非尼的药企并非只有拜耳公司一家，自 2010 年 4 月开始，印度市场上已经出现索拉非尼仿制药[①]，因此，印度市场不存在供不应求的问题。为了满足供应，拜耳公司实施了网上销售，在销售渠道上满足了索拉非尼的市场需求。

最后，该药品价格是否超出了国民的承受能力？申请人特别提出，印度属于发展中国家，贫富差距较大，城市贫困家庭的平均年收入不足 855 美元，农村家庭收入更低。而索拉非尼专利药每人每月的治疗费用高达 2400 多美元，绝大多数印度国民负担不起这一天价治疗费用。对于这一点，拜耳公司无法回避，只能强调专利药品的研发费用很高、研发风险很大，价格下降的空间十分有限，很难根据居民收入来确定药品的价格。

印度专利局很难接受拜耳公司的辩解，认为拜耳公司的药品垄断价格不但破坏了药品的社会性，而且影响了国民健康。

（3）本案结论：在该案中，印度专利局认为申请人提供的理由充足，经印度知识产权上诉委员会和印度最高法院审查，最终于 2014 年年底由最高法院确认对索拉非尼的强制仿制申请予以通过。

在索拉非尼案中，印度政府虽然表明了对国内制药企业申请强制许可的支持态度，但是，也对国外投资感到担忧。因为在与发达国家签署的双边自由贸易协定中，发达国家强调的是专利保护，所以，印度专利局在颁发强制许可时采取了慎重态度，要求申请人在与专利权利人就自愿许可协议进行过实质磋商而未能达成一致后才能申请强制许可。

对跨国药企而言，他们也意识到了为了摆脱强制许可的威胁就必须降低药品价格，或者采取许可使用的办法。

印度的学术界也存在一种担心：实施强制许可措施会使专利权人采取应对之策，如增加专利申请量，形成专利丛林，使强制许可在单个专利上失去效力，最大限度地排除强制许可的威胁。

---

① 冯洁菡. 专利本地实施要求的合法性之争：国际法与国内法实践评析［J］. 暨南大学学报（哲学社会科学版），2014（09）：41.

第四章　我国普通仿制药发展的专利制度保障

发展普通仿制药主要是为了提高药品的可获得性，即可及性。普通仿制是指专利药保护期届满，专利药商之外的其他药企可以参与生产和经营。我国应如何发展普通仿制药？本研究认为：首先，推动事关仿制药发展的积极性专利制度，如实施首仿激励机制，推行药品平行进口制度和试制例外条款，改善药品专利链接制度；其次，关注事关仿制药发展的消极性专利制度，如谨慎出台药品试验数据保护制度和延长药品专利保护期限制度；最后，防范出现药品专利的反向支付问题，主要讨论运用反垄断法规制药品专利反向支付及其协议。

第一节　普通仿制药发展的积极性专利制度

促进普通仿制药发展的积极制度，主要包括首仿药激励制度、药品专利链接制度、"Bolar 例外规则"的学理解构与制度重建和专利药品平行进口制度。

一、首仿药激励的制度安排

首仿药，顾名思义，第一种仿制药，即第一种成功模仿专利药品的药物。但是，不同的国家和地区对"第一次成功模仿"有不同的解释。例如，美国将"首次成功模仿"定义为第一种简化新药申请的仿制药。中国将其定义为首次在国外上市且未在中国上市的药物研究。目前，有两种方法可以生产国际上批准的第一种仿制药：一种是仿制药公司独立开发的第一种仿制药；另一种是经授权的仿制药，由专利药物公司许可给其子公司或其他公司。

2013 年，我国修订了《药品注册管理办法》，对药品审查做出了规定。此后，我国先后颁布文件，通过合理审查和科学定价鼓励仿制药发展。例如，2016 年《国务院办公厅关于促进医药产业健康发展的指导意见》（国办发〔2016〕11 号）及时发布，其中，为了提高药品可及性，不仅提出加强药品、高端医疗器械创新，还强调通过中药创新、仿制药发展来增加药品供给。但是，我国制药企业参与首仿的主动性依然不够高，原因在于：

①仿制存在一定的风险性，需要边仿制边创新，对仿制能力提出了较高的要求；②我国对首仿的激励制度存在分散性和不到位，抑制了药企的积极性。由此可见，目前我国存在高期望的市场需求与首仿激励机制不完备的矛盾，客观上要求我国建立首仿药激励的制度和政策。

（一）明确首仿药的定义

首仿药，又称首次仿制药，明确其本质含义是完善首仿药激励机制的前提。对于如何给出首仿药的定义，既要与国际接轨，使之符合国际要求，又要与中国国情相适应。值得注意的是，首仿药离不开仿制的目标专利药，因此，认识首仿药的前提有两个：一个是从化学药物分类的角度认识，另一个是从国内和国外的角度界定首仿药。以我国学术界的主流观点，首仿药就是本国范围内，在专利药品保护期满后在市场上最早出现的仿制药。也有学者认为，首仿药是对某一种专利药品首先向国家药品监督管理局申请注册的仿制药。

（二）设立首仿药市场独占保护期

美国较早建立了首仿药市场独占期制度，这一激励机制被世界各国广泛借鉴。首仿药市场独占保护制度，即依法赋予最早生产出某种仿制药的企业以一定期限的市场独占权，在独占期限内，其他仿制企业的同类药品不得在市场上销售。这一制度不仅激发了仿制药企的研发积极性，还鼓励了药企挑战药品专利，有利于提高药品专利的质量。为了提高药品的可获得性，我国应当借鉴学习美国的先进经验，建立类似的首仿药激励制度。

一个新的制度的设立，离不开以原有基础法律作为保障，或者以国内外成功的立法经验、司法实践作为指导。因此，首仿药制度的构建，既要借鉴美国等国家的先进制度安排，更要考虑我国的国情。一方面，合理确定市场独占保护的期限、保护方式、争端处理等具体细节，另一方面，又要出台相应限制性法规，防止利用首仿药市场独占权进行不正当的商业牟利和非法垄断行为，切实让这一制度发挥激励仿制、及时降低药价的积极作用。

（三）简化首仿药的注册审批

实现首仿药快速上市，有利于提高药品的及时获得性。显而易见，仿制药早一天上市就将多挽救几条生命，这是生命权的内在要求，也是抢救生命的道义要求。为此，我国必须简化仿制药的注册审批程序，提高审批效率。美国简化新药申请（ANDA）制度值得我国借鉴，为了提高审批效率，美国并不要求仿制药企重复提交原研药的临床前、临床中的资料，只需要提交仿制药与原研药的对比结果，证明其疗效的一致性。然而，我国仿制药审批制度要求首先需提供临床试验资料，直接导致审查时间长、效率低，从制度上就不利于仿制药及早上市，势必造成许多患者因为审批效率低而无奈错过治疗时机。

（四）建立首仿药的数据保护制度

建立首仿药的数据保护制度，对首仿药生产企业利益的保护肯定具有积极意义。基于我国尚未建立首仿药数据保护制度，我国仿制药企对是否享受首仿药激励政策缺乏足够认识，因此，是否出台保护制度需要慎重决定。美国规定了首仿药市场独占制度，即首仿药可获得 180 天的市场独占权；首仿药数据保护参照药品试验数据的规定，主要适用于反不正当竞争法保护。从现实情况看，为了提高药品的尽早获得性，对首仿药和普通仿制药应该出台不同政策区别对待，鼓励及早仿制，支持仿制药企挑战专利药品。

（五）保障首仿药的流通使用

对于首仿药在流通中如何扩大使用范围的问题，在我国，其与招标采购政策相冲突。首先，因为我国药品招标采购实行集中采购模式，首仿药获得批准时，可能已经错过招标周期，那就只能等待下一轮招标才能进入医院。一旦进入下一轮招标，可能面对很多仿制药企的竞争，由此首仿药企的优势可能完全丧失。其次，我国药品招标采购通常采用竞价模式，即对同一品种的药品，依其质量差异进行竞价比较，如果将原研药与首仿药放在统一规则下进行公平竞争，首仿药也有可能失去价格竞争优势，最终导致仿制药企的研发积极性受创。因此，我国在药品采购政策设计、采购模式设定等方面必须考虑对首仿药发展的支持，促进医药市场的公平竞争。

二、"Bolar 例外规则"在仿制药发展中的适用

我国《专利法》第 75 条第 5 项规定了"Bolar 例外"。该规定既体现了对专利的限制，又为专利侵权抗辩提供了事由。具体到药品专利，在药品专利保护期内，专利法规定任何人未经许可不得生产、许诺销售、销售、使用和进口专利药品，但是基于"行政审批目的"的制造例外。从这一制度构建价值进行考量，首先，要区分合理仿制与专利侵权的界限。合理仿制考虑公共利益保障，药品专利保护期届满，仿制药即可合法上市销售。出于仿制药行政审批需要，应当允许在药品专利保护期满前适量生产。如

果必须等到药品专利保护期满才允许仿制，则不仅对仿制药企不公平，也会影响公共利益，降低药品可及性。其次，要从仿制行为的主观意图和举证责任方面进行综合权衡，专利法可引入"客观衡量标准"作为主观意图的认定以及区分"行政审批目的"与"生产经营目的"等方面的依据，以利于判断仿制行为是否构成侵权。

在此，笔者以奥美沙坦酯专利侵权案为切入点，说明案情并分析争议焦点，论证与本案相关的试制例外制度适用，提出我国应该进一步明确试制例外条款的适用范围，建议采取较为宽松的解释方式，在与国际接轨的前提下为仿制药发展提供保障。

（一）案情与争议

1. 案情

奥美沙坦酯作为本案涉案药品，是治疗高血压病症的特效药。原告有两个：一个是本药品的专利权人——日本企业三共株式会社；另一个是药品专利的被许可使用人——上海三共制药有限公司。被告是北京万生药业有限责任公司，是有希望第一个获得奥美沙坦酯生产许可的国内药企。

早在1992年，日本三共株式会社便向中国专利局提交了专利申请，即"制备式（Ⅰ）化合物或其药物上可接受的盐或酯的方法"（在此简称 A 专利），属于药品的方法专利；1997年，又以分案申请形式从1992年专利申请案中拆分出一项发明专利，即"用于治疗或预防高血压病的药物组合物的制备方法"（在此简称为 B 专利）。2003年2月，A 专利获得授权，是一项保护"奥美沙坦酯"的生产方法，即药品方法专利；同年9月24日，本案的涉案专利（B 专利）也获得授权。

2005年7月，日本三共株式会社向中国食品药品监督管理局申请新药奥美沙坦酯的生产许可证，在其尚未获得生产许可时，国内已经有多家药企开始申请奥美沙坦酯的临床试验，其中万生药业属于申请较早的企业，已经进入临床审批的最后阶段，有希望最先获得批准。与此同时，万生药业又针对 B 专利，请求国家专利局宣告其无效，理由是该药品专利不具有可专利性。

2006年2月，原告在北京市第二中级人民法院对北京万生药业提起诉讼，理由是万生药业在申请新药注册和获得许可之前已经制造了大量奥美沙坦酯片，侵犯了其专利权。北京市第二中级人民法院于2006年2月16日受理该案，并于2006年9月25日进行了开庭审理[①]。

---

① 张清奎.医药专利保护典型案例评析［M］.北京：知识产权出版社，2012：273-276.

原告和被告双方针锋相对，围绕"是否构成侵权"进行辩论。原告三共株式会社认为，万生公司未经许可，在药品专利有效期内擅自大量制造奥美沙坦酯，已经构成专利侵权行为。万生公司则认为，本公司生产专利药品不构成侵权，理由：①按照相关药品管理法的规定，在药品上市销售之前，必须向国家食品药品监督管理局提交新药的实验数据并获得其审批，本公司生产的专利药品和提供的试验数据都是为了行政审批，为了行政审批的生产行为属于合法行为，不构成侵权；②本公司生产的专利药品并没有上市销售，因为该药品还处在上市审批阶段，不可能推向市场；③药品在投放市场之前，不但需要做临床试验和数据分析，而且这一阶段需要的时间较长，本公司必须做好充分准备，其生产是为了药品专利保护期届满能够及时推出仿制药；④允许为了行政审批提前生产专利药品，不仅在中国，在世界上绝大多数国家都有类似规定，属于专利侵权的例外情形。

法院经审理认为，首先，原告三共株式会社对涉案方法专利享有专利权，依法应当受到保护，即未经专利权人许可，任何人不得以生产经营为目的进行使用；其次，被告万生公司使用涉案专利并制造了涉案专利药品的行为，主要是为了获得上市许可的批文，并非实施了市场销售。为此，2006年12月20日，北京市第二中级人民法院做出了一审判决，认为北京万生药业有限公司不构成对原告的专利权的侵犯。接到判决后双方均未提出上诉申请，该判决生效。

2. 案件的后续发展

2010年4月23日，北京万生药业有限责任公司第二次针对本案中的B专利请求国家专利复审委员会确认其无效。2011年4月1日，国家专利复审委员会以第16266号文决定B专利全部有效。万生公司不服裁定，在北京市第一中级人民法院就国家专利复审委员会的决定提起行政诉讼。北京市第一中级人民法院经过审理作出判决，支持了复审委员会作出的第16266号审查决定。万生公司不服该判决，又上诉至北京市高级人民法院。

2013年9月24日，北京市高级人民法院对国家专利复审委员会的裁定书和北京市第一中级人民法院的判决进行了认真复核，不仅认为国家专利复审委员会的裁定存在偏差，也认为北京第一中级人民法院的判决存在明显不当，于是对原裁定和判决予以撤销。

对北京市高级人民法院的判决，国家专利复审委员会提出异议，认为原裁定并无不当，提请最高人民法院再审。经过最高人民法院知识产权法庭再审，最终判决支持一审观点，否定了北京市高级人民法院的二审判决。

在专利无效问题长期审查中，专利处于不稳定状态。虽然三共株式会社曾在此期间针对专利侵权提起侵权之诉，但法院一直没有进行审理。

3. 本案中的争议焦点

（1）本案中是否存在专利侵权行为？通过案情陈述可见，本案具有代表性和典型性，学术界也对此进行了激烈的争论。

部分学者认为，万生公司的制造行为构成了专利侵权，理由：①万生公司的试制虽然是为了行政审批，获得上市许可，但是大量生产明显是为了销售；②我国相关法律中没有试验例外条款。

当然，大部分学者认为万生公司的行为不构成侵权，理由：①万生公司生产的专利药品无论数量多少，实质上在专利有效期内没有投放市场，本质上不构成专利侵权；②只要完成临床试验并获得上市批准，法律并不禁止专利保护期满仿制药上市销售，其实也等同于允许专利到期前的专利药品生产；③如果限制药品专利到期前的仿制药生产，则不仅会降低药品的可及性，还会直接导致专利保护期绝对延长，实质上是对公共利益的侵害；④从法律条文上看，必须区分"行政审批目的"和"生产经营目的"，万生公司生产专利药品的目的十分明确，是为了行政审批需要。因此，笔者支持第二种说法，与法院的判决精神一致。

（2）试制例外条款能否作为支持万生药业不侵权的依据？2000年，《专利法》第63条第4项明确规定了试制例外条款，为了科学实验需要使用他人专利产品适用于豁免侵权。对于本案，适用的专利法中不视为侵犯专利权的情形只有4种，那么第63条第4项是否可以作为万生公司不构成专利侵权的法律依据呢？显然是不可以的。2003年10月，最高人民法院似乎意识到这一问题，在一个司法解释讨论稿中专门提到，为了行政审批需要，在临床试验中使用他人专利不应该被认定为专利侵权[1]。遗憾的是，这一司法解释并非实际颁布，仅仅是讨论稿。直到2009年《专利法》第三次修改完成并实施后，第69条增加了第5项，即著名的Bolar例外条款。

虽然第69条新增了第5项，但并没有取消第4项，在同一条中出现两个例外情形，不仅说明这两项适用时机不同，也说明他们的适用条件不同。试制例外条款主要指以行政审批为目的的情形，为了仿制药及时推向市场，提高药品的可及性；而试验例外条款是为了鼓励创新、支持试验，为了通过对现有专利技术的研究获得新的专利成果。

---

① 李珊.完善我国Bolar例外制度：促进仿制药产业的发展[J].法制与社会，2014（10）：41-43.

（二）我国"Bolar 例外"规则的定性分析

1. "Bolar 例外"规则的起源

"Bolar 例外"规则来源于美国 1984 年著名的"Roche vs. Bolar 案"，被告 Bolar 公司为了在专利到期后及时将仿制药推向市场，在专利保护期内就从国外进口少量已经获得专利授权的安眠药"盐酸氟西泮"用于临床试验，在临床试验过程中收集提供行政审批所需要的信息，并提前向美国食品及药品管理局申请上市审批。

专利权人 Roche 公司获悉上述情形，认为 Bolar 公司的行为侵犯了其专利权，于是向纽约联邦地方法院起诉。纽约联邦地方法院一审认为，原告指控的专利侵权行为属于在科学研究和科学实验中对药品专利的使用，非商业性使用，专利侵权行为不成立。但原告不服一审判决，向美国联邦上诉巡回法院提起上诉，二审的结果是 Bolar 公司专利侵权成立，撤销了一审判决。这一判决结果一时在美国引起强烈反响，尤其受到美国药品领域抵制，美国一些规模药企向国会表示了强烈的不满。基于此，美国国会及时做出反应，不仅颁布了《药品价格竞争及专利期补偿法》（亦称"Hatch-Waxman 法案"），在美国《专利法》第 271 条中还增加了"Bolar 例外规则"条款，又称为"避风港条款"，明确规定，仿制药商为了监管部门审批需要，可以使用专利药品，这一使用可获得专利侵权的豁免[①]。"Hatch-Waxman 法案"颁布的最初目的在于协调专利药和仿制药之间的利益关系，调节药品价格保持在一个合理的水平上，既能够鼓励创新，又能为仿制药发展提供一定的保障。其中新增的"Bolar 例外"规则，不仅完善了美国的专利法，对全球药品专利保护制度创新也产生了较大影响。

"Bolar 例外"规则在我国也被称为"医药行政审批抗辩制度"。仿制药虽然不需要重新论证技术性能，但是在上市审批中必须提供临床试验资料。如果在药品专利到期后才允许进行临床试验，则仿制药的及时上市显然会受到影响，公共利益也会受到侵害。为此，"Bolar 例外"规则允许仿制药商在专利有效期内使用专利药品进行临床试验，提前申请行政审批，不仅为仿制药商争取到及时上市的时间，还缩短了患者等待平价药的时间，也为司法界处理类似案件提供了法律依据。基于这一制度的优势，"Bolar 例外"制度在我国应运而生。

2. "Bolar 例外"规则的本质属性

关于"Bolar 例外"的本质属性，本研究认为：

---

① 参见美国《专利法》。

（1）"Bolar 例外"规则是专利权限制制度的重要内容，既是对原研药企和仿制药企利益的平衡，也是在公共利益优先原则下，药品专利权人对社会公共利益所做的部分权利让渡，具体法律赋予仿制药企对药品专利的"合理使用"。

（2）这一规则并不属于限制专利权的内容，应当是对专利权人实施权能的一种限制，通过"合理使用"情形的设置，给仿制药企提供了一种"违法性阻却事由"。

（3）该规则作为专利侵权例外的防御性抗辩事由，抗辩权的产生在于请求权的存在，没有药品专利的侵权之诉，就不存在抗辩权的行使。

（4）"Bolar 例外"规则在限制药品专利权的同时，还体现了维护社会公共利益的功能，主要表现在提高了药品的可及性，通过及时推进仿制药上市降低了药品价格。

（5）这一例外情形区别于"不侵权抗辩事由"，因为"Bolar 例外"规则所针对的行为本身属于专利侵权行为，但基于使用专利的目的属于非商业性的，法律豁免了其违法性。

（三）国内外"Bolar 例外"规则的主要内容

1. 我国规定

我国《专利法》第 75 条第 5 项对"Bolar 例外"进行了具体明确，即为了行政审批提交信息需要对药品专利的使用不视为专利侵权。为了证实"提交信息"和"使用药品专利"之间的必然联系，北京市高级人民法院发布的《专利侵权判定指南》明确指出，"提交信息"是指《药品管理法》《药品管理法实施条例》《药品注册管理办法》中要求提交的临床试验资料、相关研究报告、使用的科技文献等相关资料[1]。因此，在解读我国的"Bolar 例外"条款时，通常需把握上述法规的规定。

（1）明确的行为目的。"Bolar 例外"规则主要针对其行为的目的，即是否是为了"行政审批需要"。我国《专利法》第十一条明确了构成专利侵权的 3 个要件：①未经专利权人许可，即违背专利权人意愿；②实施专利以生产经营为目的；③实施了专利行为。在此，本研究逆向思考上述规定的言外之意，即只要以"非生产经营目的"实施专利就不构成专利侵权，则以"行政审批"为目的的实施，自然不构成专利侵权行为。其实，行政审批的真正目的是什么？说到底还是为了生产经营，为了仿制药及时上市。

---

[1] 尹新天.中国专利法详解［M］.北京：知识产权出版社，2011：345.

（2）申请注册的时间。"Bolar 例外"规则虽然规定了可以提前提交药品监管机关进行上市审核，但我国《药品注册管理办法》规定，提前提交的时间不是无限期的，规定需在药品专利到期前 2 年内提前申请。但就目前国内的审批效率而言，2 年的审批期限往往是不够的。那么，又为什么要作此规定呢？有学者呼吁，国家药品监管机关应该依据实际审批需要的时间，科学规定一个"合理时间"区间①。也有人建议取消对申请时间的限制，在专利保护期限内的任何时间都可以提出注册申请②。本研究认为，规定一个时间区间具有一定的合理性：①如果不规定一个时间范围，则有可能导致对药品专利权能的过早挤压，还有可能造成侵权行为的发生；②如果仿制药商过早地实施了药品专利行为，但并没有用于上市审批的申请，那么这一实施行为的性质就变得难以确定。

（3）适用的客体范围。如何界定"Bolar 例外"规则适用的客体范围？笔者认为，首先，应考察 3 种专利类型，药品专利主要表现为两种类型——发明和实用新型，依据是《专利法》对药品专利进行的规定，即主要指药品的产品专利和方法专利，除了药品本身可以申请药品及其制备方法专利外，医疗设备、诊断用品等也会涉及实用新型专利，而外观设计专利则不在行政审批抗辩的豁免范围内；其次，适用范围为"药品"和"医疗器械"中的一部分。在我国对药品的范围界定中，药品不仅包括人用药品，也包括兽用药和农用药。但是，我国《药品管理法》中的药品仅指人用药品；而《医疗器械监督管理条例》所称"医疗器械"，也仅指人类使用的医疗器械。有学者提出，"Bolar 例外"规则的适用药品应该是广义的药品，应该包括农药以及兽药③。因为我国既是人口大国，也是农业大国，对农药和兽药的需求量也较大，而且国内市场上无论是人用药品还是兽药，其专利都控制在跨国公司手中。可见，适度放宽"Bolar 例外"规则的客体适用范围属于对我国现实国情的考量。

（4）抗辩主体。依据《专利法》第 75 条第 5 项规定，受限制的仿制行为主要有两类：一类是仿制药商为了行政审批，对药品专利实施制造、使用和进口的行为，表现为仿制药商的直接使用行为；另一类是部分仿制药商不具有科学实验能力，需要依靠医药科研部门的专门帮助，因此，这

---

① 李冰青."Bolar 例外"中国化后的法律适用：对《专利法》医药行政审批抗辩之思考[A].中华全国专利代理人协会年会暨第四届知识产权论坛论文汇编，2013：412.

② 汤然之.浅析中国 BOLAR 例外适用[J].中国新药杂志，2012（12）：1324.

③ 向凌.我国专利权限制制度的革新路径：基于比较法的分析[J].知识产权，2013（02）：88.

一行为属于辅助仿制行为。对于专利侵权豁免，其范围限定比较严格，即仅限于"制造和进口"专利药品或专利医疗器械，而不包括其他"使用"行为。

对于上述第二种行为是否构成"合理使用"，学术界仍存在争议：①第三方专门从事药品实验，属于生产经营目的，此行为是否属于合理使用，是否应该向药品专利权人支付一定的使用费[①]；②第三方介入仿制，受仿制药商委托代为进行药品试验，其实施行为的范围是否应该受到限制，如仅限于制造、使用和进口。笔者赞成第二种观点，应该限制实施行为，如豁免实施行为范围中不应包括"销售"和"许诺销售"，其正当性在于：一方面，许诺销售行为与许诺销售权相对应，保护许诺销售权是对仿制药进行违法广告宣传、预售的阻止，提前防范实际销售行为的形成；另一方面，基于"Bolar 例外"规则，我国虽然已经初步建立了药品专利保护期补偿制度，但是药品专利链接制度、药品试验数据保护制度等还处于建设阶段，如果此时不对可抗辩的仿制药行为范围加以限制，则不仅药品专利权人的正当权益会受到侵害，药品专利权人和仿制人之间的利益也会失衡。

对于行政审批主体的理解，是否应该明确包括哪些主体和哪一级主体？现有立法只明确了使用目的和使用事宜，但是，考察我国现有行政审批规定，药品生产许可审批统一由国家市场监督管理总局行使；对于医疗器械的生产上市审批，我国采用分级管理，按照安全性要求高低，分别由地市级、省部级和国务院 3 个不同级别的药品监督管理部门审查批准。因此，我国需要作出明确规定，三级审批机关都是合法审批机关，无论是哪一级行政机关审批都属于行政审批。此扩张性解释不违反《TRIPS 协议》的规定。

2. 域外"Bolar 例外"规则览读

首先，对仿制药占处方药 80% 的美国而言，仿制药的替代作用不仅通过扩大供给、促进竞争而使国内药品价格大大降低，还提高了药品相对于消费者的可获得性。为此，美国国会对仿制药发展表现出了很强的关注，"Hatch-Waxman 法案"的颁布就是很好的例证[②]，尤其是第 271 第 5 项第 1 目。对于该法案，美国也经历了"扩张—限缩—再扩张"的演进过程。美国于 1984 年最早提出并确认了"Bolar 例外规则"，此时对该条款

---

① 张帆. 中国专利法注释［M］. 北京：知识产权出版社，2014：604-605.

② CHAO, JESSICA. Examining the safe harbor of the hatch-waxman act: a legislative proposal granting mandatory post-marketing exceptions［J］. Cardozo Arts & Ent. L.J, 2014: 651.

的解释具有扩张性，如在"Eli Lilly and Co. vs. Medtronic 案""Intermedics vs. Ventritex 案""Amgen Inc. vs. Hoechst Marion Roussel 案"的判决中，扩大了对仿制药行政审批免责适用的客体范围，体现在：一方面，从人用药品扩大到医疗器械和食品添加剂，另一方面，又从药品专利扩大到制药方法专利①。在 2005 年的"Merck KGaA vs. Integra Lifesciences I, Ltd. 案"中，美国最高法院继续对"Hatch-Waxman 法案"的第 271 条第 5 项第 1 目进行扩张性解释，将仿制药商的侵权豁免范围扩张至与获得 DNA 相关的临床试验，甚至一度延伸至上市的研究②。在 2011 年的"Classen Immunotherapies, Inc. vs. Biogen Idec 案"中，联邦巡回法院禁止仿制药商对专利权人的免疫接种方法进行上市后的实验，否则构成侵权，从而限缩了对"Bolar 例外规则"的解释③。然而，仅一年后，联邦法院在"Momenta Pharmaceuticals, Inc.vs. Amphastar Pharmaceuticals, Inc."案中重新采用对该条款的扩张性解释，实验例外的情形依然可延及 FDA 审批授权的上市后使用④。关于申请目的，美国法院强调非商业性，只要收集信息是为了上市审批，则都属于合理范围，不能被认定为专利侵权行为⑤。

其次，《欧洲共同体专利公约》于 1975 年签订，时间较早，尚未包括"Bolar 例外"的内容，因此，在欧洲，此规定的解释在不同国家呈现多样性，有些国家规定严格，适用范围较窄，如英国、瑞典、比利时；有些国家规定比较宽泛，如德国、法国、意大利⑥。虽然"Bolar 例外"被欧洲议会和理事会增加到修订的相关药品指令中，但在具体适用中仍然存在较大差异，突出体现在仿制药品的类型和申请程序上。近年来，欧盟各国开始对"Bolar 例外规则"进行扩张性解释，主要体现为适用范围的扩大，如英国于 2014 年 10 月的《专利法修改草案》中规定，行政审批的范围扩大为

---

① CLUNIE G.ELL P J. A survey of radiation synovectomy in Europe，1991—1993[J].Eur J Nucl Med，1995，22:970-976.

② LAUREN B. How Broad Can You Go? The supreme court makes room for preclinical research in the drug price competition and patent term restoration act's safe harbor provision[J].Bus. & Tech，2007:647.

③ OPPENHEIMER M，LAVAN H，MARTIN W F. A framework for understanding ethical and efficiency issues in pharmaceutical intellectual property litigation[J].Bus Ethics，2015，132:505-524.

④ KRETZSCHMAR M D. Drug safe harbour provisions in the USA and Europe: implications for the emerging biosimilars industry[J].Journal of Intellectual Property Law & Practice，2014，9（4）:298-311.

⑤ REBECCA S，EISENBERG. The role of the FDA in innovation policy[J].Mich Telecomm. & Tech.L.Rev，2007:345.

⑥ COHEN L，PEIRSON L. The UK research and "Bolar" exemptions: broadening the scope for innovation?[J].Journal of Intellectual Property Law & Practice，2013，8（11）:837-845.

在"任何国家"进行的行政审批,只要是为了满足行政审批的需要,在临床试验中使用、制造专利药品均不视为专利侵权;与此同时,也将行政审批范围扩大至"非欧盟国"①。

日本专利法将"Bolar 例外"制度解释为实验例外②。

加拿大专利法为仿制药的发展提供了更有力的保障,不仅承认"Bolar 例外"规则,还确立了仿制药商"储存例外"(stockpiling exception)的专利豁免,即在药品专利到期前 6 个月内,仿制药商就可以大量生产专利药品,在药品专利保护期届满后即可上市销售。这一规定对仿制药生产十分有利,但在实际实施中遭到了欧盟的抵制,并且在加拿大与欧盟的争端中,WTO 专家组裁决"储存例外"规则不符合《TRIPS 协议》第 30 条的规定。

"Bolar 例外"规则之所以被世界各国所接纳,不仅因为其事关公共健康,也因为其关系到仿制药的发展。但在实际实施中,各国制定的配套措施非常重要。最近,发达国家对"Bolar 例外"采取了扩大解释的态度,加大了对药品专利的限制,我国也倾向于扩大解释,给仿制药发展更宽松的环境,可对提高我国药品的可及性产生积极影响。

(四)我国"Bolar 例外"的副作用及存在的主要问题

一项法律规定的实施会遇到各种各样的困难和问题,试制例外条款同样如此,需要在实践中不断完善。

首先,"Bolar 例外"条款虽然有利于仿制药商提前报批、及时仿制,但是对药品专利权人的打击也是致命的。如果在实施该例外条款之前已经建立了专利药品保护期延长制度,那么这一条款的实施无疑是正当的;但是,如果药品专利保护期延长制度尚未建立,则实施该条款等于专利保护到期就直接阻止专利权人维持垄断地位,此时或许药品专利权人的研发投入尚未收回,这将直接削弱药品研发的积极性,减少创新药品,长远的消极影响在所难免。

其次,我国试制例外条款所涉及的行为主要有 3 种,即对药品专利的制造行为、使用行为和进口行为。从国际上考察,美国和欧盟部分国家都进行了扩大解释,不局限于此 3 种行为。那么,我国从长远来说,不能仅考虑现在出现的纠纷是否涉及这 3 种行为,如果出现这 3 种行为之外的侵权,就会出现无法可依的情况。建议我国应提前与国际接轨,包括向国外

① OSTROWSKA J, MINDE D. Latesttrends in Bolar exemption rules in Furope[M]. Managing Intell, 2014:44.

② Johnson, Jennifer A.Experimental Use Exception in Japan: A Model for U.S. Patent Law [M]. Pac. Rim L. & Pol 'y J, 2003: 499.

提交的行政审批也应该适用该条款。

再次，我国关于试制例外条款的规定还是比较笼统，仅有原则性规定，缺少具有可操作性的解释。为了推动这一条款的实施，我国国家专利局、药品监督管理局、具体专利审查机关、司法机关等，都应该就该条款的具体实施制定相关细则和指南，为我国仿制药发展保驾护航。

最后，虽然试制例外条款具有提高药品可及性、降低药品价格的作用，但是仿制药商能否在该条款实施后，从保护公共利益出发主动降低药价，实现该条款的功能呢？毕竟药品价格的制定属于企业行为，如果仿制药商没有采取降价策略，则药品的可获得性仍然受到威胁，那么，这一条款实施的初衷势必难以实现 [①]。

（五）制度重建——正当仿制行为与专利侵权界限的重新划分

由于"Bolar 例外"规则属于专利侵权例外，属于专利侵权行为的法定豁免，因此，实施中存在的关键问题是如何实现仿制药商和药品专利权人之间的利益平衡。这就要求我们既要重新审视仿制药行为和专利侵权的法律界限，又要从合法仿制的抗辩出发，探讨合法仿制行为的具体范围。

1. 主观过错的认定——"行政审批目的"与"生产经营目的"的界分

对于药品仿制行为的真正目的是不是"行政审批"、是否含有"生产经营目的"的成分，要做出准确的判断具有一定的复杂性和难度，但这又是确定是否构成侵权的要件。因此，为了厘清仿制药商的主观意图，需要从以下 3 个方面进行分析。

（1）适用"直接目的"标准。关于"仿制行为"与"行政审批"的关系已经非常明确，为了仿制必须进行行政审批，提交审批申请又必须进行仿制，这两个仿制区别很大，前者是仿制药发展，后者是为了满足审批需要通过仿制提供信息资料。在此，享有侵权豁免的是为了审批需要而进行的仿制，虽然这一仿制最终也是为了专利到期后的大规模仿制，但直接目的是审批。对于这一问题的解决，有学者建议为了审批仿制应该限制仿制数量，以体现仿制的真正目的。本研究认为，这样的规定毫无意义，理由：首先，仿制是有成本的，大量仿制不能上市，药品库存时间就会延长，对仿制药企而言是不可取的；其次，药品存在有效期，在不确定上市时间的前提下大量仿制，一旦审批时间过长，则药品易失效，对仿制药企而言得不偿失；最后，药品生产只要条件具备，在短时间内完成大规模生产是完全可能的，没有必

---

① 陈家宏，杨思佳 . 我国"Bolar 例外"条款困境与出路分析［J］. 中国发明与专利，2018（10）：62-69.

要在提交审批时就开始大规模生产。因此，不能以提交行政审批的最终目的是"生产经营目的"而否认"行政审批"目的的客观存在。

（2）确立仿制行为人的合理注意义务。虽然《专利法》第75条第5项对"行政审批"目的的侵权例外情形作出了规定，但也仅仅是原则性规定，明确仿制行为人的合理注意义务十分必要。首先，规定合理的注意义务，意在通过行业道德标准规范仿制药企的行为，提前防止可能出现的专利侵权行为。其次，仿制药企需要处理好尊重药品专利和合理利用药品专利的关系，合理使用药品专利既要受到使用目的的制约，又要受到使用的客体范围、行为范围的约束，只有在合理使用的范围内才能保证侵权抗辩的成功，否则，依然存在构成专利侵权的可能。因此，依法仿制必须建立在对药品专利充分尊重的基础上，保持专利权限制的合理性。最后，虽然有权利就会存在对权利的限制，但是毕竟保护是主导，限制是有条件的，因此，仿制药企以行政审批为目的所实施的仿制行为，必须符合提前仿制要求的条件，承担尊重他人专利权的谨慎、勤勉之义务。

2. 实际仿制行为是否侵权的认定

对于实际仿制行为是否构成侵权，除了依据《专利法》第75条第5项规定外，还需要从申请注册时间、仿制数量、是否存在预售行为、是否存在第三方代为研发行为等方面进行具体分析。

（1）申请注册的"合理时间"。我国药品管理法规定了2年的时间限制，即允许仿制药企在药品专利到期前2年内申请上市许可，本研究认为这一规定应该取消，理由：①我国仿制药品种繁多，药品专利到期日、申请限制日、申请上市销售日等各自不同，因此，复杂的审批程序和冗长的审批时间不仅浪费行政审批资源，也会降低审批效率；②限制申请注册时间，相对应的就必须确定审批所需的时间，否则对仿制药企是不公平的，但确定审批时间又存在很大难度，因为不同药品需要审查的内容各异，对部分较为复杂的药品难以规定审查时间，可见，规定申请注册时间限制是不科学的；③申请注册时间原本就应该由申请人决定，不应该通过行政干预作出硬性规定；④如何防止仿制药企出现专利侵权的行为，关键是不得进行市场销售，只要能保证非专利药品不得进入市场，就不会出现仿制药侵权问题。

（2）生产数量的限度。以行政审批为目的的仿制是否应该存在量的限制？可规定超出一定数量就脱离行政审批例外的豁免范围。有学者提出，仿制药企应当按照行政审批要求的申请条件和申报程序，依据行政审批所需要的样品数量实施仿制行为，体现对专利权的充分尊重。可见，确定行政审批所需的合理数量成为仿制药企必须清楚明白的关键。对于如何界定仿制数量的"合理"范围，有学者提出建议，确定仿制数量的依据是"生产比例"和"市场价格比例"，不能超出行政审批的需要量；也可以通过仿制药价款总额的限制来确定仿制样品的价款总额。本研究认为，既然我们控制住了非法专利产品的市场销售，那么，仿制药企在专利到期日前的生产量多少并不会构成侵权，上文已经对此进行了论证。

（3）广告宣传或产品预售行为。我国《专利法》第十一条规定，专利权的内容不仅包括制造权、使用权、销售权和进口权，还包括"许诺销售权"。许诺销售是指未来可以销售某种商品，表示的方式不仅包括接受预订款、广告宣传，还包括展销会上的样品展出等。可见，许诺销售权不容侵犯，仿制药商未经专利权人许可不得实施许诺销售行为。对于虚假宣传，《中华人民共和国广告法》也作出了规定，第三条："广告应当真实、合法，以健康的表现形式表达广告内容，符合社会主义精神文明建设和弘扬中华优秀传统文化的要求。"第四条："广告不得含有虚假或者引人误解的内容，不得欺骗、误导消费者。广告主应当对广告内容的真实性负责。"因此，仿制药商如果在药品专利有效期内实施预售或宣传行为，或违背广告法规定，或侵犯专利权。

（4）仿制药试验第三方的提供行为。为仿制药商提供试验帮助的第三方行为是产学合作的重要体现，只要仿制药企的仿制行为是为了满足行政审批需要，则第三方的试验行为就不应当视作"生产经营目的"的侵权行为。理由：①法律不应该强调具有生产能力的企业也必然具有研发能力，为了精准仿制而实行产学研合作既合理又十分必要；②法律强调行政审批的目的性，并没有规定仿制药企的实验数据的来源，只要行政审批目的明确，取得的仿制药没有投入市场销售，则不应当认定侵权行为成立。

3. 仿制被诉讼的举证责任

在专利侵权诉讼中，一个关键的问题就是落实举证责任。《中华人民共和国民事诉讼法》对举证责任的要求是"谁主张谁举证"，但以行政审批为目的的药品仿制过程中所出现的专利侵权纠纷存在特殊要求，其特殊性在于我国药品注册制度的相关规定，即要求申请人在申请时提交"不侵权声明"及证据。这一点是否改变了举证责任呢？具体分析如下所示。

（1）《中华人民共和国药品注册管理办法》中申请人需承诺"不侵权声明"的规定是否要求被告承担举证责任？法院是否可以据此进行举证责任分配呢？其实，在司法实践中，药品专利权人认为仿制药企的行为构成侵权，在发起诉讼时就应当针对侵权行为的违法事实、过错责任、损害事实和因果关系承担证明责任，仿制药企在注册时提交的"不侵权声明"主要用于否定原告的证据，并非说明举证责任应该由被告承担。值得强调的是，2007 年版的《药品注册管理办法》第十八条："申请人应当对其申请注册的药物或者使用的处方、工艺、用途等，提供申请人或者他人在中国的专利及其权属状态的说明；他人在中国存在专利的，申请人应当提交对他人的专利不构成侵权的声明。对申请人提交的说明或者声明，药品监督管理部门应当在行政机关网站予以公示。药品注册过程中发生专利权纠纷的，按照有关专利的法律法规解决。"然而，2020 年颁布的修订版删除了该药品专利的规定，因此，药品专利相关规定目前的主要依据是《专利法》。

（2）《专利法》第 75 条关于专利侵权例外的规定可否作为举证责任倒置的法律依据？如前所述，"Bolar 例外"规则作为以行政审批为目的的仿制的一种侵权抗辩制度，体现的是一种依托侵权诉讼行为的抗辩行为，按照时间顺序，先有请求权行使，后有抗辩权产生，不存在举证责任倒置问题。我国现行《专利法》对专利侵权相关纠纷的处理，明确规定存在举证责任倒置的是方法专利侵权。

（3）针对涉嫌"Bolar 例外"规则内容的专利侵权案件，法官在酌定分配当事人的举证责任时，是否将"不侵权声明"的规定作为分配举证责任的主要考量因素？司法实践表明，专利侵权案件在证据收集、证据判断、时间要求等方面的要求很高，而且，专利本身技术性较强，因此，在依据我国的《民事诉讼法》进行举证责任安排的同时，很多情况下也采取倒置举证、共同举证等方式[1]。法律赋予法官对举证责任的自由裁量权，原因在于实现案件审理的公平正义目标，一方面，仿制药商有权对侵权诉讼提出抗辩，提供不侵权的证据；另一方面，药品专利权人也可以对仿制药申请人所提交的申请材料及"不侵权声明"的真实性和有效性提出异议。总之，应通过据实分配举证责任，实现原被告在举证责任上的平衡。

综上所述，在仿制药的专利侵权诉讼案件中，举证责任原则上遵循"谁主张谁举证"，但在司法实践中，也存在举证责任的转移和倒置方式，同时，法官也具有自由裁量的酌定分配权。

三、药品专利链接制度

专利链接制度是指药品上市注册审批过程与专利权侵权与否判断之间的衔接，也指药品上市审批机关与专利审查机关之间的工作链接，与仿制药的发展密切相关。

---

① 赵春兰 . 知识产权侵权诉讼疑难问题研究［M］. 北京：法律出版社，2013：36.

（一）我国药品专利链接制度的初步尝试

1. 考察案例，提出问题

以前文案例为对象，万生药业等仿制药公司在三共株式会社的专利到期之前，已经向药品管理机关申请上市注册，而且万生药业的申请已经进入实质审批阶段，距离拿到批文仅一步之遥。在此关键时刻，万生药业被告存在专利侵权行为，即将拿到上市批文一事可能被搁浅。那么，药品管理机关是正常审批还是暂停审批等待结果呢？这一问题就是本案面临的一项专利链接问题。在美国，如果在审批过程中遇到了专利侵权诉讼，法律规定了 30 个月的遏制期，暂停审查等待法院判决结果。我国在目前的司法实践和行政审批实务中，效仿了美国暂停审批的做法，也实施暂缓审批，但是在法律上没有作出明确的规定，既没有规定需要暂缓审批，更没有规定暂缓审批的时间期限。为了使国家药品管理机关和国家专利机关在行政执法中有法可依，需要完善相关法律，不仅要安排各机关的职责范围，还要规定两个机关如何进行职能衔接，以增强司法和行政执法的协同性[①]。

2. 我国专利链接条款的分析

在仿制药上市审批制度中，主要有 3 个条款需要分析。

（1）不侵犯专利的声明书。我国专利法规定，申请人应当提交对他人的专利不构成侵权的声明，这一条从法条本身讲是一个重要的形式条件，让申请人明白要尊重专利的权威性，不能在仿制时侵犯专利权；但从实际执行情况看，此条款并未发挥多少作用。本研究认为，该条款在作用发挥上尚存在一些问题。

①不侵权声明的作用仅是申请人表明不侵犯相关专利，属于证明性文件[②]。对于申请人提交声明时究竟采用什么检索方法与哪些专利进行了比对，我国并没有具体要求。与美国的橙皮书相比，我国缺少一个完整而一致的对比库，这就使得声明本身的作用微乎其微[③]。

②申明书关于比对的专利范围具有不确定性，容易出现可能构成侵权的专利没有提交，提交的都是不侵权的专利的情形。

③审批程序与专利问题的关系问题。在仿制药审批过程中，如果存在

---

① 张伟君，陈滢.药品专利链接制度改革对仿制药的不利影响及解决［J］.中国专利与商标，2019（01）：12-29.

② 耿文军，丁锦希.影响药品专利链接制度的重要因素和解决路径［J］.知识产权，2018（07）：87-91.

③ 肖建玉，沈爱玲.构建符合我国国情的专利链接制度［J］.现代中药研究与实践，2010（05）：83-85.

专利侵权问题，审批是否暂停？专利诉讼结束是否继续审批？现有法律不仅没有就上述问题作出明确规定，对构成专利侵权是否或如何改变审批程序也没有进行明确。可见，我国药品专利链接制度并没有借鉴美国相关制度最关键的内容。

综上所述，首先，从我国的法条规定看，我国在立法上对不侵权声明的作用认识不够。考察美国的专利不侵权声明规定不难发现，专利不侵权声明的重要作用：一方面，帮助药品监管部门快速识别各种申请的侵权情况；另一方面，申请人运用橙皮书了解到所仿制药品的专利状况，及时规避侵权风险，避免侵权在申请通过后出现。其次，考察我国不侵权声明制度的实施情况，可以发现我国的不侵权声明制度还停留在表面。检索方式的不统一和专利库的不健全，使得申请人即使进行了检索、作出了不侵权声明，效果也未必令人满意。

（2）专利纠纷解决与仿制药注册审批的关系处理。在仿制药申请审批过程中，如果遇到专利纠纷，药品管理机关将通知申请人审批工作暂停，由申请人先行解决专利纠纷。分析现有法律规定，明显存在如下问题：

①相关问题和概念不够明确，如出现专利纠纷是否一定要停止审批，通知审批是否存在时间限制。长时间暂停，即使仿制药商不侵权，暂停也会造成损失。现有法律规定笼统提及了"专利权纠纷"的概念，应当明确是权属纠纷还是侵权纠纷，因为这两种纠纷适用于不同的处理方式[①]。

②国内药品监督部门、专利审查部门和司法部门之间有效链接效果不佳，如涉及试制例外条款的专利纠纷，由于司法救济途径单一，因此仿制药的及时生产和销售极易受到耽误。一方面，药品监督管理部门不审查专利问题，发现问题只能暂停审批，通知当事人解决专利问题；另一方面，如果药品专利权人不提起诉讼，仿制药申请人就会失去提起抗辩的机会。如果药品专利权人利用漫长的诉讼期延长仿制药的审批时间，势必推迟仿制药的上市时间，最终侵犯公共利益。

（二）美国加拿大药品专利链接制度的启示

1. 美国

美国国会于1984年正式通过了"Hatch-Waxman法案"，确立了药品专利链接制度，此制度的确立对美国药品行业的发展意义重大，使得美国仿制药市场迎来了发展的契机。该制度在有效降低药品市场价格、普及药

---

① 陶冠东.我国新专利链接制度下的纠纷解决路径及思考［J］.电子知识产权，2018（09）：96-104.

品使用、提高药品可及性的同时，通过合理延长专利保护期限的方式，使得在药品审批环节受到影响的专利保护期得到一定期限的补偿，从而保护了药品专利权人的合法利益。尽管"Hatch-Waxman 法案"被国际社会所推崇，但不可否认的是，该法案本身依然存在很大的漏洞，对仿制药品专利的规定仍有诸多不足。因此，为进一步完善药品专利链接制度，美国国会于 2003 年又通过了两部重要的药品法案，用于协调仿制药商与原研药商之间的利益关系[①]，主要内容如下所示。

（1）简化审批手续。众所周知，新药的研发制造是一项重大工程，必须进行相应的临床试验，以确保药品的有效性。在美国，对于新药的申请，申请者除了需要提供证明药品安全性和有效性的相关信息之外，还需要提供临床试验数据等材料；而对于仿制药的申请，申请者只要证明其与新药在疗效上具有一致性即可，此种简化申请程序称为简化新药申请（ANDA），这一申请程序不仅符合仿制药应当证明疗效的实际情况，还能够节约成本、提高效率。

（2）橙皮书制度。对于新药的申请，申请人需要提交专利信息和专利证书，使药物监管部门掌握其专利信息并将其载入橙皮书内，而仿制药商在实施药品上市申请时必须对橙皮书进行检索。这个制度可主动防止仿制药商出现对专利药品的侵权行为。

（3）不侵权声明制度。不侵权声明制度主要指仿制药商实施药品上市申请时，不仅要进行橙皮书检索，还需要提交不侵犯专利的声明书。该声明书应当包含以下内容：

①在橙皮书中未发现与仿制药相关的专利药品。

②虽然存在仿制药的相关药品专利，但是该专利已经失去法律效力。

③虽然仿制的目标药品专利属于有效专利，但该药品专利并不禁止保护期满的仿制。

④仿制的目标药品专利被宣告无效，或者存在仿制而不构成侵权的情形。

仿制药企虽然在上市申请时提出了第一项和第二项声明，但药品监管部门并不调查仿制目标药品专利的法律状态，一般直接进入审批程序，理由在于即使目标专利处于有效状态，只要仿制药商提出"第三项声明"也可通过审批，即声明仿制药在目标药品专利保护期满再行上市销售。仿制药商的"第四项声明"是挑战药品专利的宣告，一旦挑战成功，仿制药将

① 刘立春，朱雪忠.美国和加拿大药品专利链接体系要素的选择及其对中国的启示[J].中国科技论坛，2014（01）：147-154.

取得很好的发展前景①。

（4）发起挑战的程序。一般来说，当仿制药商发出挑战式申请并提出声明时，按照药品注册申请制度的要求，仿制药商虽然有权提交简化程序适用的要求，但又必须发出"第四项声明"，该声明的核心内容是仿制不构成侵权的说明。仿制药商在提交"第四项声明"的 20 日内，需要将声明内容通知所有相关专利权人。专利权人接到挑战通知后，有起诉和不起诉两种选择。首先，专利权人如果选择提起侵权诉讼，则需要在接到通知之日起 45 日内完成。药品监管机关接到药品专利权人的起诉通知后，即对仿制药商的申请搁置 30 个月，作为解决专利侵权纠纷的时间准备。当然，药品专利权人可以起诉侵权，仿制药商同样有权提起反诉。其次，本次诉讼的结果无非两个：若法院判决结果是仿制药商胜诉，如判决原研药的专利无效，FDA 将继续对仿制药商的申请进行审查，并批准简化新药申请，不仅如此，如果本仿制属于首次仿制，还将赋予仿制药商 180 天的市场独占期，以激励仿制；如果挑战失败，即仿制药商构成专利侵权行为，其结果是终止申请审核。

上述专利链接制度极大地促进了仿制药的发展，与此相应的是药品专利保护制度，主要内容如下所示。

①仿制药商的通知义务，即规定仿制药商在挑战相关药品专利时，必须在规定时间内将"第四项声明"内容通知相关专利权人，以充分保证双方利益的平衡，推动公平竞争②。

②对于原研药企业，基于其申请专利时必须公开研发数据，在国家授权之前，建立了药品试验数据保护制度。

③由于专利药品上市审核周期较长，实质上缩短了专利药品的保护期，因此，在专利法中增加了药品专利保护期限补偿制度。

④药品管理当局和专利管理机关在专利链接制度中分工合作，如药品管理部门对仿制药进行上市审查，在进行涉及专利有效性的审查时，即提交国家专利部门审核，有利于避免仿制药对专利药的侵权；又如，在专利药保护期限补偿制度中，如果药品专利权人意欲提出延长专利保护期，则需要在药品上市被核准后向专利机关提交申请③。

① 张联珍，余翔.中国药品数据保护制度实施中的争议问题分析[J].医学与社会，2015（02）：68-71.

② 孔德力.美国药品专利链接中的利益平衡[J].中国医药技术经济与管理，2008（01）：47-53.

③ 张晓东.医药专利制度比较研究与典型案例[M].北京：知识产权出版社，2012：78-82.

从以上分析可见，美国药品专利制度并非片面保护仿制药，而是对专利药和仿制药实施双重保护，以平衡药品专利权人、仿制药商和药品消费者之间的关系。现阶段，我国仿制药在药品市场中仍然占据绝对比重，可从美国发展仿制药的立法过程中吸取经验教训，从具体制度和个案研究开始，切实保证仿制药优质和快速发展。

2. 加拿大

加拿大早在1993年就颁布了药品专利链接的实施办法，深度借鉴了美国的相关制度。为了药品专利链接制度的顺利实施，加拿大中央卫生部门牵头组织了相应机构，并下设从事具体工作的联系办公室，由此负责药品专利的核准、登记及相关诉讼问题的处理。如果属于非诉讼问题，则该办公室及时和专利部门、药品管理部门等联系解决；如果出现诉讼问题，则该办公室及时和司法部门沟通处理，联系办公室发挥了重要的部门衔接作用。

（1）药品专利的登记和初步审查。此为药品专利链接制度的第一个程序，或称前提性程序。

①建立药品专利目录：内容包括药品名称、规格型号、专利状态等。

②登记要求：既要求登记与药品审批有关的所有信息，确保全面性，又要求填写的内容真实可靠，保证信息的准确性。

③药品在上市申请时如果尚未获得专利权，则应该在获得药品专利权证书后30日内补充登记专利信息。

④登记信息将由管理机关审核无误后录入目录[①]。

（2）仿制药注册申请的审查。在加拿大，仿制药的注册申请需要解决以下问题。

①仿制药与相关药品专利的关系说明：首先，申请人应该在已经登记的药品专利目录中查询目标专利，明确其与仿制药的关系；其次，申请人应主动说明仿制的目标专利情况，阐明仿制理由，减少专利纠纷或专利侵权的发生。

②申请人的通知义务：申请人在上报注册申请的同时通知相关专利权人。

③进入审评环节：申请审批机关受理申请人上报的材料，初审无误后进入审评环节。

④专利权人的态度及影响：专利权人收到申请人通知后，应该在45

① 肖建玉，沈爱玲. 加拿大药品专利链接制度对我国的启示[J]. 中国卫生事业管理，2010（10）：677-679.

日内作出进一步行动的选择。如果专利权人确认申请人构成专利侵权，并向法院提起诉讼，则相关部门会判令将该申请纳入 24 个月的禁令期，在此期间对该申请不能批准。

⑤相关部门的审查重点：批准机关接到注册申请后，首先应对申请药品与登记目录上的专利药品进行比对，既要比较仿制药与专利药的关系是否存在冲突，又要考察登记专利是否发生变化、登记是否发生更改；其次，确定是否采取禁令行为，如果采取禁令，需要在禁令期满后再行审评。

（三）我国药品专利链接制度的完善

为了提高药品的可及性，提高药品的创新能力和仿制药质量，我国在 2018 年已经提出尝试建立药品专利链接制度，关键是如何借鉴"Hatch-Waxman 法案"加以完善。

1. 完善药品专利申请和登记制度

美国的"橙皮书制度"是药品专利链接制度的基础，也是药品专利登记制度的完整体现。目前，我国也借鉴美国橙皮书制度的优势建立了类似于橙皮书的《上市药品目录》，并在网上发布，虽然该目录暂未发挥类似橙皮书的作用，但该目录的公布体现了我国药品专利制度的革新。对于我国药品专利登记制度的内容：首先，为了仿制药的健康发展，要求所有药品专利必须进行申请和登记，加入《药品专利目录》，而且本目录每月更新，确保目录的完整性和权威性；其次，药品专利权人负责申请，药品管理部门负责审核和登记，确保准确无误；最后，《药品专利目录》也是类似于美国橙皮书的"药物专利数据库"，该数据库由药品管理部门统一更新、统一发布，方便仿制药商检索、查询[①]。

2. 完善仿制药注册申请的审批程序

对于药品专利的保护，不断完善创新药品提交药品审批的程序是重中之重。该程序的内容如下所示。

（1）药品专利权人申请"目录"可视为专利声明，该目录的完整性在一定程度上影响了仿制药的注册和审核。因此，要求将药品专利、药品方法专利全部纳入"目录"，其中不包括代谢物专利、中间体专利等一些特殊专利信息[②]。如果药品专利权人拒绝申报专利情况，将视为放弃专利

---

① 宋瑞霖、李彦程. 中国引入专利链接和专利期限补偿制度的研究［J］. 中国药事，2018（09）：1161-1166.
② 王晓琳，李剑. 中国药品专利链接相关制度的专利法问题［J］. 专利代理，2017（04）：3-8.

权；否则，仿制药申请注册时，即使与药品专利冲突，也不视为存在专利侵权。

（2）如果仅在网上对《药品专利目录》予以公示，则无法保证所有专利权人及时知晓，如果公示效果难以实现，势必给专利权人造成不可挽回的损失[①]。所以，要求申请人必须履行通知义务，即在向药品管理部门递交注册申请的同时，在法定时间内将申请事宜通知相关专利权人。

（3）为了保障《药品专利目录》的准确性，既要督促药品专利权人及时申请药品专利情况，又要求专利权人的申报必须坚持真实、全面，不得提供虚假声明，否则将予以惩戒，并将其列入政府失信企业名单。

（4）为了回避仿制侵权，协调药品专利与药品仿制之间的冲突，应该从以下方面作出规定：首先，规定仿制药商的通知义务，确保相关专利权人知晓；其次，仿制药商在注册申请时必须阐述不侵权的理由，说明目标专利的真实状态；再次，赋予药品专利权人在特定时间内进行上诉的权利，同时暂停对注册申请项目的审批；最后，诉讼结论为继续审批或放弃审批，如果确认仿制药商构成专利侵权，仿制药商应该对专利权人的损失进行相应的补偿[②]。

3.引入市场独占期制度

为了鼓励药企仿制的主动性和积极性，我国有必要引入"市场独占期"制度，即由政府赋予第一个仿制的药企享有一定的市场独占期，在独占期内，仿制药商享有市场独占权。关于这一制度，第一层次的意义为激励药企成为首仿者，意味着仿制药企必须提前研究药品专利，主动进行创新投入，提前做好仿制的准备；第二层次的意义即通过仿制药企的奋勇争先，药品的及时获得性可获得提高。

若首仿药企可获得一定期限的市场独占权，则必然收获激励仿制、提高药品可及性的效果，但是其负面效应也不容忽视。在美国已经出现药品专利反向支付协议，即如果首仿药企怠于行使权利，相关专利权人与首仿药企签订"垄断协议"，通过向首仿药企支付一定的费用来维持市场独占期内的垄断价格，继续获取垄断利润。若出现如此局面，为了促进仿制药发展所做的努力将付之东流，更不用说增加供给、降低价格等[③]。

① 张晓东.药品专利链接制度研究［J］.华东理工大学学报（社会科学版），2013（03）：49-51.

② 耿文军，丁锦希.影响药品专利链接制度的重要因素和解决路径［J］.知识产权，2018（07）：87-91.

③ 程永顺，吴莉娟.中国药品专利链接制度建立的探究［M］.科技与法律，2018（03）：1-10.

4. 取消对仿制药企业注册申请的时间限制

在目标药品专利有效期内，是否要设置可仿制时间限制，如规定在专利到期前 2 年内可以提交仿制药注册申请？由于药品上市注册申请需要较长的审批时间，因此，法律应赋予仿制药商提前提出仿制药专利申请的权利，不应对申请时间予以限制。

5. 增强药监部门和知识产权部门的职能链接

药品专利链接制度要求药品管理部门和专利管理机关分工合作，一方面，由药品管理部门就药品注册进行审查，确保药品的安全性、疗效性；另一方面，专利管理机关确认药品专利的状态，防止仿制药企构成专利侵权。两个部门既要分工明确又要精诚合作，其职能链接表现在：

（1）链接的目的是厘清申请药品的可注册性、可仿制性，既要从药品本身的特征判断药品的可注册性，又要提请专利管理部门审查专利的有效性，还必须核准仿制药是否构成对药品专利的侵犯。

（2）药品管理部门属于药品注册的审查部门，接到药品注册申请和针对申请人的声明后：首先，核对注册药品与《药品专利目录》之间的关系；其次，如果仿制的目标专利不在"目录"中，则可以判断仿制药不构成侵权，如果仿制药的目标专利包含在"目录"中，那么，需要由专利管理部门协助核准目标专利的有效性，是有效，或失效，或无效等。

（3）对有可能侵权的仿制药，应该采取解决专利纠纷在先、确定审批处理结果在后的原则，两个部门职能链接、信息共享，保证整个审批程序有序进行。

四、专利药品的平行进口制度

平行进口的合法性一直是国际上有争议的问题，一方面，进口权是专利权的重要组成部分，我国《专利法》规定，未经专利权人许可，任何人不得进口专利产品；另一方面，《专利法》及专利限制理论也指出，只要专利权人或专利合法被许可人生产并完成第一次销售之后，即权利用尽，那么，从国外合法购买并进口至国内应该属于专利权用尽后的行为，不受专利权人节制。对上述规定的解读，不同的国家存在不同的解释。现阶段，我国不仅认可平行进口的合法存在，在成功召开中国共产党第十八次全国代表大会以后，自贸区建设获得快速发展，在给我国进出口贸易带来发展机遇的同时，也对知识产权保护带来了严峻挑战。为了提高药品可及性，处理好药品专利权与公民健康权的关系，协调高价专利药与国内药品购买力有限之间的矛盾，我国特别需要关注药品平行进口的法律地位，尤其是推进专利药品、仿制药的平行进口，有力地推动了"健康中国"战略目标的实现。值得一提的是，为了降低进口药品的国内市场价格，国务院关税税则委员会在 2018 年颁布了《国务院关税税则委员会关于降低药品进口关税的公告》，对包括抗癌类药品在内的重要进口药品实施零关税。在此，本研究将全面分析我国关于药品平行进口的现状，借鉴国际上先进的立法理念和经验，提出我国专利药品平行进口制度的建设思路。

（一）专利药品平行进口及我国相关规定

1. 平行进口的含义及意义

所谓药品平行进口，是指药品进口商从其他国家合法购买专利药品并进口到本国的经销行为。构成要件：①进口商在国外获得的专利药品具有合法性，即该专利药品是药品专利权人或合法被许可人生产并出售的；②进口行为是专利药品在不同法域的流动；③平行进口的药品，既可以是专利药品，也可以是合法仿制药品。

药品平行进口的理论依据在于权利用尽原则。权利用尽原则是专利权限制的重要规定，其含义在于：首先，药品专利权人合法生产并销售药品，已经在销售收入中获得专利创新的收益，不应该再在药品再销售中追求垄断利润；其次，如果放弃"权利用尽原则"，专利药品的批发、零售等环节也不是药品专利权人能够控制的。

专利药品平行进口的国际法依据比较充分，多个国际条约都规定了平行进口行为：第一，《TRIPS 协议》确认专利药品的平行进口行为，在第 6 条中明确提出"每个成员都可以将权利耗尽原则纳入其国家法律"，在第 8 条的第一款中又指出，"平行进口应是成员为保护公共健康可采取的措施之一"；第二，《多哈宣言》第 5 条为专利药品平行进口提供了更具体的依据，即"每个成员有权自主决定自己的知识产权权利用尽原则，只要不违背《TRIPS 协议》所规定的最惠国待遇原则和国民待遇原则"。

通过研究专利药品的平行进口，可见其具有深远意义。

（1）专利药品平行进口行为可以不经专利权人许可，为发展中国家实施药品进口提供了方便。

（2）药品专利权人或经其许可生产的合法专利药品，在国际市场的价格并非一致和平衡的。平行进口制度的实施，有利于平衡药品在不同国家的差别定价，降低药品价格。

（3）有专利药品，就可能有仿制药品。仿制药的平行进口，有利于缺乏制药能力的国家获得廉价的药品，提高了药品的可及性。

（4）专利药品平行进口制度也存在负面效应，即平行进口规定存在局限性。有学者认为，平行进口行为有可能使假冒、劣质的药品进入市场，增大了消费者在健康、安全方面的风险。平行进口制度还可能存在另一种负面效应，即平行进口限制了专利药品在不同国家的差别定价，那么，药品专利权人有可能制定全球统一的较高标准价格。

2.我国有关平行进口的规定

首先，《专利法》第11条规定了专利权的内容："发明和实用新型专利权被授予后，除本法另有规定的以外，任何单位或者个人未经专利权人许可，都不得实施其专利，即不得为生产经营目的制造、使用、许诺销售、销售、进口其专利产品，或者使用其专利方法以及使用、许诺销售、销售、进口依照该专利方法直接获得的产品。外观设计专利权被授予后，任何单位或者个人未经专利权人许可，都不得实施其专利，即不得为生产经营目的制造、许诺销售、销售、进口其外观设计专利产品。"可见，产品专利权人享有制造权、使用权、许诺销售权、销售权和进口权。对于如何理解"进口权"，本研究认为，进口权的本质是不得进口不合法的产品，否则即构成对进口权的侵犯。

其次，《专利法》第75条第1项规定了不视为侵犯专利权的第一种情形："专利产品或者依照专利方法直接获得的产品，由专利权人或者经其许可的单位、个人售出后，使用、许诺销售、销售、进口该产品的。"上述规定确立了我国专利产品平行进口的合法地位。

（二）欧盟专利药品平行进口法律规定及启示

必须肯定地说，美国对平行进口采取了严格规定。但与美国不同的是，欧洲的权利穷竭原则具有两面性：一方面，在欧盟内部采用了权利穷竭原则，允许平行进口；另一方面，对欧盟之外的国家却同样采用较为严格的限制。相较于美国立法制定了较为严格的平行进口规定，欧盟则采取了区域穷竭原则。这种欧盟内部立法方式和司法相对宽松对我国更有借鉴意义。

1.欧盟平行进口法规

欧盟制定了药品平行进口制度，主要内容如下所示。

（1）平行进口的药品必须遵守统一的标准，主要包括药品安全性、功效质量、治疗效果等。

（2）参与药品平行进口的经销商必须经过许可，其资格由欧盟统一认定。

（3）欧盟的规定赋予药品制造商两项权利，一个是有权终止经销商的资格，另一个是有权禁止原研药品进入平行进口的市场贸易 [①]。

（4）参与药品平行进口的经销商不仅要遵守欧盟的统一规定，还要遵守欧盟内涉及进出口成员的规定。

（5）为了促进平行进口，欧盟简化了药品的平行进口程序：一方面，药品平行进口必须经过进口国的上市许可；另一方面，平行进口的药品只要通过了欧洲药物管理局（European Medicines Agency，EMA）的统一审评、审批，即可在欧盟范围内销售。

2. 药品平行进口政策对欧盟的影响

对于平行进口政策的影响，本研究主要从 4 个方面进行分析。

（1）平行进口政策的实施起到了医保制度的补充作用。欧盟大多数国家经济发达，相应的，医疗保障制度也比较完备，公众在医疗方面使用的绝大部分处方药，其费用是由国家负担的。因此，从民众角度考察，他们关注的不是药品平行进口政策如何实施，他们更加关心的是平行进口药品的质量。可见，药品平行进口制度对欧盟各国公民而言影响相对较小。

（2）欧盟各成员为了患者利益，对平行进口药品的质量管理非常严格，同时，由于药品平行进口有利于降低药品价格，因此，为了减轻国家的医保负担，各成员政府和保险公司也支持药品平行进口制度，药品消费者也不排斥药品平行进口制度。

（3）为了应对药品平行进口，欧盟的制药商选择通过商标保护、药品专利保护和其他可以利用的知识产权保护措施来限制平行进口行为。

（4）从药品平行进口制度的实施情况看，实际上存在药品平行进口的制度实施与反实施的博弈，表现为政府支持和制药商反制的关系。虽然制药商为了垄断利润，极力维护专利药品的进口权，甚至不惜向欧盟法院提起诉讼，但是，欧盟法院对制药公司提起的有关诉讼不仅不支持，还通过两个方面的措施进行应对，一方面，认为制药商限制平行进口可能构成"反竞争"，应该受到反竞争法制裁；另一方面，依据《欧洲联盟运行条约》（Treaty on the Functioning of the European Union，TFEU）第 101 条"一般禁止卡特尔"，认为制药商的行为可能构成"滥用市场支配地位"。为此，欧盟制药商只能加大新药创新的力度，以此降低药品生产成本，保持自身在药品市场中的优势。

---

① 姚黎，余翔.世界主要国家药品平行进口政策的研究［J］.对外经济贸易大学学报，2005（01）：25-28.

3. 仿制药平行进口到专利药品保护国可能引发侵权争议

在一些享有药品专利权的国家，平行进口仿制药可能会引发法律问题：作为侵犯专利权的非法商品，如果进口、销售或转运，都将构成对相关权利的侵犯，进口侵权专利产品构成进口权侵犯；进口侵权专利产品在国内销售构成销售权侵犯；进口专利产品被转运也面临被查扣的风险。此担心并非无稽之谈，如 2009 年，印度有一批仿制药被平行出口至拉美和非洲国家，但是这批药转运至荷兰和德国时被海关扣押，理由是"侵犯该国药品专利权"。可见，合法转运的仿制药途经受专利权保护的第三国可能会侵犯专利权，影响平行进口的正常进行。

4. 欧盟药品平行进口的启示

在欧盟范围内，统一实施药品平行进口制度。欧盟委员会一方面建立了完善的平行进口药品的许可制度，规定了平行进口商的资质条件；另一方面制定了平行进口药品的质量监督制度，切实保证平行进口药品的质量和安全性。为此，我国在设置专利药品平行进口制度时，尤其是从欧盟成员平行进口专利药品时，需要考虑药品质量和进口资质，避免发生法律冲突。

（三）专利药品平行进口制度的价值取向

一般情况下，法律以保护特定利益为目的，由此推彼，专利药品平行进口的法律同样是为了保护特定利益。然而，由于平行进口制度可引发多元冲突，涉及多方利益，如专利权与健康权的冲突、发达国家与发展中国家的矛盾等，因此，处理这些矛盾成为本制度的价值取向。目前，对设计专利药品平行进口制度并没有形成一致的观点，既有很多反对之声，又有不少的支持观点。

1. 反对意见

在国际贸易中，平行进口规定的反对者主要是以美国为代表的发达国家。这些发达国家是知识产权强国的代表，拥有国际上绝大多数高端技术成果，实施禁止专利产品的平行进口措施有利于垄断专利产品市场。具体到专利药品的平行进口，同样被发达国家所严格禁止。在此以美国为例，美国一向对专利药品的平行进口采取不支持态度，之所以如此，是因为：

首先，美国的药品创新一直受到政府和企业重视，虽然在新药研发和制造过程中必然涉及国家利益和企业利益的冲突，政府也一定会以保护国家整体利益为本，但是，由于美国药品制造商生产的专利药品不仅满足国内药品供应，还有很大一部分出口到世界各国，因此，为了激励药品创新和保护出口药企的利益，美国提出禁止专利药品的平行进口，支持跨国药企保持药品市场的独占权。据统计，美国灰色市场对产业造成的冲击，每年可造成 600 亿～ 800 亿美元的损失。

其次，一方面，消费者信任的药品制造商是能够确保药品质量、遵守安全生产的药品生产企业；另一方面，在美国，有一些权威的医疗专家对药品平行进口制度存在质疑，他们认为平行进口行为容易出现伪劣药品问题[①]。

尽管大多数发达国家对专利产品平行进口持反对态度，但在贸易实践中，又不是绝对反对平行进口制度，最终态度取决于平行进口和本国利益的相关性。一旦一个国家的平行进口贸易利大于弊，其政策就会随之改变。例如，美国国会曾在 2000 年颁布了一项旨在推进受专利保护的处方药的平行进口法案，以此作为降低药品价格的手段。

2. 支持态度

发展中国家普遍支持平行进口制度，尤其是专利药品的平行进口，支持的理由：

首先，专利药品平行进口体现的是公平合理，因为进口的药品属于合法生产、合法销售的药品，虽然呈现的是进口行为，实际上也属于销售行为，不应该视为对药品专利权人利益的侵犯。

其次，基于发展中国家药品行业发展的实际情况，如制药技术落后、制药水平相对落后、药品可获得性不高，尤其是部分专利药品在发展中国家的价格远远高于发达国家，因此，专利药品平行进口制度的实施有利于发展中国家从出口国进口满足需要、价格合理的专利药品，以打破专利药品在国内的垄断地位，降低药品价格。一方面，实施药品平行进口制度可增大缺乏药品制造能力的国家的药品可及性；另一方面，即使是经济较发达的国家，实施药品平行进口制度也有利于减少政府的医保支出。例如，南非属于经济不发达国家，其制药能力较低，医保制度不够完备，很难满足该国国民的日常用药需求，因此，平行进口药品可以显著缓解南非在医药方面的困境[②]。

最后，实施专利药品平行进口制度，通过进口专利药品，增加了药品的市场供给，打破了专利药品的市场垄断，不仅有利于平抑药品价格，还

---

① 严桂珍.平行进口法律规制研究［M］.北京：北京大学出版社，2009：211.

② Mattew Leis.Death by Treat：South Africa's Medicines and Related Substance Amendment Act of 1997 and the Agreement on Trade Related Aspects of Intellectual Property Rights［J］.3 J. Int'l Bus. & L, 2005：241-243.

能提升公众健康权的保障水平。

（四）我国专利药品平行进口的立法现状及缺陷

1. 我国专利药品平行进口的立法现状

我国支持专利药品的平行进口制度始于 2000 年，是基于《TRIPS 协议》的规定做出的制度安排。在当时的《专利法》中，涉及平行进口的规定主要是第 11 条和第 63 条，其中第 11 条是关于进口权的规定，第 63 条是关于平行进口制度的规定。对于专利药品平行进口制度和专利药品"进口权"之间的冲突，我国学术界一直存在争议：一种观点认为，专利法第 11 条和第 63 条存在对立的嫌疑，进口权是专利权人的一种重要权利，国际国内都做出了保护进口权的规定，《专利法》第 11 条是禁止专利产品平行进口的法律根据[①]；另一种观点认为，《专利法》关于进口权的规定与禁止平行进口之间没有必然的联系，我国之所以规定保护进口权，主要目的在于与《TRIPS 协议》接轨。但是，根据《TRIPS 协议》的规定，保护进口权是为了防止将非法专利产品纳入进口商品，是对专利侵权的有效抵制；而平行进口的药品必须是合法的专利药品，如果进口的药品属于非法专利药品，就属于侵犯专利药品进口权。可见，《专利法》意义上的进口权设立并非否定平行进口制度。因此，笔者同意上述第二种看法。我国在 2008 年修改的《专利法》中明确了平行进口制度，其制度的依据是国际上的权利穷竭原则。

2005 年，我国颁布了《涉及公共健康问题的专利实施强制许可办法》，明确规定允许部分原研药品的平行进口。2018 年，国务院对《中华人民共和国知识产权海关保护条例》（以下简称《条例》）进行了修订，目的是对国际贸易进行规制。《条例》第 4 条规定，知识产权所有人可以根据需要向海关提交知识产权备案，以便采取保护措施。

2. 我国现行专利药品平行进口法律规制存在的问题

我国《专利法》为专利药品平行进口提供了依据，但是，现有规定从形式到内容都存在缺陷，具体表现为以下 3 点。

（1）立法层次不高。我国《专利法》虽然在宏观上作出了支持专利产品平行进口的规定，但是，就药品专利缺少具有针对性的制度安排。为了弥补专利药品平行进口专门制度的不足，我国从保障公众健康权和公共利益出发，明确规定了药品专利的强制许可制度。考察我国颁布的《涉及公共健康问题的专利实施强制许可办法》，其中规定了只有在发生公共卫生

---

① 郑成思.合同法与知识产权法的相互作用（下）[J].电子知识产权，1999（10）：6-11.

危机时，药品平行进口才具有正当性，并没有对平行进口商的登记备案制度、有效期、应承担的义务等作出具体规定，限制了平行进口制度的效力。不仅如此，相对于法律来说，该办法作为部门规章也不具有普遍约束力。

（2）立法内容不全面。2020 年修正的《专利法》第 75 条第 1 项是专利平行进口制度的正当性依据。但是，该条款除了明确平行进口制度适用国际穷竭原则外，并无其他详细规定，如平行进口专利药品的专利权人问题，即是否将国内的专利权人以及国外的专利权人全部纳入药品专利权人的范围。首先，如果进口的药品在我国属于专利药品，依据《专利法》关于进口权的规定，专利权人在我国享有进口权。但是，国内药品经销商如果发现国外相同药品价格低于国内价格，势必会决定进口该国的药品在本国销售。如果进口的药品在国外属于合法药品，或合法专利药品，或合法仿制药，那么，进口属于合法的平行进口方式；如果进口的药品属于非法药品，那么，进口行为将侵犯专利权人的进口权。其次，如果进口的药品并非在国内受保护的专利药品，那么，进口的药品无论在国外是否合法，都不构成对药品专利权的侵犯。因此，该条款的修改事关国内药品专利权人的利益和国内药品的创新能力，而现有的《专利法》应补充说明"专利持有人"的范围仅包括与国内医药专利持有人及与国内医药专利持有人有共同管理关系的人。

（3）专利药品平行进口规范不严谨。我国《专利法》对专利药品平行进口没有作出具体规定，而《涉及公共健康问题的专利实施强制许可办法》虽然提及了专利药品平行进口，但是设置了前置条件，对平行进口进行了不尽合理的限制，即规定了适用平行进口的情形，如"传染病""为了解决公共健康""我国不具有生产能力或生产能力不足"，将平行进口的适用限制在两个方面：一方面，只有用于治疗传染病的药物可以平行进口，导致可适用的药品种类较少；另一方面，药物平行进口的目的是"公众健康"，其规定太过抽象，没有界定的标准。众所周知，一些专利药品在发展中国家的售价高昂，因此，在确定允许平行进口后，为了保障公共利益和公共健康，必须对平行进口药品的价格加以限制，将平行进口药品的售价控制在国民可承受的范围内。

（五）建立我国专利药品平行进口制度

如何完善我国专利药品平行进口制度？本研究认为，在我国现有法律框架下，应该重点参考欧盟的立法经验，从以下 4 个方面出发进行规范。

1. 一线放开在港澳注册的专利药品的"平行进口"

首先，我国《专利法》第 75 条第 1 项已经明确了平行进口制度，不仅肯定了我国适用权利穷竭原则，还规定了适用主体广泛，包括国内、国外在我国申请专利的所有发明人。其次，虽然我国肯定了专利药品平行进口制度，但是，进口的专利药品仍然需要经过国家药品管理机关的审评，审评过程的复杂性、审评时间的长久性等不利于提高药品的及时可获得性，势必会影响公众健康权的保障和实现。最后，基于上述前提和问题，应该考虑一线放开在我国港澳地区注册的专利药品的"平行进口"。其可行性体现在：

（1）香港和澳门是国际认可和世贸组织定义的自由港，外国专利药品可以免税进入香港和澳门，即港澳地区的专利药品价格相对较低，适合进口商选择。

（2）考察现有情况，我国港澳地区对进口药品的检验非常严格，质量和疗效符合标准方可上市销售，可以相信港澳地区上市药品的检验结果，提高国内药品消费者的及时获得性，使患者得到及时治疗。

（3）港澳地区的卫生专管部门为了方便消费者使用和参考相关信息，要求已经获得注册的专利药品在包装上使用繁体文字，并明确标明药品号，并不影响内地的正常使用。

因此，笔者认为，在自贸区可以通过抽检方式全面开放来自香港和澳门的专利药品。

2. 严格颁发平行进口商资格

由于药品质量事关公众健康权，因此把好进口药品的质量关显得十分重要。如何把好进口药品的质量关？关键是药品质量标准和进口商的资格限制。首先，我国应该借鉴欧盟关于药品平行进口的规定，《中华人民共和国药品进口管理办法》（2012 年修订）明确了进口药品的质量标准。其次，制定药品进口商资格标准，如进口业务经历、经营情况、自身实力、对药品的检测水平等，以规范药品进口商的行为。最后，参照国务院批复的上海自贸区管理办法，将药品平行进口纳入自贸区重要业务领域。在自由贸易区，为保证药品的安全性和有效性，有关部门要审查进口药品的有效成分、用法用量、不良反应等。

3. 平行进口的专利药品无须重新包装

对于平行进口的专利药品，依据国家市场监督管理总局的规定，为了方便患者了解药品、购买药品和使用药品，需要对进口药品进行重新包装。但是，如果认可从港澳自由贸易区平行进口专利药品，则建议无须重新包装，理由在于：首先，香港和澳门平行进口的药品已经进行了重新包装，而且已经在包装纸上使用中文进行说明；其次，对于在香港和澳门上市并引入内地的药品，维持原有药品包装有利于减少社会资源的浪费，避免专利药品的重新包装。

4. 我国自贸区内建立药品安全与保障机制

为了保障公众健康权，除了从国外平行进口专利药品外，还应该特别关注从港澳引入已经上市的专利药品，最方便的途径是通过我国自贸区进口。在将港澳专利药品引入内地的过程中，一方面，应确立流通药品的安全和质量通报机制，由各地市场监督局对辖区内流通的平行专利药品进行抽查监督；另一方面，为了防止问题药品扩散，海关应该严格审核进口商资格，严格处理或惩戒参与专利药品平行进口的非法企业。

第二节　普通仿制药发展的消极性专利制度

分析影响仿制药发展的因素可见，有两个制度对仿制药发展产生消极影响，一个是药品专利保护期限补偿制度，另一个则是药品试验数据保护制度。

一、**药品专利保护期限补偿制度**

2020 年《专利法》第 42 条新增了"药品专利保护期补偿"的内容："发明专利权的期限为二十年，实用新型专利权的期限为十年，外观设计专利权的期限为十五年，均自申请日起计算。自发明专利申请日起满四年，且自实质审查请求之日起满三年后授予发明专利权的，国务院专利行政部门应专利权人的请求，就发明专利在授权过程中的不合理延迟给予专利权期限补偿，但由申请人引起的不合理延迟除外。为补偿新药上市审评审批占用的时间，对在中国获得上市许可的新药相关发明专利，国务院专利行政部门应专利权人的请求给予专利权期限补偿。补偿期限不超过五年，新药批准上市后总有效专利权期限不超过十四年。"引起了学术界和实务界的广泛关注。为了提高这一规则的科学性和可操作性，不仅要厘清规则的实施范围，分析规则的正负效应，还要借鉴域外多年来实施的经验，就该制度在我国实施提出申请条件、补偿时间和申请程序等方面的完善意见。

2017 年 10 月，中共中央办公厅、国务院办公厅发布《关于深化审评审批制度改革鼓励药品医疗器械创新的意见》，其中明确提出，我国积极探索构建适合国情的药品专利链接制度，基于合理性原则尽快建立药品专利保护期补偿制度，尝试设立药品专利的实验数据保护制度。在 2019 年公开征求意见的专利法第四次修订草案中，第 43 条第 2 项就是关于药品专利保护期延长的内容①。然而，延长药品专利保护期限这一规则，不仅会影响药品专利权人、仿制药企业的利益，还与公共健康关系密切，这足以让立法者持以审慎的态度。虽然垄断定价一直是专利产品在市场上的竞争策略，"但是，很少有产品像药品一样具有太多的正外部性"，"更重要的是，越是涉及生与死的事情，焦虑不安的人们就越有可能支付更高的市场价格"②。

（一）药品专利保护期补偿制度及其特征

美国、日本以及欧盟各国建立专利制度较早，医药行业十分发达，也较早对药品专利期限实施了延长保护制度。我国学术界虽然就此问题做过研究，但我国刚刚引进这一制度，对其研究一直停留在对域外法律的介绍上。因此，有必要对药品专利保护期限补偿制度的概念、特征进行阐述，以此揭示制度本质，为推进我国顺利实施奠定基础。

1. 概念

由于专利药品上市审批周期较长，审批周期势必会侵占专利药品法定的保护期限，为了减少药品专利权人的损失，法律规定延长药品专利的保护期限，即药品专利期限补偿制度。综合各国规定，一般延长的时间不超过 5 年。设立药品专利保护期限补偿制度的理由如下。

（1）《TRIPS 协议》第 33 条规定，专利保护期限为 20 年，药品专利无疑也应该享有 20 年的保护期限。

（2）药品专利的保护期限实际上不足 20 年，因为药品属于事关生命健康的特殊商品，上市审批环节多、标准高、时间长，从上市申请到批准上市一般需要 10 年以上的时间。专利药品获得上市批准后，作为专利的有效保护期已经过去了一半甚至更长时间，这无疑不利于激励药品创新的积极性。

（3）药品研发者为了防止技术流失，在研发过程中一般采取商业秘密

---

① 《中华人民共和国专利法第四次修改征求意见稿》第 43 条第 2 项："为补偿创新药品上市审评审批时间，对在中国境内与境外同步申请上市的创新药品发明专利，国务院可以决定延长专利权期限，延长期限不超过五年，创新药上市后总有效专利权期限不超过十四年。"

② AmyC.Madl，Using Value Agnostic Incentivestop romote pharmaceutical innovation［M］.stan. L.REV，2019：1305，1309-1310。

保护措施，进入临床试验阶段才申请专利①。即便如此，专利的实质保护期也被大大缩减。一旦保护期满，专利技术不再受到法律保护，仿制合法化，垄断价格优势丧失殆尽，部分专利药企可能无法收回研发成本。

从上述分析可见，不实施药品专利保护期补偿制度，势必会影响药品研发者的创新投入。因此，为了降低专利药品在临床试验、上市审批等环节的时间成本，美国、日本、欧盟各国已经实施了药品专利保护期限补偿制度。为此，我国 2020 年修正的《专利法》也增加了该制度。

2. 特征

药品专利制度设立的目的是协调药品专利权人、专利使用人、仿制药企以及公共利益的关系，药品专利期限补偿制度是实现此目的的重要途径，既体现了对药品专利权人利益的合理保护，又体现了对仿制药企的限制。

（1）确定专利药品范围。考察国际上的法律法规可见，享有药品专利期限延长保护的并非所有的专利药品。美国保护的范围最广泛，几乎包括了农用药品以外的所有药品，不仅包括人和动物使用的药品、医疗器械，还将上述药品和器械的制造方法也纳入保护范围。欧盟各国、日本等国家，以及我国台湾地区等规定医疗器材不适用于药品专利期限延长制度，而且明确了受保护的专利药品必须是取得首次上市许可的药品。

（2）申请是取得保护的必要条件。要获得药品专利保护期限的延长，须由当事人申请且专利机关审批才能取得，非经申请不能自动取得保护。世界各国都对药品专利延长保护期制度规定了严格的程序，如美国规定，申请药品专利保护期限延长必须在获得上市许可之日起 60 日内提出，由专利商标局审批；日本规定，申请药品专利保护期延长需在获得上市许可批准的 3 个月内提出。获得保护以申请为前提，不申请视为放弃此权利。

（3）延长保护时间的双重规定。设立药品专利保护期限补偿制度的目的在于降低药品在临床试验和上市许可审批中的时间成本，虽然审批时间长短具有不确定性，但是并不是按照专利保护期限足额补偿。已经建立该制度的国家采用了一定补偿的原则，兼顾仿制药企尤其是社会公共利益。关于具体补偿时间的规定，世界各国一般明确提出了补偿的最高上限，具体时间虽有差异，但差距不大，如美国规定绝对补偿时间不超过 5 年，全部保护时间不超过 14 年。

（4）延长保护期的效力范围受到限制。综合考察各国的规定，就药品

---

① Desrosiers，Ronald L.7'he Drug Patent Term：Long Time Battleground in the Control of Health Care Costs[J].New England Law Review，1989，24（1）：120.

专利保护期补偿都做了效力范围的限制：①体现了许可证的文义性，即仅限于许可证上所载明的特定成分、特定用途或者两者的组合；②为了保障仿制药及时上市，考虑行政审批的时间要求，各国均规定了"Bolar 例外"制度，即在专利药品延长期内，允许仿制药企提前利用专利药品信息进行研发和申请上市许可，此行为不视为专利侵权。

（二）我国引进药品专利保护期限补偿制度的正负效应

药品专利保护期限补偿制度是一把双刃剑，虽然有利于激励创新药品的研发，维护药品专利权人的利益，但是限制了仿制，降低了专利药品的可获得性。由于我国制药业和制药技术相对落后，因此，要引进此项制度，有必要对其正负效应进行分析。

1. 正效应

（1）促进药企创新和研发投入。激励创新和促进应用是专利制度的主要功能。激励创新的核心是通过授予专利权来赋予专利权人一定时间内对专利技术的独占实施权和处分权，保障专利权人及时收回研发成本，获得应有的收益，从而更好地激发研发积极性和投资热情[1]。医药产业研发具有投资大、时间长、风险大的特殊性，其客观上对专利保护具有更大的依赖性。Tayloe 和 Sllberston 对英国产品研发部门所做的一项调查报告中指出，在药品研发中，如果不考虑满足可专利性的条件和获得专利法保护，其研发成本将会降低 65% 以上[2]。Mansfied 等人对美国相关产业进行了专利敏感性调查，结果显示，如果没有专利制度，将有 60% 的创新药品不能被成功研发[3]。加入世贸组织的各成员相继将药品纳入了可专利的保护范围，使药品专利研发的积极性得到了法律保障。但是，一方面，药品具有特殊性，其临床试验与上市审批不但程序和标准严格，而且时间漫长，因此，药品专利权人从上市许可之日起计算，实际上享有的专利保护期与法律规定的保护期差距较大，给研发者收回研发投入带来了一定的困难，也必然削弱研发者的积极性，促使其减少研发投入，进而降低药品质量和治疗效果，这就使得许多国家不得不考虑适当延长药品专利的保护期，给药品专利权人以利益补偿；另一方面，药品具有社会性，其商品属性具有不完全性，如果按照专利法要求给予保护期充分的补偿，则公共利益势必会受到影响，所以，应结合各个国家的实际情况给予适当的补偿。美国早

① 崔国斌.专利法原理与案例[M].2版.北京：北京大学出版社，2012：19.
② 韦红贵.药品专利保护与公共健康[M].北京：知识产权出版社，2013：114.
③ MANSFIED E. Patent and innovation:An Empirical study[J].Management Science，1986，32：175.

在 1984 年就实施了药品专利保护期限的补偿制度，实践证明，该制度的正效应明显。在此制度实施之前，美国关于药品研发的年投入不足 40 亿美元，且多年维持在这一水平；该制度实施后，制药企业研发创新药品的热情空前高涨，1989 年的年投入达 73 亿美元，1996 年达到 196 亿美元，2015 年上升至 750 亿美元。即使扣除物价上涨等因素的影响，药品研发投入的扩大之势，也足以证明该制度对创新所起到的推动作用[①]。

（2）保障专利药品市场形成良性竞争。对于是否对药品实施专利保护，国际上并没有达成一致意见，即使不得不对药品提供专利保护，也仍有个别国家不支持药品可专利化。如果不将药品纳入专利法保护范围，短时间看，不仅有利于仿制药发展，也有利于保护本国民族制药行业的发展，还可以减轻国家财政和广大患者的负担；但从长期看，如果不能对创新药品实施较充分的专利保护，则医药产业容易发生恶性竞争。例如，阿根廷在 20 世纪 90 年代尚未颁布专利制度，国内药品市场长期被仿制药企垄断，加上行政保护主义，外国药品很难进入。但是，市场并没有因为外企被排斥而维持良好的秩序，相反，作为发展中国家，其药品价格水平甚至高于美国。而美国对药品实施专利强保护，专利药品反而更新速度加快，资料显示，普萘洛尔（propranolol）在 1968 年被成功研发，10 年后，与其疗效相似的药品酒石酸美托洛尔（Lopressor）被成功研发；从 1985 年开始，相似疗效药品的成功研发间隔时间缩短到 4 年左右；到 1995 年，部分创新药品的成功研发间隔仅 4 个月左右[②]。创新药品的不断产生和升级换代，不仅打破了药品的市场垄断，平衡了创新药品的市场价格，还促使药品市场竞争良性化。

（3）提高了药品可获得性。从长期看，实施药品专利保护期限补偿制度，可直接激发药企研发的投资热情，间接提升公众获得有效药物的可能性。首先，延长药品专利的保护期，有利于刺激制药企业加大创新投入，研发更多的创新药品供社会公众选择。以美国为例，在 1984 年前的几十年里，一共研发出创新药品 239 种；1984 年实施药品专利保护期限补偿制度后，在十几年时间内研发出创新药品 370 种。创新药品增加促进了市场竞争，药品价格得到了有效控制，据调查，仅在 2001 年，药品价格下降

---

① LEWIS，RALPH A. The emerging effects of the drug price competition and patengt term restoration Act of 1984[J].Journal of Contemporary Health Law and Policy，1992（08）：373.

② BALE，HARVEY E J. Patent Protection and Pharmaceutical Innocation [J].New York University Journal of International Law and Poitics，1997，29（2）:107.

就为社会节约健康支出2500万美元^①。其次，药品专利保护期限补偿制度刺激药品研发进军高投入、高难度领域，如用于治疗艾滋病、癌症等药品的研究。相关调查显示，2001年国际上成功研发的1000余种创新药品中，有400多种属于治疗癌症的药物，有100多种是用于治疗心脏病、精神疾病以及艾滋病的药物，有16种是治疗帕金森病的药品。

（4）为仿制提供了基础条件。从保护仿制药角度看，虽然仿制药和创新药之间存在利益上的冲突，延长创新药的保护期限，必然延缓了仿制药的及时上市，但是，从仿制药发展条件考察，仿制药和创新药之间又存在利益的统一性，即如果没有创新药，仿制药就必然失去了可以仿制的对象，其仿制就成了无源之水、无本之木。可见，保护创新药虽然限制了仿制药的发展，但相应的，创新药的种类越丰富，仿制药的选择就越多，发展的空间也越大。

2. 负效应

（1）延迟仿制药上市使药品价格难以控制。药品市场上主要存在专利药和仿制药两类。为了尽快收回研发成本，原研药企业往往采用取脂定价法，如诺华公司的"格列卫"在中国的销售价格为每盒23500元，相当于印度仿制药每盒200元的117倍；再如400毫克剂量的专利药品普萘洛尔（心得安）每100片平均售价28.43美元，但仿制药的售价每100片仅2.99美元。可见，仿制药的发展和及时上市有利于平衡药价，如巴西通过仿制治疗艾滋病的药物使专利药的市场价格下降了79%^②。实施专利药保护期限补偿制度会使原本专利保护期届满的药品重回保护期，不仅意味着仿制药上市批准的延后和推迟，还会直接导致药品专利权人继续实施垄断高价。过高的专利药品价格虽然给专利药商带来了丰厚利润，也为其后续研发积累了巨额的资金，但是，也导致许多患者付出了巨额的医疗费用，甚至因病致贫或放弃治疗，因而在多国被指责"不人道"。

（2）影响社会公共健康。药品专利保护期延长制度的设计对公共健康影响很大，表现在：①药品的消费者大多为发展中国家和极不发达国家的民众，这些国家又大多缺乏制药能力，需要的专利药品基本依靠进口，延长药品专利保护期必然加重这些国家的负担，提升了药品的不可获得性；

① GONGOLA，JANET A. Prescriptions for change: the hatch waxman act and new legistion to increase the availability of generic drugs to consumers[J]. Indiana Law Review，2003，36（3）:787-817.

② DESROSIERS，RONALD. The drug patent term: longtime battleground in the conteol of health carecosts[J]. New England Law Review，1989，24（1）:122.

②而需要药品的消费者较多为老年病人、慢性病人、癌症患者等弱势群体，缺乏购买药品的支付能力，因此，若高价专利药品长期存在，药品的可获得性降低，则公共健康问题难以解决。例如，在一些非洲国家，治疗艾滋病的鸡尾酒疗法每人每年所需费用为 12000 美元，而大多数人无力承担该费用。

（三）域外药品专利保护期限补偿制度借鉴

实施药品专利保护期限补偿制度的国家大多是发达国家，因此，借鉴这一制度，既要分析域外实施的背景和具体法律规定，又要密切结合我国国情。

1. 延长药品专利保护期限的条件

美国的专利法规定，"产品、使用产品的方法或制造产品的方法之专利"在符合其他条件时可以申请延长其保护期。其他条件：①符合保护期延长条件的药品专利，包括产品专利和方法专利两种形式，方法专利主要指药品的制备方法和使用方法；②申请保护的专利本身必须处于有效期内，保护期限尚未被延长，取得上市许可、首次许可等；③针对第一次许可，申请延长保护期的药品为单一活性成分，则第一次许可是指针对该成分所取得的最早的许可，如果产品包含两个及以上的活性成分，则其中至少有一个为第一次许可上市。

日本的专利法规定，"专利发明的实施"如果需要以取得行政许可为前提，延长其保护期须满足以下条件：①本次许可必须是首次许可；②申请延期保护需要专利权人在专利保护期满前 6 个月内提出申请；③第一次许可针对的是许可证上活性成分与适应证的组合，与剂型无关，许可证上的活性成分与适应证两者任意一个不同，均不因其他许可证的授予而不属于第一次许可，若权利人先后取得两次许可，许可证上活性成分与适应证相同但剂型不同，则第二次许可不满足第一次许可的要件；④申请人仅限于专利权人。

我国台湾地区对申请延长期限的保护范围进行了明确界定，即"医药品、农药品或其制造方法发明专利权"，又规定了"不及于动物用药品"。

欧盟《专利补充保护证书条例》（第 469/2009 号条例，以下简称《条例》）第 1 条对"药品"或"产品"的定义也并未仅限定为化学药。澳大利亚的专利法规定，对于"医药物质"的专利，其专利权人可以依法申请延长专利保护期。药品专利保护期补偿制度应该延及新型生物制品。

2. 延长期限的时间确定

药品专利保护期延长的上限如何确定？美国为 14 年，欧盟为 15 年，日本则未作明确规定。确立延长上限的计算依据是什么呢?

在计算方式上,美国在补偿时间确认上首先考虑临床试验占用时间的一半;其次,考虑实际审批所耗费的时间;最后,前两项因素之和需要减去因申请人原因耽误的时间。欧盟在计算补偿时间时,首先确定从专利申请之日起计算,到获得上市批准之日,基本包含了临床试验的全部时间;其次,在上述计算的时间中减去 5 年,确定为补偿时间。日本在确定补偿时间时,计入了临床试验的全部时间。

从 2017 年 9 月开始,加拿大建立了关于专利补充保护证书制度,允许对已经上市的专利药品的专利保护期限进行适当的延长。延长保护期的专利药品,主要是首次在加拿大上市销售的专利药品。那么,对于非首次在加拿大递交上市申请的药品,规定了其享受专利保护期延长的前提条件,即必须在欧盟、美国、澳大利亚、瑞士、日本等递交上市申请后的 12 个月内在加拿大提交上市申请,否则,药品专利保护期不能得到延长这一救济。

3. 确定延长保护期限的程序

美国的专利法规定了延长药品专利期的大体程序:

(1)第一步的前提是上市申请获得了 FDA 的批准。获得批准后的 60 日内,向美国专利商标局(PTO)提出延期保护的申请,PTO 的法定审查期是接到申请后 30 日内,审查结束后将审查结果予以公布,公布审查结果后允许第三人在 180 日内申诉。如果 180 日期满无人申诉,则审批结果成立;如果出现第三人申诉,则 FDA 在 90 日内对申请进行重新审查,既可以在 60 日内组织非正式听证,也可以确定重新法定审查期进行审查。

(2)在适格专利类型上,美国关于适格性的保护客体比较宽泛,除了农药,人用药品、医疗设备、动物用药,甚至包括食品或色素的添加物,保护范围广。与美国的保护范围比较,欧盟和日本都规定了医疗器械不受延长期限的保护。欧盟还规定将农用药纳入保护范围。

(3)在申请程序上,美国法律要求药品专利权人必须在获得上市许可之日起 60 日内提出申请;日本规定,药品专利权人必须在获得上市许可之日起 3 个月内提出申请,鉴于行政审批时间的不确定性,又补充规定,提出申请的最晚日期是专利保护期满前 6 个月。欧盟为了保护药品创新者的选择权,申请人在获得上市许可之日或获得药品专利权之日起 6 个月内完成申请,具体日期以日期较晚者为准[①]。

① 黄璐、钱丽娜、张晓瑜.医药领域的专利保护与专利布局策略[J].中国新药杂志,2017(02):139-144.

（四）我国药品专利保护期限补偿制度的完善

虽然我国大力完善居民医疗保障体系，而且取得了显著的成绩，但是，药品价格的高低仍然是影响药品获得性的重要因素。在发展中国家，仅有少数患者具有购买专利药品的能力。因此，我国的专利法在移植药品专利保护期限补偿制度时采取了审慎态度。如果说专利制度是一把双刃剑，那么，延长药品专利保护期的正负效应更是不容小觑，对于引入这一制度后如何实施，需要进行全面分析①。在引入此制度时，我国考虑：一方面，协调保护药企创新积极性与解决公众药品可及性之间的关系，必须认识到我国药品研发和制造能力还相当落后，甚至仿制能力也比较差；另一方面，我们面临美、欧的贸易谈判压力，需要引入该制度，同时吸引跨国公司在我国申请药品专利，为我国仿制、实施强制许可谈判等做好准备。

从我国药品专利保护期限补偿制度看，该制度包括补偿条件、期限计算与基本程序3个方面的内容，主要表现在《专利法》第42条。但是，本法规定的仅是专利保护期限的补偿条件和保护期限的计算方式，其补偿条件的规定，即"为补偿新药上市审评审批占用时间，对在中国获得上市许可的新药相关发明专利"，尚需完善。

1. 明确药品专利保护期延长的条件

我国《专利法》第42条规定，延长药品专利保护期需要满足4个条件：

（1）可获得专利保护期延长的客体只能是药品发明专利。笔者认为，排除对用途专利和制备方法专利以及医疗设备的发明专利适用延长保护期制度，是符合国情的。

（2）虽然规定可对属于发明专利的"创新药品"延长保护期，但没有明确"新药"的含义。首先，新药是否包括我国的中药？虽然中药可专利性存在障碍，但并非全部不适用专利法保护，因此，需要保留立法空间，确认新的中药品种也属于新药。其次，新药是否包括生物药品？我国《药品注册管理办法》规定，化学药品和生物制品属于不同的注册分类，新药仅限于化学药品②。《药品试验数据保护实施办法》中也将创新药、创新治

---

① 何炼红，鲁浪浪.中国医药发明专利试验例外制度研究［J］.时代法学，2009（06）：20-33.

② 《药品注册管理办法》（2020年）第3条规定，"化学药注册按照化学药创新药、化学药改良新药、仿制药等进行分类。生物制品注册按照生物制品创新药、改良型新药、已上市生物制品等进行分类。"

疗用生物制品作为互不包含的平行概念①。如果新药不包括新型生物制品，仅包含新型化学实体的药品，则其保护范围无疑具有较大的局限性。之所以在"新药"中增加创新生物药品，理由：①与传统化学药相比，生物制品的国际销售量呈井喷式增长，2014年，全球销售量最大的100种药品中有50种是生物制品②，2018年，国际上销售额增长最快的10种药品全部是生物制品；从研发成本考察，生物制品高于化学药品，DiMasi（2007）估算的生物制品研发成本达到13.18亿美元③；③从我国生物制药行业发展考察，该行业已经列为国家重点支持的优先发展产业。

（3）申请保护的药品专利权人必须选择"在中国获得上市许可"。这一规定符合中国国情，首先，由于长期以来跨国制药企业推迟专利药品在中国的上市时间，因此一些创新药品在中国的上市时间往往比在欧美的上市时间晚5～7年，严重影响了我国的药品可及性，此规定有助于解决创新药品在我国延缓上市的问题；其次，明确了跨国药企在我国知识产权保护上的权利义务关系，即要获得药品专利保护期限延长的申请权利，就必须选择在中国上市。最后，明确了药品专利在我国仿制的最后期限。本研究认为，我国应该规定"首选在中国上市或与境外同步申请上市"。从本规定适用分析，"首选中国上市"没有困难，但是"境内境外同步上市"的实际适用难以确定。2008—2018年，我国制药商在国内申请专利药品上市30种，几乎不存在与境外同步申请上市的药品；另据统计，2017—2018年上市的化学专利药品在国内外的上市时间平均相差3.5年④。因此，如何解释"与境外同步申请上市"是专利补偿制度能否落实的一个关键因素。

（4）我国《专利法》明确了设立保护期补偿制度的目的，即补偿创新药品上市审批的时间。笔者建议，为了和其他国家的规定相区别，对可以享有保护期限补偿的药品范围应当作出更明确的规定，具体如下所示。

①受保护的药品不包括农药和动物用药品。美国专利法规定如果属于新兽药或动物用生物制品，则其补偿期限不得超出3年。我国台湾地区也

---

① 《药品试验数据保护实施办法（暂行）（征求意见稿）》（2018年）第3条显示"创新药、创新治疗用生物制品"。

② Sarah sorscher.A longer monopolyfor biologics:Considering the implications of data exclusivityasa tool for innovation policy［J］.HARY.J.L & TECH，2009:285-286.

③ Dimas J A，Grabowski H. G.，The cost of Biopharmaceuical R & D［J］.Mangedecis Econ，2007: 469.

④ 耿文军.中国专利药审批速度和专利期限补偿［J］.中国新药杂志，2019（15）：1793-1796.

将保护期补偿的对象延伸到了农药。

②为了鼓励我国药企模仿创新，改良新药包括生物制品都应该纳入保护范围，即使改良药品专利构成对基础药品专利的侵犯。根据我国《专利法》，改良药品专利权人在请求许可受阻后，享有强制许可请求权。一些国家将首次上市作为保护期补偿的条件，试图将改良药品专利排除在保护之外，如欧盟的相关法律规定："作为药品上市获得批准，是指该产品的首次批准。"美国的专利法也强调了"依法核准的首次许可"。澳大利亚的专利法也有类似规定。

③药品专利保护期限补偿只能获得一次，不能重复申请。

④药品专利保护期限补偿制度的保护对象仅限于药品，不及于方法（新用途）或制备方法专利。

⑤申请保护期限补偿的药品专利必须处于有效保护期内，以下两种情形将丧失申请的机会：一种是专利药品获得了上市批准，但该药品专利已经保护期届满；另一种是药品专利被宣告无效，那么失去法律效力的专利将不能申请专利的额外保护。

2. 药品专利保护期限补偿的期限计算

对于延长药品专利保护的期限，我国 2020 年修正的《专利法》进行了明确：①保护期限延长最多 5 年；②专利药注册成功并上市之后，保护期不超过 14 年。上述规定虽然与多数国家的规定比较相似，但是，仍然存在难以操作的问题，如最高补偿期限 5 年和最长保护期限 14 年确立的依据不够明确。

我国《专利法》主要参照美国的专利法规定的基本原则，就具体计算方法未作具体规定。究竟如何确立药品专利保护期限补偿期的计算方法？我国部分专家和学者进行了探讨：一种观点认为，药品专利保护期限的补偿期应该设定为 1/2 临床试验时间加上行政审批期限[①]；另一种观点认为，药品专利保护期限补偿期应当设定为药品批准上市日减去专利申请日再减去 5 年[②]。本研究认为，首先，从期限补偿定性看，建议借鉴日本的规定，将药品专利延长保护期限定为"因专利药品受到上市管制而不能实施药品发明专利的时间"。其次，为了提高药品的可及性，一方面，激励原研药商及早在中国申请上市；另一方面，明确药品专利权人在注册申请时负有

① 宋瑞霖，李彦程. 中国引入专利链接和专利期限补偿制度的研究[J]. 中国药事，2018（09）：1161-1166.

② 杨悦，邢花，冯霄婵. 关于建立我国药品专利期补偿制度的研究和探讨[J]. 中国食品药品监管，2018（03）：41-46.

合理勤勉义务。所谓"合理勤勉义务"，是指药品专利权人在药品上市申请时，承担申请材料存在缺陷、申请行为消极等责任。因此，延长药品专利保护期应该减去药品专利权人没有正当理由而延迟申请上市的时间。

3.增加药品专利保护期补偿的程序化规定

药品专利保护期限补偿制度需要明确申请和审批程序，但是我国《专利法》中缺少相关的依据。首先，申请主体是药品专利权人，申请时需提交哪些文件，需要确定申请依据。其次，审批主体既包括药品管理部门，又包括专利管理机关，关键是如何明确两个机关的各自职责和协作内容。最后，我国《专利法》已经将保护期补偿的批准权赋予国务院专利行政部门，使该部门面临一项新的任务。虽然药品专利保护期限补偿制度区别于药品专利强制许可制度，强制许可制度仅存在个案申请现象，但是，对于国家专利机关的审批结果，如果存在异议，应该建立复核程序，一方面，给申请人提供法律救济，另一方面，建立复核程序有利于实现药品专利保护期限补偿制度的合理性。

二、我国药品试验数据保护的法律路径选择

关于药品试验数据的保护，《TRIPS 协议》第 39 条第 3 款作出了明确规定，即不得因商业目的而擅自披露药品试验数据。这一规定是为了保护药品创新，在专利保护之外新增了一种知识产权保护路径。由于各成员发展水平存在差异，对该条款的理解不同，因此，各成员形成了药品试验数据保护的不同标准和不同模式。为了提出并论证我国药品试验数据的专有权保护模式和保护标准，应该以药品试验数据保护为研究对象，一方面，界定药品试验数据保护的内容和特点，剖析我国药品试验数据保护的现状及存在的制度缺陷；另一方面，借鉴国外各种药品试验数据保护模式以及相关立法，在比较中选择我国的保护模式，以促进我国专利药和仿制药的共同发展。

药品具有特殊性，直接关系到人们的生命安全和健康，因此，药品的安全性和疗效成为药品许可生产和上市销售的必要条件。各国政府在药品上市审批问题上，不仅集中审批权限，即规定国家统一审批，还要求在申请药品上市时，药企必须充分提供药品的试验数据，作为药品安全性和疗效的佐证。那么，对于药企为了申请药品上市销售向相关部门公开的试验数据，是否需要提供法律保护呢？《TRIPS 协议》第 39 条第 3 款明确提出将药品试验数据纳入保护范围，具体保护模式由各成员依据国情确定。为了鼓励药企的研发创新，WTO 各成员依据药品行业发展和药品创新水平

的国情，就药品试验数据保护的立法模式进行了灵活选择。欧美发达国家赋予药品试验数据独占权，提供高水平保护，但这在一定程度上影响了药品的可及性[①]；多数发展中国家则选择反不正当竞争法的保护模式。

国际上之所以统一要求建立药品试验数据保护制度，理由：一方面，该制度与药品专利制度、药品管理制度的协同保护作用，不仅有效平衡了药品创新与药品仿制、药品专利保护与提高药品可及性之间的关系，还有利于协调药品专利保护与社会公共健康之间的矛盾；另一方面，该制度通过授予药企对药品创新中获得的试验数据以一定时间的专有权，既激发了药企创新投资的热情，又在一定程度上弥补了专利保护制度的缺陷。

2017 年 10 月，中共中央办公厅、国务院办公厅发布《关于深化审评审批制度改革鼓励药品医疗器械创新的意见》，其中明确提出：我国药品专利机关和药品质量管理部门要密切配合，建立与国情相适应的药品专利链接制度；基于合理性原则逐步构建药品专利保护期限补偿制度，尝试性探索药品试验数据的保护制度。确立药品试验数据的保护模式，不仅要鼓励药品创新、发展医药工业，还要限制其对药品可及性的消极影响。

（一）药品试验数据及保护制度特点

1. 药品试验数据的含义

药品试验数据主要是指药企为了成功申请药品上市，保证药品的安全性、有效性，在新药研发、试验等过程中所取得的有价值的数据。这些数据以试验阶段为标准，划分为临床前数据和临床数据。上述数据虽然是上市审批必须提供的信息，但一旦公开，就会泄露企业的重要技术秘密，对药企而言不但有失公平，而且打击沉重，因此有必要认识该数据的本质含义。

首先，药品试验数据来之不易。药品从研发到成功获批上市销售的过程中，不仅凝结着研发者不怕失败的无畏精神，还包含了实验者无数次测试的辛劳，尤其是时间成本较高，投资巨大，如一般专利药品的研发阶段需要耗时 10 ～ 15 年，成功研发一项药品专利，需要的投资一般可达上亿甚至十几亿美元。

其次，药品试验数据公开是申请人获得上市许可的重要条件。为了成功注册创新药品，依据药品注册审核规定，注册申请人必须事先将注册药品的研发结果、各阶段临床试验数据提交给药品监管部门。只有公开试验数据，才能获得药品管理机关的受理。由此可见，公开试验数据是必须

---

① 药品可及性是指人们能够在可以接受的价格范围内获得质量好、安全性高的药品，并可以了解到如何合理用药的相关信息。

的，是取得药品上市许可的条件[①]。

最后，药品试验数据是评价药品安全性和疗效的依据。药品安全性和疗效是上市批准的实质条件，而药品试验数据是确立药品安全性和疗效的主要依据。政府监管部门规定准予原创药上市许可的前提是制药企业必须按照相关要求，提供能够证明其所研发的药品安全有效的相关材料。这些证明材料就是"药品试验数据"，是各个原研药企业在药品研发的各个阶段所取得的相关数据[②]。

综上所述，药品上市申请人向药品批准机构提交的、与药品研发过程密切相关的试验数据，是经过相当大的努力获得的，理应享有一定期限内的专有权。因此，国际上规定，药品批准机构不得批准仿制药企业对药品试验数据进行商业使用。

2. 药品试验数据保护的特点

对于药品试验数据保护究竟属于何种性质，主流观点认为属于知识产权保护，也有学者认为属于行政保护范畴。笔者在此从其与专利保护和商业秘密保护的关系进行分析，考察其特点。

（1）与专利保护的区别。药品试验数据保护要求提供创新药企对实验数据一定时间内的专有权，在专有权保护期内，禁止其他相关药企在药品上市申请中使用受保护的药品试验数据，从而保障原创药企研发过程中的投资回报。药品试验数据所有人通过数据"半公开"的方式来换取专有权，而专利权也是一种通过"公开"获得一定期限的排他性保护的传统的知识产权。但是，两者具有明显区别：

首先，保护对象存在差异，专利保护面对所有技术领域，只要符合保护条件，就可以享有专利权。但药品试验数据保护主要针对药品及其试验数据，针对的不只是药品，主要是一种特殊的数据。从保护对象的差异可见：一方面，不符合专利保护条件的药品的试验数据也可以享有专有权保护，两者呈现相互补充的保护作用；另一方面，如果创新药品不能满足可专利性的要件，则药品研发的高成本、长周期将难以得到专利法激励，但可以获得数据专有权保护。

其次，从保护的范围来看，药品专利权人在权利要求书上请求保护的是某一种药品化合物，以此阻止竞争对手通过对原研药的简单修改进行仿制，降低了仿制的可能性。与药品专利保护相对应的药品试验数据保护制

---

① 冯洁菡 .TRIPS 协议下对药品试验数据的保护及限制：以国际法和比较法为视角［J］. 武大国际法评论，2010，11（01）：141-160.

② 国际制药商联合会《鼓励新的临床药物开发：数据排他性的作用》（2000 年）。

度则不同，该制度对原研药衍生出的仿制药或其他药品不予以保护。

再次，从保护方式和标准看，我国虽然对专利权实施多元保护，即可通过司法保护和行政保护追究侵权人的民事、行政和刑事责任，甚至要求侵权人承担惩罚性赔偿责任，但是，专利维权程序复杂，旷日持久。相对于专利保护而言，对药品数据的保护采用赋予专有权保护，无论是确认权利还是维权，其程序都较为简单①。

最后，从法律规定保护期限考察，因为药品专利权的客体是技术特征和技术效果，具有全面性和权威性，所以《专利法》对其规定了较长的保护期，而且从申请日起开始保护。药品试验数据虽然也与技术特征密切相关，但处于试验数据阶段的技术特征尚处于专利保护的前期阶段，一般从药品上市申请之日开始保护。可见，药品试验数据保护是专利保护的有益补充，即使在专利申请时公开了试验数据，其依然可以获得法律保护。

（2）与商业秘密保护的区别。药品试验数据与商业秘密在保护手段上虽然相似，但是，对于药品试验数据是否属于商业秘密，目前仍存在争议。部分发展中国家将其纳入商业秘密的保护范围，作为技术信息进行保护。但是，从严格意义上考察，试验数据保护与商业秘密保护有所不同。

首先，立法的目的不同。商业秘密保护是反不正当竞争语境下所采取的比较传统的一种保护方式，对于处于秘密状态的有价值的技术信息和经营信息，禁止通过不正当手段进行窃取，其保护的目的完全在于维护公平竞争。药品试验数据保护的目的在于鼓励原研药企业研发新药，平衡原研药企业利益与社会公共利益之间的关系。由此不难发现，两者一个重在保护，另一个重在平衡。

其次，两者保护的法理基础不同。药品试验数据保护是对技术成果的保护，其数据属于药企在研发过程中形成的具有较高价值的试验成果数据，是创新药品获得上市审批的重要依据。药企向药品监管部门提交的药品试验数据，虽然不属于对社会公开，但如果不能给予必要的保护则有失公平。而商业秘密的保护方式，其依据则是私有权利神圣不可侵犯等民法原则。

（二）我国药品试验数据保护规定及存在问题

1.我国药品试验数据保护规定

我国作为 WTO 的成员，为了实施药品试验数据保护，对《药品管理

---

① 丁煜元.国际法视野下药品试验数据的知识产权保护研究［D］.上海：华东政法大学，2017.

法实施条例》进行了修订，将其纳入保护范畴。我国《药品管理法实施条例》第 34 条："国家对获得生产或者销售含有新型化学成分药品许可的生产者或者销售者提交的自行取得且未披露的试验数据和其他数据实施保护，任何人不得对该未披露的试验数据和其他数据进行不正当的商业利用。自药品生产者或者销售者获得生产、销售新型化学成分药品的许可证明文件之日起 6 年内，对其他申请人未经已获得许可的申请人同意，使用前款数据申请生产、销售新型化学成分药品许可的，药品监督管理部门不予许可；但是，其他申请人提交自行取得数据的除外。除下列情形外，药品监督管理部门不得披露本条第一款规定的数据：（一）公共利益需要；（二）已采取措施确保该类数据不会被不正当地进行商业利用。"规定了对自行取得的包含新化学成分且未经披露的药品试验数据在规定的时间内提供专有性的保护，主要是为了防止对其通过不正当手段进行商业利用。在享有专有权的特定保护期限内，国家药品管理部门对第三方依赖该数据提交的药品上市申请不得受理或批准，但是，如果第三方能够证明所利用的药品试验数据是自主研发的结果，或来源于合理获取的渠道，国家药品管理部门无权禁止。第 67 条还规定："药品监督管理部门及其工作人员违反规定，泄露生产者、销售者为获得生产、销售含有新型化学成分药品许可而提交的未披露试验数据或者其他数据，造成申请人损失的，由药品监督管理部门依法承担赔偿责任；药品监督管理部门赔偿损失后，应当责令故意或者有重大过失的工作人员承担部分或者全部赔偿费用，并对直接责任人员依法给予行政处分。"可见，药品管理部门有义务维护该数据的专有权，如果擅自披露，不仅要承担相应的法律责任，还需要视造成的损失情况给予赔偿[①]。从上述规定可见，我国现行的药品试验数据保护规定与《TRIPS 协议》的相关内容大致相似。

2017 年 5 月，我国发布了《关于鼓励药品医疗器械创新保护创新者权益的相关政策（征求意见稿）》，其中明确提出：对创新药品的试验数据提供 6 年的保护期；对罕见病所用的药品、儿童专用药品、生物类药品等的试验数据提供 10 年的保护期；对药品专利挑战成功的药品提供 1.5 年保护期。上述政策，与《药品管理法实施条例》和《药品注册管理办法》相比，从两个方面提出了积极的改革方案：一方面，扩大保护客体范围，即在原有保护创新药的基础上进一步将范围扩展到改良型新药、治疗用生物制品以及部分仿制药；另一方面，细化数据保护分类，根据创新药品的不

---

① 参见《中国入世工作组报告》第 5 部分"与贸易有关的知识产权制度"第 284 条。

同性质、不同用途实施了不同的保护期规定。

2018 年 4 月，国家药品监督管理局发布了《药品试验数据保护实施办法（暂行）（征求意见稿）》，向社会公开征求意见。该办法的保护范围和保护时间都与先前相关政策一致，只是在第四条明确了受保护药品数据的条件：①提交或"半公开"药品试验数据，其目的是上市审批；②这些数据属于首次披露，在申请之前处于保密状态；③提交的数据属于申请人独立研发的成果，非以不正当手段获取的他人数据。上述条件，基本与国际规定接轨。

2. 我国药品试验数据保护存在的问题

虽然我国初步建立了药品试验数据保护制度，在保护创新药企利益方面发挥了积极有益的作用，但是，这一制度仍然存在一些问题。

（1）保护范围的不确定性。我国的《药品管理法实施条例》中都将保护范围描述为"含有新化学成分"药品的试验数据，但对于究竟什么是"新化学成分"，却没有做出详细解释。因此，制度的不明确客观上使其使用功能受到限制。令人震惊的是，我国的保护条例竟然没有规定对中药创新中相关数据的保护，这不利于我国中药处方组成、工艺制法等方面的创新①。

（2）保护规定的可操作性弱。我国对药品试验数据的法律保护不仅位阶较低，还难以操作，主要表现在：一方面，仅有的法律条文虽然立足于"保护"这一方向，但多为宣誓性条款，规定上比较宽泛，对于药品试验数据如何提交、如何保护、侵权认定、法律救济等基本没有作出具体规定，直接导致药品监督管理部门和药企无法可依；另一方面，保护药品试验数据的关键，在于防止数据被商业利用，主要指被仿制药申请所依赖。这种"依赖"虽然不是直接使用，但是常常表现为间接参照。因此，法律需要明确界定仿制药"不依赖"的界限。

（3）保护程序的缺失。保护程序的缺失不容忽视。首先，对于药品试验数据是申请即予以保护，还是审核通过即予以保护，规定不够明确。关于专有权保护的起始时间，学术界存在两种观点：一种观点认为，提交申请即进入保护期，因为提交就是"半公开"，也是申请上市的前置程序；另一种观点认为，保护期应从药品监督管理部门审核通过后开始计算。其次，药品试验数据保护"公示机制"缺失。在国家药品监督管理局的网站上，不难找到药品专利及其保护期限的资料，但是，没有公开哪些药品的

---

① 陈广耀，韦晓瑜.药品试验数据保护对完善中药品种保护制度的启示［J］.中国医药科学，2015（02）：130-133.

试验数据获得保护、保护起止时间等。此类程序上的模糊，不利于药品试验数据保护实际操作的流畅性。

（4）保护期限的单一性。对于新型化学成分的药品试验数据，我国统一规定了 6 年的保护期限，这个规定不够灵活。好在我国已经在征求意见，应该区分不同药品类别，做出不同的保护期限规定，以提高药品的可及性。

（三）域外药品试验数据保护制度的借鉴

目前，关于药品试验数据保护既有国际上的统一规定，又有各个国家的灵活性规定。

1.《TRIPS 协议》的规定

《TRIPS 协议》作为多边知识产权协议，虽然首次将药品试验数据纳入保护范围，但是所倡导的保护模式是将药品试验数据视为未披露信息予以保护，没有提出数据所有人如何享有一种针对数据的专有权利。《TRIPS 协议》规定应该保护的药品试验数据：①药品指新化学成分的药品或农业化学品；②限于上市申请时提交的数据；③该数据的获得花费了相当大的努力；④保护目的在于防止不正当的商业利用①。以上内容是《TRIPS 协议》对各成员在药品试验数据保护上的最低要求。

根据《TRIPS 协议》的上述规定，基于药品试验数据为药品研发者未公开的信息，如果给予保护，必须满足以下条件：首先，要求保护的药品试验数据信息必须是申请市场准入行政许可的必要信息，即药品或农业化学品进行上市注册时，需要向相关成员的审批机关提交申请，该试验数据正是申请的必要内容；其次，《TRIPS 协议》第 39 条第 3 款规定了保护的药品试验数据等内容，所保护的客体范围相对明确，但是，为了给各成员预留立法空间，允许各成员依据国情适当扩展保护范围；再次，《TRIPS 协议》保护的相关试验数据必须是未披露的信息，如果试验数据已经公开，就超出了《TRIPS 协议》第 39 条第 3 款规定的保护范围；最后，相关的试验数据中包含了药品的"新化学成分"，但是，《TRIPS 协议》并未对"新化学成分"的"新"做出界定，因此，将"新"的解释留给各成员进行

① 《TRIPS 协议》第 39 条第 3 款规定："当成员要求以提交未披露过的试验数据或其他数据，作为批准采用新化学成分的药品或农业化学品上市的条件时，如果该数据的原创活动包含了相当的努力，则该成员应保护该数据，以防不正当的商业使用。同时，除非出于保护公众的需要，或除非已采取措施保证对该数据的保护、防止不正当的商业使用，成员均应保护该数据以防其被泄露。"

界定[①]。

2. 域外药品试验数据的两种保护模式

在《TRIPS 协议》的保护框架下，各成员都结合自身实际进行了制度设计，在进行国内法转化时出现了不同的保护模式和保护标准。其模式主要有两种：一种模式是赋予药品试验数据所有人以数据专有权，由其独占使用；另一种模式是将药品试验数据作为药企的技术秘密，运用反不正当竞争法进行保护。

欧美发达国家主要采用独占保护模式。这一模式，通过规定给原研药试验数据设定一个保护期限，赋予原研药企在保护期内就试验数据享有一种排他性权利。这一独占性权利的内容：一方面，限制药品监管部门接受使用相同试验数据的上市申请；另一方面，禁止本行业内的企业采用不正当手段获得药品试验数据并进行商业利用。保护模式，分为以美国为代表的以公开为基础的保护模式，以及以欧盟各国、新西兰等为代表的以保密为基础的保护模式。

与发达国家的国情不同，发展中国家创新能力有限，仿制药产业比创新药产业大，在药品试验数据保护方面，采用了商业秘密保护模式，即运用反不正当竞争法进行保护，以禁止出现不正当的商业使用，既包括药企通过违约、欺诈、窃密等不正当手段获取他人药品试验数据，作为自己上市申请的依据，又包括政府相关管理机构擅自披露药品试验数据，使其被第三方商业利用。通过这一方式，原研药企虽然获得了反不正当竞争法保护，但不能排斥正当获得药品试验数据的第三方合理使用数据，有利于多数仿制药企业尽快获得上市审批。

（1）独占权保护模式。首先，美国是最早保护药品试验数据的国家之一，而且选择了独占保护模式。为了协调创新药与仿制药之间的利益关系，美国于 1984 年颁布了《药品价格竞争与专利期恢复法》，在规定创新药和仿制药上市申请和审批程序的前提下，提出赋予药品试验数据以一定期限的独占权，具体规定：①对于新化学成分的药品，对其在长期的研发中所产生的试验数据确立了 5 年的保护期[②]，这一保护期从创新药品获得上市批准之日起计算，保护期内申请上市的仿制药不得依赖该数据；②对现有药品提出的新配方提供 3 年的保护期，但是，在这 3 年保护期内，允许仿制药企业依赖该数据提出上市申请，但获得批准上市的时间必须在保

---

① 孙莉.TRIPS 协定下发展中国家药品试验数据独占保护制度的构建[J].未来与发展，2016（12）：68-73.

② 杨莉，李野，岳晨妍.美国的药品数据保护及启示[J].中国药房，2007（10）：731.

护期届满之后①；③对于治疗罕见病的药品，对其研发中产生的试验数据提供 7 年保护期，对儿科药品研发产生的试验数据提供 7.5 年保护期。

其次，欧盟自 1987 年起规定了药品试验数据独占权。基于当时葡萄牙、西班牙等成员排斥对药品授予专利权，为了减少给药品专利权人造成的损失，欧盟委员会颁布指令（87/21/EEC），不仅保护药品试验数据，赋予其独占权，还规定在数据独占权保护期内，健康主管部门仅就享有药品试验数据独占权的申请人批准上市，第三人申请必须经过独占权人同意②。同时，该指令首次确立了药品试验数据保护机制，规定原创药的试验数据享有 6 年的保护期，从该药品获批上市之日起计算，保护期内禁止仿制药上市申请。如果该药品科技含量高、与公共健康关系密切，其保护期还可以延长至 10 年。2004 年，欧盟为了进一步完善药品试验数据保护，明确提出了"8+2+1"的保护期延长规则，即赋予 8 年的数据保护权、2 年的市场排他权，特殊情况下，如药品存在新的适应证，还可以再延长保护期限 1 年。值得关注的是，允许仿制药商在保护期内提出上市申请，但仿制药真正上市必须待保护期满才能实施。

欧盟的这一规则与美国的规定存在较大差异：首先，不认可药品的新剂型、新给药途径和新用法用量的创新，不将其视为新药，理由是创新药品必须是经过临床试验的药品；其次，对于适应新症状的改良药品，如果获得保护，药品改良人可以主动申请，获得批准后享有 1 年的保护期，而且药品改良人提出上市申请必须在原创药的 8 年保护期内。

（2）反不正当竞争保护模式代表国家。首先，泰国的药品法规定，药品上市销售必须经过国家药品注册管理机构审查审批，药品审批机关主要对药品的安全性和疗效进行审核③。要求原研药企提交的临床试验数据，必须能够证明药品的安全性和疗效；要求仿制药企仅需要证明仿制药和原研药在安全性能和疗效上的一致性。泰国《商业秘密法》规定，为了履行《TRIPS 协议》规定的关于药品试验数据保护的国际义务，本国药品在生产、出口、进口、销售时，凡是涉及包含新化学物质的药品，在提交上市申请时均应提供相应的试验数据。对于药品生产企业，在申请时提供的数据如果包含了巨大努力，则可以向药品注册管理机构申请提供商业秘密保

---

① 中国药学会医药知识产权研究专业委员会.药品试验数据保护制度比较研究［M］.北京：中国医药科技出版社，2013：65.

② LUO J，KESSELHEIM A S. Protecting pharmaceutical patents and test data: how the trans-pacific partnership agreement could affect access to medicines in the US and abroad[J].AMA J Ethics，2016，18（7）:727-735.

③ 《泰国药品法》第 12 条。

护。药品试验数据一经认定为商业秘密予以保护，未经许可，任何人不得擅自使用或披露，否则，以侵犯商业秘密罪承担刑事责任。

其次，阿根廷对药品试验数据的保护采用了反不正当竞争模式，其《信息与产品保密法》规定，药企首次申请含有新化学成分的药品上市销售的，只要依法证明申请时提供的实验数据是经过技术上和经济上努力实现的，从药品管理部门批准之日起即提供保护，禁止非法进行商业利用和披露[①]。

3. 对我国的启示

从国外立法规定可见，影响保护水平高低的因素包括保护范围、保护模式、保护时间设置、保护程序等。域外相关法规对我国的启示，笔者认为主要有 3 点。

首先，药品试验数据保护制度是由发达国家所倡导的，属于知识产权保护的特殊形式，虽然有利于促进药品创新，但所保护的对象主要集中为跨国公司。因为从发展中国家的药品创新能力考察，绝大多数发展中国家还处在仿制药发展阶段，以提高药品的可获得性为首要任务，如果对药品专利及药品试验数据采用过高的保护标准，势必会阻碍仿制药健康发展，降低药品的可获得性。因此，采取较低的保护标准符合大多数发展中国家的利益。

其次，以保密为基础的保护模式，虽然能够较好地保护原研药企在创新中的积极性，但是既可能限制仿制药的健康发展，也会损害公共健康利益。我国如果采取上述保护模式，既需要允许仿制药企通过政府公开的药品上市申请信息获得药品试验数据，以利于提高药品的可及性，又必须尊重社会公众对药品的知情权，方便患者获得药品试验数据信息。保护社会公共利益是保护原研药企利益的前提，公开药品试验数据正是保护公共利益的客观要求。当然，创新药品涉及原研药企的高投入和承担的高风险，因此，防止对药品试验数据实施不正当的商业利用也是合理的。

最后，发达国家的数据保护标准较高，势必导致专有权滥用，因此，我国在确定保护标准时如何通过限定保护范围制定出符合国情的规定，是必须高度关注的问题。

（四）我国药品试验数据保护的模式和标准选择

我国药品试验数据采用何种保护模式，如何设置适合我国国情的保护水平，是法律路径选择面临的主要问题。

---

① 《信息和产品保密法》第 4 条。

1. 专有权保护模式的立法选择

笔者建议，我国应尝试构建以公开为基础的数据专有权制度，即药企在我国就创新药品申请上市销售时，首先按照我国对药品安全性和有效性检验的要求，据实提交相关的药品试验数据，我国药品管理机关收到申请后，不承担保密义务，而是及时在国内对数据予以公开，保护社会公众对药品的知情权。公开数据并非放弃保护，相反，申请人从此享有对药品试验数据的专有权，未经权利人同意，任何人不得非法对其进行商业利用。

（1）专有权保护模式的特点：

①数据的公开性。公开是保护的前提，一方面，药品试验数据在研制过程中处于商业秘密状态，在专利申请和药品上市申请时，为了满足公众对药品有效性和安全性的知情权，为了符合专利审查制度的要求，必须对药品试验数据予以披露；另一方面，药品试验数据中凝结了研发者"相当的努力"，为了禁止不正当仿制，必须对药品试验数据施加以一定的保护。

②数据的专有性。本保护模式以公开药品试验数据的药企享有专有权为保护内容：首先，药企经过努力获得药品试验数据，在上市申请过程中才成为权利人；其次，药品试验数据专有权人不排斥他人通过正当途径获得该数据的权利；最后，试验数据专有权存在时间限制，不是一劳永逸的权利，在保护期内属于申请人的专有权，一旦保护期满，专有权即丧失，该数据进入公有领域。

（2）选择专有权保护模式的理由。笔者之所以建议我国对药品试验数据采取专有权保护模式，其理由如下所示。

①以公开为基础的专有权保护，本质上平衡了知情权和专有权之间的关系。一方面，研发者通过公开药品试验数据获得了一定期限内的专有权；另一方面，社会公众在履行保护专有权义务的同时，获得了对药品性能和安全性的知情权。这体现了以公开为条件、以专有权为内容的药品试验数据保护制度。

②以公开为基础的药品试验数据专有权制度，兼具了专利保护和商业秘密保护的双重功能。一方面，专有权类似专利权，可以获得一定时间内的排他性使用权，有效限制了利用药品试验数据的仿制药申请；另一方面，该数据不仅限制了不正当的商业利用，也规定药品管理机关不得擅自泄露，也不得擅自批准仿制药上市申请。

③以公开为基础的药品试验数据专有权制度，不仅避免了重复研究可导致的资源浪费，还有利于其他药企及时了解药品的原理、作用机制等特

征，借以实施改进创新，对促进和提升公共健康水平发挥了更大的作用。

（3）专有权保护模式的构建。构建药品试验数据专有权保护模式的关键是解决以下两个问题。

①建立药品试验数据信息公开制度，主要应明确公开的方式、公开的内容和公开的时间，是申请人提交时公开还是药品监督管理部门批准上市后公开。笔者建议先批准后公开，即使不批准，申请者仍然可以通过商业秘密权对药品试验数据进行保护。

②确定药品试验数据保护期。我国现有规定是对含有新化学实体（new chemical entity，NCE）的药品试验数据提供 6 年的保护，在此期间禁止任何人对其进行不正当的商业利用[①]。这一单一性保护期限的规定不利于仿制药的发展。笔者建议我国兼顾仿制者的利益，参考欧盟的阶梯式期限规定，将 6 年保护期划分为前 4 年和后 2 年，前 4 年为不得申请阶段，即不得依赖该药品试验数据申请上市；后 2 年为不得上市阶段，即仿制药企可以借鉴该药品试验数据申请上市，但不得上市销售。

2. 适当扩大保护范围

享有药品试验数据保护专有权的药品，除了化学药品，还应该包括其他相关药品。

（1）罕用药和儿童药品。罕用药在我国种类较少，对其试验数据保护也未及时跟进，加上其受众面较窄、利润较低，药企研发动力不足，直接导致我国罕用药的可及性较低。儿童药品虽然受到重视，但也存在类似问题。笔者建议借鉴美国立法，将罕用药、儿科药等纳入试验数据保护体系，给予较长期限的保护，以 6～8 年为宜。

（2）生物药品。随着生物仿制药发展和申请简化制度改革，美国在2010 年颁布了生物药品试验数据保护制度，即《生物技术制品价格竞争与创新法》（Biologics Price Competition and Innovation Act，BPCIA），规定了为期 12 年的生物药品试验数据保护期。由于我国将生物医药研制作为国家重点发展产业，目前生物制药行业发展迅速，以生物制药为重点的高新技术开发区和经济技术开发区已达 100 多个，因此，本研究建议我国设立促进生物制药发展的制度，如给予生物药品试验数据保护，保护期限不少于 10 年。

（3）中药。为继承和弘扬中医药优秀传统文化，保障和促进中医药事业发展，保护人民的健康权益，我国于 2016 年颁布了《中华人民共和国中

---

① 程文婷. 试验数据知识产权保护的国际规则演进［J］. 知识产权，2018（08）：82-96.

医药法》，为中医药行业的规范和发展提供了法律依据。但是，这部法规并没有涉及中药试验数据保护。中医中药虽然是中华五千年文明的生动体现之一，在防病治病中作用显著，但在实施成果的知识产权保护方面一直存在法律障碍，严重影响了中药创新。因此，在现代中药逐步标准化和规范化的情况下，应完善符合中药特点的注册管理制度和技术评价体系，将中药试验数据纳入保护范围，保护期限不短于普通化学药品的保护时间。

3. 保护程序与措施

首先，从我国现有法律看，对药品试验数据的保护程序尚未作出规定，给药品试验数据保护带来了不确定性。从保护程序看，分为主动申请保护和被动授予保护两种程序。如果采取主动申请保护的方式，一般将其作为申请保护的一个前置性程序，不需要提前提交申请，待申请人提交药品注册申请时一并提交，由药品管理机关对注册申请和实验数据保护申请一并审批。如果申请人采用被动保护方式，可由申请人在提交药品注册申请之后，由药品管理机关自动启动对药品试验数据的保护，确定保护期限。综合两种保护方式，本研究认为我国宜选择主动申请保护方式和程序，一则使申请人对是否申请保护具有选择权，一则使药品管理机关的审批具有理由和事实依据。

其次，明确保护措施。我国虽然规定了药品试验数据受保护的条件，但对具体如何提供保护缺少相应规定。为了提高保护的精准性，我国法律应当明确规定在药品数据保护期内如何避免被商业利用，既包括仿制药上市申请的利用，又包括药品监管部门在上市审查中依法拒绝受理涉及药品试验数据非法利用的仿制药申请，切实保护专有权。

第三节 药品专利反向支付协议的规制

反向支付协议是专利药企与仿制药企之间达成的一种和解协议，核心是由专利药企向仿制药企支付价款，对价是仿制药推迟上市，实际上构成了限制竞争行为。从国际例证推定，药品专利反向支付协议是药品专利链接制度的必然结果。目前，我国在鼓励药品创新的基础上大力发展和改善仿制药，于2017年尝试实施药品专利链接制度。由此可见，我国出现药品专利反向支付问题将不可避免，关键是应该如何应对药品专利反向支付问题：首先，要认清药品专利反向支付问题的本质及其危害；其次，既要论证我国出现反向支付问题的可能性，又要分析启动反垄断法规制的必要性；再次，要明确如何认定反向支付协议的违法性，如认定原则、认定方法、认定内容、认定策略等；最后，在分析我国认定原则和依据的基础上，规制需要突出 4 个方面，即严格药品专利审查标准、建立药品专利诉讼和解协议备案制度、完善《关于知识产权领域的反垄断指南》、强化对反向支付协议的反垄断司法审查。

针对药品专利保护，原本药品专利权人与仿制药商签订诉讼和解协议是无可厚非的，协议核心应该是仿制药商向专利药商支付赔偿费用，但是，协议实际内容是专利药商支付仿制药商一笔高额费用，这一反向支付的目的是专利药商延长控制专利药市场及其价格的时间，获取垄断利润。面对此反竞争的行为，2013 年 6 月，美国最高法院在案件审理中认定阿特维斯制药对药品专利存在反向支付并构成违法，不但给予严厉处罚，而且借此案例对反向支付协议的违法标准、认定原则作出了规定。无独有偶，欧盟委员会对待药品专利保护中出现的反向支付协议同样严惩不贷，接连开出了多个巨额罚单。

为了提高药品的可获得性，2018 年 1 月 23 日，习近平总书记主持召开了中央全面深化改革领导小组第二次会议，明确提出我国将发展高质量仿制药，并指出我国对药品专利依法分类实施强制许可。会后，国务院办公厅颁布了《关于改革完善仿制药供应保障及使用政策的若干意见》。此举不但意味着我国仿制药进入了新的发展阶段，而且宣示了我国将应对药品专利反向支付问题的挑战。

一、药品专利反向支付协议及其危害

药品专利反向支付问题是一个国际性问题，引起了各国政府的普遍关注。其对市场竞争和社会利益的危害性也给我国药品专利保护以一定的警示。

（一）药品专利反向支付协议及特征

1. 药品专利反向支付协议

多数学者认为，反向支付问题就是专利药商通过协议，支付一定的费用，实现其推迟仿制药上市、延长专利药霸占市场时间的目的[1]，其本质在于非法延长药品高价的维持时间，加重药品消费者的负担和国家医保的财政性支出。也有学者从经济学角度分析，认为反向支付协议使专利药商和仿制药企不但实现了和解，而且达到了双赢的目的[2]。更有学者认为，反向支付问题绝不是药品专利独有的问题，其他领域同样存在，只不

---

① 罗蓉蓉.美国医药专利诉讼中"反向支付"的反垄断规制及其启示 [J]. 政治与法律，2012(12)：141-149.

② 曹志明.药品领域反向支付问题研究 [J]. 知识产权，2017（09）：63-66.

过影响大小存在区别①。反向支付协议实质上是专利药商对仿制药企的收买，不仅扰乱了市场秩序，还导致药品价格居高不下，严重损害了国民利益②。

笔者认为，药品专利反向支付协议是指在有关专利侵权诉讼案件的处理过程中，专利药企不仅不追究仿制药企的侵权赔偿责任，还反过来给予仿制药商一定的利益输出，仿制药企支付的对价则是答应暂缓将仿制药投入市场。此类和解协议实质上是一种利益的博弈，其博弈的结果是维持了专利药品的市场高价，最终受害的是药品消费者，还增加了国家在医保上的不合理支出。

国外已经出现药品专利反向支付协议，可以归纳为 3 种具体形式。

（1）支付协议的直接反向性。专利药企签订协议并履行了向仿制药企支付价款的义务，其支付理由在协议中不够明确，因此这一形式一般难逃反垄断法的审查。

（2）专利药企许可仿制药企在专利到期日之前参与市场竞争，但就市场价格签订了攻守同盟，其结果是继续维持药品市场的高价格水平。

（3）反向支付协议包含了主协议和附属协议，既包括专利药企与仿制药企在制药技术上的交叉许可，又包括专利药企向仿制药企的投资等，其目的在于掩盖反向支付协议的真正目的，具有隐蔽性。

2.药品专利反向支付协议的特征

在此，通过药品专利反向支付协议与普通专利诉讼和解协议的比较进行分析。

（1）侵权赔偿的反方向性。在正常专利侵权诉讼和解案件中，仿制药商或为了获得药品专利许可使用，或为了应对专利权人的侵权诉讼，一般需要向专利权人支付一定的费用，取得不退出专利药品市场的许可。而反向支付协议则是药品专利权人向仿制药商支付费用，这一反向支付行为，换取的是仿制药商暂缓将仿制药投入药品市场。

（2）反向支付协议的反诉求性。在药品专利侵权诉讼中，传统的方式是原告提出侵权诉求，由被告进行赔偿。但在反向支付协议中，原告的利益诉求发生了改变，不仅不需要被告赔偿，而且自愿支付被告一定的费用，实现侵权纠纷的和解。出现反诉求性的理由：首先，以美国为例，"Hatch-Waxman 法案"为了鼓励仿制，规定首仿药企享有 180 天的市场独占期，这个独占期成为专利药企争夺的核心，以支付费用来换取首仿药企

① 苏华.药品专利反垄断的美国经验[J].中国价格监管与反垄断，2017（03）：20-26.
② 陶冠东.反向支付的反垄断法适用[J].竞争政策研究，2017（03）：80-89.

的权利让渡；其次，该法案还规定了药品专利链接制度，对仿制药发展既激励又约束，使仿制药企有理由与专利药企达成反向支付协议，放弃让仿制药如期进入市场①。因此，美国药品专利反向支付协议被认为是"Hatch-Waxman 法案"的天然副产品。

（二）药品专利反向支付协议的性质

对于药品专利的反向支付协议是否具有违法性，一种观点认为，反向支付协议是以和解为目的的企业行为，不但正当而且有效，不存在限制竞争的不合法行为②；另一种观点则认为，反向支付协议的性质属于横向垄断协议，其理由是原研药商的行为构成了滥用专利权，而且其行为满足了违法协议的 3 个构成要件③。

从反垄断法角度判断，药品专利反向支付协议的性质存在两个极端：或违法性，或合法性。判断的关键前提是构成专利侵权诉讼的"专利"是否有效：如果药品专利属于合法有效的专利，专利药商在诉讼中提供了证明其诉求的真实证据，且获得胜诉，在此基础上签订的和解协议主要以协议内容为标准进行判断，如果协议中没有限制专利到期后仿制药进入市场，则不能认定协议违法；反之，如果协议中存在垄断市场及价格的内容，则应当认定协议违法。另外，如果药品专利已经失效或不存在，那么，原被告双方达成的反向支付协议本身就是非法的。此类协议是在时间上对市场进行瓜分，属于横向垄断协议。

（三）药品专利反向支付协议的危害

对于药品反向支付协议的主要弊端，应从市场竞争和消费者权益保护两个角度进行分析。

1. 垄断市场

专利药企在药品专利保护期内享有合法垄断权利，并不受反垄断法的规制，但如果药品专利保护期满或专利无效，此时出现的反向支付协议就一定属于瓜分市场的横向垄断协议。反向支付协议的存在，不仅会使市场准入制度形同虚设，还会使原研药企继续垄断市场，限制了市场竞争。无论是美国的"Hatch-Waxman 法案"，还是各个国家的药品专利链接制度，

---

① ALLEN. F.T.C. v. Actavis, Inc.: Antitrust Scrutiny of Reverse Payment Settlements in Pharmaceutical Patent Litigation [J]. University of Louisville Law Review, 2014（01）: 115-142.

② 宋建宝. 专利诉讼反向支付和解协议的反垄断审查：美国的规则与实践 [J]. 知识产权, 2014（02）:91-97.

③ 陈武. 美国药品专利诉讼中的反向支付协议：以 Cardizem CD 及 Valley Drug 案为研究进路 [J]. 知识产权, 2007（04）: 20-26.

原本都是为了鼓励仿制药企挑战药品专利，以提高药品的可及性，但是，反向支付协议使其失去了应有的作用。

2. 损害消费者权益

反向支付协议的直接作用就是推迟了仿制药入市，专利药企垄断市场的时间被延长，这一垄断价格的延续，无疑增大了药品消费者的经济负担。美国联邦贸易委员会的调查数据显示，2005—2014 年，由于大力发展仿制药，其市场替代效应直接促进了市场竞争，药品价格迅速下降，使社会购买药品的支出减少了 90% 以上，仅 2014 年一年就节省了用药支出 2540 亿美元[①]。因此，发展仿制药必须防止药品专利反向支付协议的负面效应，保护消费者权益不受侵害。

二、我国药品领域存在反向支付协议的可能性

面对首先出现在美国的反向支付问题，我国和其他国家一样，都不可能独善其身。

（一）从药品专利反向支付协议产生的原因考察

由于反向支付协议与美国"Hatch-Waxman 法案"存在天然联系，因此，有学者认为，反向支付协议是美国药品领域的专有产物。其实，药品专利反向支付协议是一个国际性问题，如欧盟委员会 2009 年对医药行业的调查显示，几乎欧盟的所有国家都已经出现了药品专利反向支付问题；韩国也发现英国葛兰素史克公司与本国仿制药企达成了反向支付协议，国家公平贸易委员会及时对其进行了调查和严肃处理。可见，药品专利反向支付协议不是"Hatch-Waxman 法案"的专有附属品，既是发展仿制药的结果，也是经济利益推动的产物。

（二）从世界范围药品专利悬崖期的影响考察

所谓药品专利悬崖，实际上是指专利药企在药品专利保护期满后出现的收入锐减的状态，即专利到期引起的销售利润断崖式下跌。2020 年以来，在全球范围内出现了一大批药品专利保护期满的情况，我国已经发现反向支付的苗头，在跨国药企的鼓噪下，个别国内仿制药企在观望中考虑如何与跨国药企接触。面对国际制药巨头企图穷尽一切手段维护市场及价格的垄断地位的现状，更面临反向支付可能成为其首选方式的局面，我国市场监管机关必须高度关注。

---

① FELDMAN R, FRONDORF E, CORDOVA A K, et al. Empirical Evidence of Drug Pricing Games - A Citizen's Pathway Gone Astray[J]. Stanford Technology Law Review，2017，20（01）：39-92.

（三）从我国药品专利反向支付协议的现状考察

我国的创新药产业相对落后，高端专利药品占比较小，90%以上属于仿制药品，而且质量不高，因此，现阶段不太可能出现大规模反向支付问题；但是并非完全不会出现，如在我国审理的专利侵权案件中，已经出现我国仿制药企就反向支付协议正在与国外的专利药企进行商谈的情况，意欲利用反向支付协议推迟仿制药上市时间。

（四）从我国正在构建的药品专利链接制度的影响考察

国家药品监督管理局于2017年5月正式发文《关于鼓励药品医疗器械创新保护相关政策》，其中要求实施药品专利链接制度，其主要内容包括如下几点。

（1）仿制药企负有通知义务，即申请仿制药上市时，应将上市销售事宜通知药品专利权人。

（2）药品专利权人如果认为仿制药侵犯了其专利，应当在接到通知后20日内提起诉讼。

（3）药品上市审批机关接到法院立案证明，将宣告该仿制药上市申请审批进入为期24个月的等待期，最长不超过24个月。

（4）在24个月的等待期内，法院判决或双方和解都将作为药品上市审批机关的决定依据。

可见，我国药品专利链接制度虽然没有规定首仿药激励制度，但为药品专利反向支付协议的产生准备了制度基础。

三、药品专利反向支付协议法律规制的必要性

对药品专利反向支付协议进行法律规制，需要综合使用多种法律手段，最有效的方法是以反垄断法为主、以专利法等相关制度为辅助。

（一）专利法规制的局限性

在新药研发上市之前，创新药企业需要付出大量的时间和资金完成相应的研发工作和审批程序。因此，创新药企业会尽可能通过各种手段弥补在此期间的各类损失与支出，最重要的就是尽可能延长专利保护期，其中包括通过对配方或剂量进行极微小的改变以及申请新用途来延长可获得的专利保护期。专利权具有排他性，专利权人有权对侵犯其权利的行为提起诉讼，从而获得相应的损害赔偿，同时可以排除他人制造、销售或提供销售、使用或进口专利产品的权利。但是，若专利权被滥用，则专利法将无法有效保护仿制药企业和普通消费者的权利，从而影响市场秩序。

哈佛学派的观点认为，在药品市场占据市场主导地位的往往是创新药企业，在与仿制药企业进行博弈的过程中，其依靠独有的竞争优势以及相对完善的配套设施，会最大限度地占据市场份额，此时，专利药的定价将会等于或低于付出的成本，创新药企业获得的垄断利润为A；当经历激烈的博弈后，创新药企业获得较高的市场地位，从而可以根据自身情况控制药品的价格，此时创新药企业获得的垄断利润为B；显然，A远远小于B[①]。同理，创新药企业与仿制药企业可以通过达成反向支付协议来获得大于通过竞争可得到的利益，双方各取所需。

专利法是调整与专利权的取得、转移、使用等相关法律关系的一种私法，当法律关系超出私法的法律范围时，专利法将无法对其进行有效规制。因此，在药品反向支付协议规制的问题上，为了维护市场正常的竞争秩序，保护消费者的合法权益，需要借助其他法律。所以，规制反向支付协议分两步走：首先，判断是否存在有效的专利，以及判断专利权的完整性，需要以专利法为根据，应肯定专利法存在的价值；其次，当涉及市场竞争、公共利益问题时，需要借助反垄断法进行规制。

（二）反垄断法规制的必要性

反向支付协议适用反垄断法规制的必要性：

（1）反向支付协议具有反竞争性，其目的在于延长垄断时间，获得不应获得的垄断利润，构成侵犯国家利益和药品消费者权益的垄断行为。

（2）反垄断法是针对反向支付协议最有效的规制方式。反垄断法属于公法性质的经济法范畴，通过权利限制可以实现专利权不当行使的矫正，而不至于损害公共利益。对专利权的限制分为内部限制和外部限制，内部限制的核心是依托专利法的权能限制，如我国专利法规定的法定许可、推广应用、强制许可等；外部限制实质上是指有效的外部干预，如反垄断法对反向支付问题的规制就是典型的外部限制。因此，市场监管机构依据反垄断法对反向支付的行为主体施以行政处罚和警示，有利于保障整个社会的健康福祉。

（3）反垄断法的实施机制包括行政部门的主动实施以及司法程序的救济。值得借鉴的是，在美国的反向支付案件中，大多数是由美国联邦

---

① 吴汉洪，张晓楠. 对反垄断中合理规则的经济学思考 [J]. 中国人民大学学报，2003（06）：83-88.

贸易委员会作为提起反垄断诉讼的原告，不仅避免了由私主体提起诉讼的局限性，减轻了调查取证的困难，还显示了公权力的威慑性。在私主体滥用诉讼专利权时，虽然通过法院判决，被侵权人的损失得到了赔偿，但其他消费者基于民法上的不告不理原则，其被侵权的损失难以得到救济。

（三）专利法和反垄断法的协调规制

专利法和反垄断法虽然在法律性质、立法目的、调整对象等方面存在区别，但两者不具有必然冲突。专利法虽然以保护权利人利益为立法宗旨，为了鼓励创新，法律从创新成果形成、成果应用、成果保护等环节对专利提供全链条的保护，制止专利侵权行为的发生。但是，为了合理调整专利权人、专利使用人和公共利益的关系，对于专利权人滥用权利，尤其是专利权与公共利益发生冲突的情况，专利法将对专利权本身的权能进行内部限制，即在法定条件下，允许专利权人之外的第三方实施其专利技术。对于专利权人在专利实施过程中存在的权利滥用、限制竞争、侵犯公共利益等行为，若依靠专利法难以规制，则必须依靠反垄断法从外部加以规制。从上述分析可见，专利法和反垄断法在专利不当行为规制上存在互补性，从而决定了此两部法对反向支付问题规制的协同性。

专利法和反垄断法的平衡点在于既要维护良好的市场竞争秩序，又要保护消费者的合法权益。基于反向支付协议的特殊性，专利法的内部限制和反垄断法的外部规制不可偏废，其协同规制有利于取得更好的社会效益。

四、域外药品专利反向支付协议的司法认定

对药品专利反向支付协议进行规制的前提，是对其进行认定，认定的关键是遵循原则和具体认定的方法、步骤。由于我国缺少认定的实践，因此，有必要通过借鉴域外的司法判例及其效果，对认定原则进行分析，对认定对象和策略进行论证。

（一）认定原则

对于反向支付协议的司法审查原则，国际上在审查反向支付协议时，一般采用三大原则，即本身违法原则、专利排他测试原则和合理原则。三大原则在适用演变中，出现了主次交替的情形，如早期的司法认定原则主要适用于本身违法原则，优势是简便易行，但较少考虑引发反向支付协议形成的具体原因。当公平上升为反垄断法的主流价值后，合理原则占据了主流地位①，其优势在于能够被反向支付协议的主体所接受。

对于在司法审查中应该采用何种原则，在美国也存在不同的见解。首先，是否适用排他测试原则？有学者认为，该原则适用的前提是专利合法，但实际上这一假设并不总是正确的②；也有学者认为，这一原则适用于对反向支付协议的审查，在审查中如果发现协议支付费用少于专利权人预期的诉讼费用，那么，应该认定专利药商主导的协议存在合理理由，即为了减轻诉讼负担③。其次，是否适用合理原则？有学者认为，司法审查不应该以推定代替分析，也不适合依据反垄断法进行审查；甚至有学者认为，反向支付协议的违法性是有条件的，其构成要素决定了其是否具有反竞争性④。

我国学术界的主流观点认为，应采用合理原则，即通过分析反向支付协议构成要素的合理性来确定其是否具有违法性，分析的要素包括协议签订的背景、协议规定的仿制药上市时间、协议支付的数额、仿制药企的实力等。

1. 本身违法原则

本身违法原则体现了效率至上的要求，法院可据此直接判定药品专利反向支付协议存在反竞争情形，违反了反垄断法。

在美国，"Cardizem CD 案"⑤是本身违法原则适用的典型案例。Cardizem CD 是美国 Hoechst Marion Roussel 公司的一项专利药品，属于治疗高血压和心脏病的特效药。在该药品专利尚处于有效期内时，Andrx 公司就生产 Cardizem CD 仿制药向美国 FDA 提交了上市销售的申请，此举无疑属于仿制药挑战专利药。本次挑战是否成功，既取决于药品专利本身是否存在问题，又取决于 Hoechst Marion Roussel 公司的态度。因为依据美国 "Hatch-Waxman 法案"，作为药品专利权人的 Hoechst Marion Roussel 公司为了证实被侵权，只有在 45 日内向法院提起侵权的诉讼，才能使仿制药商 Andrx 公司的上市申请被搁置 30 个月。只要 Hoechst Marion

① 郑鹏程.美国反垄断法"本身违法"与"合理法则"适用范围探讨[J].河北法学，2005（10）：122-126.

② OKADA S F . In Re K-Dur antitrust litigation: pharmaceutical reverse payment settlements go beyond the scope of the patent[J]. North Carolina Journal of Law & Technology，2012，14(1): 14.

③ COTTER T F. FTC v Actavis，Inc: When is the Rule of Reason Not the Rule of Reason?[J]. Minnesota Journal of Law，Science & Technology，2014，15(1): 41-49.

④ BUTLER H N，JAROSCH J P. Policy reversal on reverse payments: why courts should not follow the new DOJ position on reverse-payment settlements of pharmaceutical patent litigation[J].Lowa Law Review，2010，96(1): 10.

⑤ Epstein R A. Branded versus generic competition：a kind word for the branded drugs[J]. Hastings Science and Technology Law Journal，2011:459.

Roussel 公司提起侵权诉讼，则此纠纷处理的结果是可以预见的，那就是 Andrx 公司停止侵权仿制，但是，实际的结果是 Hoechst Marion Roussel 公司在起诉的同时与 Andrx 公司达成了和解，签订了和解协议。和解协议的核心内容有 3 点：① Hoechst Marion Roussel 公司向 Andrx 公司支付一笔巨款；② Andrx 公司在专利挑战成功并仿制药上市审批后的较长一段时间内放弃仿制药上市；③ Andrx 公司将获得的首仿药上市 180 天独占期权利让渡给 Hoechst Marion Roussel 公司。美国第六巡回法院审判了此案，首先，肯定了专利药和仿制药的药效相同，可以互为替代品，认定两者是在同一市场内的；其次，在审理此案的适用原则上，选用的是本身违法原则，认为双方通过反向支付协议实现垄断利润的共享，属于本身违法的反竞争行为。本案的高效判决充分显示了本身违法原则的优势。

2. 专利排他测试原则

该原则又称效果比对原则，是指在司法实践中，对反向支付协议中所达成的两个效果进行比较，一个是反竞争效果，另一个是药品专利权中的排他效果。根据对比的结果进行判定，如果反竞争的负效应大于药品专利权的排他效果，则该协议适用反垄断法规制，反之则不适用。

在美国，"先灵葆雅案"是适用专利排他测试原则的典型案例[①]。Schering 公司发明了微囊缓释氯化钾补充物专利，对心脏病的临床治疗具有很好的效果，专利保护期至 2006 年。而 Upsher-Smith 公司在 1995 年 8 月提出了生产微囊缓释氯化钾补充物仿制药的申请。Schering 公司接到通知后，首先，向法院提起了专利侵权诉讼，其次，经过双方协商达成和解协议。审阅和解协议发现，双方约定：① Upsher-Smith 公司的仿制药上市时间是 2001 年 9 月 1 日之后；② Schering 公司向 Upsher-Smith 公司支付 6000 万美元作为对价；③ Schering 公司授权 Upsher-Smith 公司销售一定数量的专利药品。此案的原告是该专利药品的一家批发商，诉讼理由有两点：第一，签订反向支付协议的两家公司通过延长专利保护期，获得并瓜分垄断利润，构成反竞争行为；第二，反向支付协议及其实施行为严重损害了消费者权益。美国第十一巡回法院使用专利排他测试原则对该案进行了审理，判决结果为不构成违反反垄断法，基本理由是：专利具有合法的排他性，协议对仿制药上市时间的约定早于专利保护到期日，协议所达成的垄断效果并没有超出专利排他权的范围，所以不适用反垄断法审查。

---

① 联邦贸易委员会：《第十一巡回法院拒绝联邦贸易委员会关于专利诉讼和解中"反向付款"的立场》（2005 年 3 月）。

从以上案例可见，首先，专利排他测试原则的适用前提是相关专利属于有效专利。其次，衡量反向支付协议是否适用反垄断审查的标准有两个：一个是时间，即对比协议约定的仿制药上市的时间和专利的到期日；另一个是范围，即获得专利权产品的权利要求书中载明的范围和禁止仿制药上市的产品范围的对比。若协议中禁止的范围在专利的保护范围之内，则协议是有效的；反之，如果超过了专利的保护范围，则协议具有非法性。可见，专利排他测试原则的最大问题就是跳过了对专利有效性的审查，从而导致专利权人可以逃避专利无效诉讼；同时，一旦协议被认定有效，就落实了专利权的排他效应，导致专利侵权诉讼无法得到有效解决。

3. 合理原则

合理原则实际上就是影响竞争效果原则，以对竞争的影响为标准进行比对，确定反向支付是否适用于反垄断法审查。在发达国家，随着制药行业地位的提升，这一原则逐渐占据主流地位。合理原则要求司法机关针对反向支付协议对竞争产生的正负效应进行分析权衡，如果对竞争的促进效应大于阻碍效应，则认定协议合法；反之，则认定协议非法。因为与竞争相关的因素较多，所以合理原则具体适用要求较高，需要进行行业调查、市场调查，并根据具体情况进行具体分析。

在美国，"阿特维斯案"是合理原则适用的典型案例。该案件的主体是拥有"雄性凝胶药品"专利权的 Solvay 公司和申请生产雄性凝胶的仿制药的 Actavis 公司。与此同时，Par 与 Paddock 实验室不仅提出生产仿制药申请，还明确提出 Solvay 公司的雄性凝胶专利无效，证明申请仿制药上市销售不构成对 Solvay 公司专利的侵权。由于 Solvay 公司提起侵权之诉，因此，仿制药申请经历了 30 个月的等待期。待期满，Actavis 公司的仿制药申请被 FDA 批准上市，并享有首仿药 180 天的市场独占期。此时，Solvay 公司为了维护"雄性凝胶药品"的市场垄断地位，与申请仿制药上市的三家达成和解，和解协议中约定的核心内容：① Solvay 公司向三家公司支付数百万美元作为和解费用；②三家仿制药企答应在雄性凝胶专利到期后 65 个月之内，所生产的仿制药不投放市场。对此协议，美国联邦贸易委员会（Federal Trade Commission，FTC）认为其属于典型的反向支付协议，以推迟仿制药上市时间为主要表现，构成了反竞争行为，为此，以协议主体违反反垄断法为由提起诉讼。第十一巡回法院受理后，使用合理原则进行了审理：首先，协议约定的仿制药上市之日早于雄性凝胶的专利到期日，该协议即使存在反竞争效应，也没有超出专利权范围之内；其次，协议是各方协商一致达成的，没有证据认定为欺诈行为，自然就不违反反垄断法。对于法院的判决，FTC 直接提起了上诉，美国联邦最高法院受理后，参与审理的法官进行了投票表决，表决的结果为，该协议存在垄断的可能性。此案之后，美国的药品专利反向支付协议都要受到 FTC 的严格审查。

欧盟从 2010 年开始全面关注医药领域的专利和解协议，不仅对其进行调查，还会公开调查报告的内容。丹麦灵北（Lundbeck）制药公司是西酞普兰药品的专利权人，此药品专门治疗抑郁症。在西酞普兰药品专利权即将到期时，有 4 家仿制药制造商 Merck、Alpharma、Arrow、Ranbaxy 已经批量生产了仿制药并申请上市。西酞普兰药品专利权人 Lundbeck 公司为了继续霸占专利药品市场，主动提出方案，与 4 家仿制药商进行磋商和解，并签订协议，约定 4 家仿制药商若放弃一定的上市时间，就可获得 Lundbeck 公司一笔巨额补偿。对此，欧盟委员会进行了调查：一方面，这 4 家仿制药商已经做好了上市准备，Lundbeck 公司所支出的补偿足以让其放弃上市销售仿制药的机会；另一方面，Lundbeck 公司与仿制药商签订的和解协议构成反向支付，直接阻碍了西酞普兰仿制药上市，促使专利药价格长期居高不下，达到了反市场竞争的目的。为此，欧盟委员会对协议各方做出了罚款决定，协议各方不服，向欧盟普通法院提起诉讼，欧盟普通法院经过审理，决定维持欧盟委员会的处罚决定。由于欧盟对药品专利反向支付协议采取从重处罚，因此，此类协议出现的频率大幅下降，各类企业对签订和解协议更加谨慎。欧盟法院虽然认可药品及其专利具有特殊性，但并不放纵反向支付协议的签订，体现了欧盟法院对反竞争行为的不接受[①]。

（二）认定对象和策略

1. 关于统一市场的认定

对于专利药和仿制药是否具有可替代性，需要考察两种药所在的统一市场问题。界定统一市场的依据是垄断经营者是反垄断法规制的主要对象。我国反垄断法将相关市场定义为经营范围和商品销售的地域范围。美国联邦贸易委员会也确定在统一市场考察专利药与仿制药的替代性。在 Cardizem CD 反垄断诉讼案中，联邦法院认为：一方面，专利药和仿制药是同质等效，在统一市场被 FDA 批准的同类药品不少于 5 种，制造企业也有 3 个以上，同类不同品牌的药有 7 种以上；另一方面，若专利药品保

---

① SUBIOTTO Q R，FIGUS D J. Lundbeck v Commissioner: Reverse Payment Patent Settlements as Restrictions of Competition by Object[J].Journal of European Competition Law & Practice，2017，8（01）：27-29.

护期已经届满，则市场上的品牌药都属于仿制药。为此，法院认定曾经的专利药已经丧失市场支配地位，即使是反向支付协议，也不存在较大的负面影响。

2. 认定内容和策略

美国 FTC 对药品领域实施更加严格的反垄断调查，使专利药企和仿制药企在签订反向支付协议时更加谨慎，为了应对反垄断调查，采用了更为隐蔽的方式，如签订非授权仿制药协议、相关交易合同，或不以货币形式出现的反向支付条款，以此来掩盖真正的反向支付①。面对构成反向支付的隐蔽性条款，司法机关必须确定认定内容，即协议支付的方向、对价和理由。

（1）协议中所有非货币结算条款的现金价值。

在美国，法院要认定协议是否具有违法性，首先需要确定支付的"反向性"，既要计算原研药商支付的货币价值，又要计算所有非货币结算条款的现金价值，并证明金额较大的反向支付缺少合理理由，法院才能据此确定协议中的"支付"是反向的，否则，诉讼难以进行。

作为原告的美国 FTC、药品相关消费者或其他利益相关方，举证责任不仅重大，还带有一定的技术性，如针对仿制药商所获得的对价，不仅需要提供仿制药商在和解协议中获得的所有对价，还需要提供这些对价的计算过程，以证明计算方式的合理性。该对价的价值一般由两个部分组成：一部分是仿制药商涉及专利侵权支付的赔偿金；另一部分是仿制药商获得专利授权支付的使用费用。再如，针对协议中关于仿制药商接受专利药企输送的非现金利益的价值计算，应当是仿制药商获得的非货币支付条款的现金价值的总和，减去可以避免发生的诉讼费用，再减去仿制药商在市场独占期间向专利药企支付的特许使用费②。上述证据的全面性和计算方式的可靠性将为判断反向支付协议的违法性提供判断依据。

（2）可以避免发生的诉讼费用。此笔费用的高低直接决定了反向支付协议是否构成违法。

首先，如果发生诉讼就会产生一些费用，如果不发生诉讼，则此类费用可以避免，这些费用包括诉讼费用、律师代理费用、法官和公证部门取证的费用、委托评估组织或专家鉴定费用，甚至还可能包含证人费用、陪

---

① HOVENKAMP H J，JANIS M D，LEMLEY M A.Anticompetitive Settlement of Intellectual Property Disputes[J]. Social Science Electronic Publishing，2003，87（06）：1719-1766.

② AOKI，TRACI. The Problem of Reverse Payments in the Pharmaceutical Industry following Actavis [J]. Hastings Law Journal，2015（01）：259-292.

审团费用等。

其次，上述费用不是必然的，因此需要对产生的费用进行合理性分析，取舍后得到合理的结果。

最后，法院对计算的费用与反向支付协议实际发生的费用进行比较，如果反向支付费用折合的现金超过了"可以避免发生的诉讼费用"，那么，反向支付协议的目的可能是推迟仿制药的上市时间，其和解动机可能是不合法的；反之，如果和解协议经确认存在合理理由，则很大可能并没有违反反垄断法。

（3）被告必须提供仿制药企向专利药企提供的"其他服务"的价值。

首先，为了证明反向支付的现金价值已经存在合理对价，被告必须提供仿制药商所提供的对价，这一对价可能包括：①仿制药企向专利药企提供原材料或成品药品；②仿制药企帮助推广专利药品的所有支出；③仿制药企是专利药企的供应商；④专利药企向仿制药企支付无关药品的开发费用。

其次，仿制药企向专利药企提供的"其他服务"，其市场价值的确定必须考虑服务的真实性：①从"其他服务"的实际内容考察，仿制药商承诺的"其他服务"不包括尚未履行的服务；②从协议获得价值与服务价值的比对考察，主要分析仿制药商的获得和付出是否相符；③考察仿制药商提供的服务对专利药商是否必要。法院在判断过程中，应当将"其他服务"的价值、可避免的诉讼费用相加，与反向支付的现金价值进行比较，以此确定反向支付协议是否具有违法性。

（4）被告提供和解条款合理的证据。在上述比较中，即使反向支付的价值超过可避免的诉讼费用和"其他服务"的市场价值之和，也不应该武断地判决反向支付协议违法，还应该听取被告举证其合理的理由。一般情况下，容易被采纳的理由主要是协议中约定的仿制药上市时间与专利到期日之间的时间区域，区间越小，理由的合理性越强，反之，则越弱[①]。

五、我国药品专利反向支付协议的认定与规制

以上分析已经证明，我国不但已经具备产生药品专利反向支付协议的制度、政策和市场环境，而且已经小范围出现药品专利反向支付问题。因此，有必要结合我国实际，对认定原则、认定依据以及法律规制路径进行探讨。

---

① FISCHMAN，JOSHUA B.The Circular Logic of Actavis[J].American University Law Review，2016（01）：91-144.

（一）我国药品专利反向支付协议违法性认定的基本原则

专利药企和仿制药企间达成的反向支付条款，不但复杂，而且更加隐蔽，因此，市场监管部门和法院在进行反垄断审查时，必须充分发挥审查原则的灵活性。

首先，应以合理原则为基本原则。本原则要求在进行反垄断审查时，既要全面分析影响反向支付条款的各种因素，又要发现协议中存在的隐蔽性反向支付条款，全面衡量各因素和条款对竞争的影响。在合理原则适用中，又要兼顾效率优先的要求，避免在该原则适用中无限地延长诉讼过程。

其次，应特别关注协议所涉专利的有效性，表现在反向支付协议中的专利是否有效，这决定了协议审查原则的选择。如果专利无效，则在反垄断审查中可以直接使用本身违法原则，从时间上判断协议主体分割垄断利润；如果专利失效或部分无效的，那么，法院需要运用合理原则进一步审查其他因素来综合判断其违法性。

（二）我国认定药品专利反向支付协议的法律依据

由于药品专利反向支付协议并不存在绝对的违法性，如反向支付协议作为仿制药商与专利药商之间的诉讼和解形式，符合《民法典》合同编中关于"以意思自治为原则、以法律强制为例外"的要求。专利权人享有的对其专利技术的垄断性权利，是专利法赋予的正当权利。但是，在专利侵权纠纷存在的前提下，如果专利权人是为了尽快结束诉讼、节约诉讼成本，则应该确定反向支付协议的有效性，不应该将其纳入反垄断法审查的范围。如果反向支付协议的签订目的、实施结果具有反竞争性，尤其是在药品专利已经失去法律效力的前提下，则反向支付协议实际上属于横向垄断协议，必须对其实施反垄断法审查。

从反垄断法审查适用的具体法律考察，我国目前有关反向支付协议认定和规制的法律依据既包括《反垄断法》，又包括《关于禁止滥用知识产权排除、限制竞争行为的规定》（以下简称《规定》）、《关于滥用知识产权的反垄断指南（征求意见稿）》（以下简称《指南》）等。从规制的行为来看，我国现行反垄断法主要规制3种行为，即经营者集中、滥用市场支配地位、垄断协议。

首先，对于滥用知识产权的构成要件，《反垄断法》第68条规定："经营者依照有关知识产权的法律、行政法规规定行使知识产权的行为，不适用本法；但是，经营者滥用知识产权，排除、限制竞争的行为，适用本法。"可见，市场经营者滥用知识产权是反垄断法规制的主要对象。虽然法律允许专利药企与仿制药企就专利侵权诉讼签订和解协议，但是，对于协议主体签订的反向支付协议，无论是药品专利权人利用专利权排除和限制竞争，还是药品专利权人和仿制药商利用协议制造新的市场垄断，都将受到反垄断法审查。

其次，对于反向支付协议是否构成横向垄断，其判断的前提是协议所涉专利是否有效。无效专利和有效专利适用不同的审查原则，如果专利有效，则审查适用合理性原则，需要从协议背景、实际数额、时间安排、实施效果等方面进行综合分析；如果专利无效，则审查适用本身违法原则。我国《反垄断法》第17条："禁止具有竞争关系的经营者达成下列垄断协议：（一）固定或者变更商品价格；（二）限制商品的生产数量或者销售数量；（三）分割销售市场或者原材料采购市场；（四）限制购买新技术、新设备或者限制开发新技术、新产品；（五）联合抵制交易；（六）国务院反垄断执法机构认定的其他垄断协议。"据此，不仅可判断反向支付协议是否构成横向垄断，还能确认其是否属于以时间为界线分割市场的垄断协议。

从豁免理由来看，《反垄断法》第20条规定："经营者能够证明所达成的协议属于下列情形之一的，不适用本法第十七条、第十八条第一款、第十九条的规定：（一）为改进技术、研究开发新产品的；（二）为提高产品质量、降低成本、增进效率，统一产品规格、标准或者实行专业化分工的；（三）为提高中小经营者经营效率，增强中小经营者竞争力的；（四）为实现节约能源、保护环境、救灾救助等社会公共利益的；（五）因经济不景气，为缓解销售量严重下降或者生产明显过剩的；（六）为保障对外贸易和对外经济合作中的正当利益的；（七）法律和国务院规定的其他情形。属于前款第一项至第五项情形，不适用本法第十七条、第十八条第一款、第十九条规定的，经营者还应当证明所达成的协议不会严重限制相关市场的竞争，并且能够使消费者分享由此产生的利益。"《规定》第五条规定："经营者行使知识产权的行为有下列情形之一的，可以不被认定为《反垄断法》第十七条第一款第六项和第十八条第三项所禁止的垄断协议，但是有相反的证据证明该协议具有排除、限制竞争效果的除外：（一）具有竞争关系的经营者在受其行为影响的相关市场上的市场份额合计不超过百分之二十，或者在相关市场上存在至少四个可以以合理成本得到的其他独立控制的替代性技术；（二）经营者与交易相对人在相关市场上的市场份额均不超过百分之三十，或者在相关市场上存在至少两个可以以合理成本得到的其他独立控制的替代性技术。"可见，首先，专利药企和仿制药企就确定的专利药品，其市场份额不能超过一定的范围，其实主要考察药品的性质和用途；其次，该协议对专利药企的研发创新必须具有促进作用；再次，该协议对仿制药企的市场竞争力提高必须具有积极作用；最后，该协议应在一定程度上促进整个市场的竞争。

从审查思路来看，《指南》针对滥用知识产权行为及其违法性都提供了具体的界定标准，主要内容：知识产权滥用行为的特殊性、表现形式；滥用行为认定中相关市场的确认；滥用行为在相关市场竞争中的正负效应；滥用行为对创新质量和创新效率的影响程度等。从《指南》内容看，无论是对行为违法性的认定，还是对行为的影响分析，都既采用了合理原则，又要求结合个案进行具体分析。

上述依据虽然体现了认定药品专利反向支付协议违法性的一种主要价值取向，即对药品专利权的保护需让位于对药品消费者权益及整个市场秩序的保护，但是，已经引起社会关注的是，一方面，药品专利反向支付协议更加隐蔽化、复杂化，另一方面，现有反垄断法的规定过于原则化和抽象化。因此，面对将来国外创新药企与我国仿制药企间达成反向支付协议的可能性，急需对反向支付协议进行分类并制定新的认定标准。

（三）我国对药品专利反向支付协议规制的完善

药品专利链接制度的实施，一方面必然催生反向支付问题，另一方面将平衡药品专利权人和仿制药商之间的利益关系。目前，经过尝试，我国已经颁布药品专利链接制度，在此制度背景下出现药品专利反向支付协议问题不可避免，因此，需要密切关注药品创新与仿制领域，提前设计和完善制度，加强对药品专利反向支付协议的规制。

1. 严格药品专利审查标准

反向支付往往与药品跳跃相结合，不仅会很大程度上推迟仿制药上市和竞争，还可能导致药品创新停滞，给药品消费者和公共健康造成严重的损害。

药品跳跃是药品研发中的非实质创新，药品专利到期前，专利权人为了长期霸占药品市场，对药品专利稍加修改即申请新的专利，对抗专利到期的仿制。我国推行药品专利链接制度后，为国内仿制药与国外药品专利的竞争准备了条件，相伴而生的是跨国制药公司作为药品专利权人，为了推迟仿制药的上市时间，可能选择反向支付的方式，在限制药品市场竞争的同时，为专利保护期满的药品争取跳跃时间。在我国，目前应对国外药品专利反向支付问题的最有效举措是提高并严格执行药品可专利的审查标准，尤其是仅限于形式创新而未进行实质创新的药品，应当禁止对其授予专利权，即从授权环节提前控制，杜绝非创新药品获得授权。

2. 建立药品专利诉讼和解协议备案制度

（1）我国药品专利诉讼和解协议备案制度的构建可以借鉴美欧经验。在进行反垄断审查之前，美国要求企业主动申报，即由专利药企将包含反向支付条款在内的诉讼和解协议主动向 FTC 申报，FTC 对该协议拥有灵活执法权。欧盟则采用主动调查的方法，每年抽查一部分药品专利诉讼和解协议，如果发现协议内容中存在反向支付问题，就会展开反垄断审查。

（2）建立药品专利诉讼和解协议备案制度。首先，从我国机构改革形成的新机构及其职能考察，负责此项工作的应该有 3 家机构，即国家市场监督管理总局的反垄断局、国家知识产权局、国家药品监督管理局，三家机构分工合作，既可以要求原研药企主动向国家知识产权局备案药品专利和解协议，又可以由国家反垄断调查机构定期抽查药品专利和解协议，抽查结果形成的报告应当及时向社会公布。其次，对于抽查中发现的反向支付协议，一方面，启动药品专利的有效性审查，由国家知识产权局负责，另一方面，对专利无效的审查结果进行反垄断调查。

（3）事前发现与事后监管相结合。在赋予反垄断调查机构灵活执法权的前提下，一方面，建立药品专利诉讼和解协议备案制度，有利于发现问题、选择调查方式，另一方面，通过程序简便的事后监管方式，直接实施灵活执法权。

3. 完善《关于知识产权领域反垄断指南》

我国《反垄断法》第 68 条规定，本法规制滥用知识产权并限制竞争的情形，而不适用知识产权的授权、行使和保护。为了解释该条，使知识产权滥用行为得到遏制，2019 年 1 月，国务院反垄断委员会发布了《关于知识产权领域的反垄断指南》（以下简称《指南》），其框架为解决反向支付问题提供了依据。

《指南》第 1 章第 2 条"分析原则"规定："分析经营者是否滥用知识产权排除、限制竞争，遵循以下基本原则：（一）采用与其他财产性权利相同的规制标准，遵循《反垄断法》相关规定；（二）考虑知识产权的特点；（三）不因经营者拥有知识产权而推定其在相关市场具有市场支配地位；（四）根据个案情况考虑相关行为对效率和创新的积极影响。"这一规定明确了合理原则的适用条件，即在"对知识产权人是否拥有相关市场支配地位"不作推定（第 2 条第 3 项）的前提下，根据每一个案件的实际情况（第 2 条第 4 项）综合分析两点：首先，知识产权人的行为是否构成排除和限制相关市场竞争；其次，知识产权行为人的行为是否对创新和效率产生正效应。上述原则不仅反映了我国司法实践中合理原则的适用条件，还体现了我国处理反向支付问题的分析思路，必然有利于我国反垄断机关对反向支付协议进行审查。《指南》第二章"可能排除、限制竞争的知识产权协议"的立法方式是列举加兜底，虽然列举了知识产权反向协议的主要类型，但并非特指药品专利反向协议。因此，对于如何通过完善《指南》以实现对反向支付协议的规制，本研究提出以下几点建议。

（1）在第二章中增加一条"反向支付"，这一条的内容：一方面，明确反向支付的本质含义，即药品专利权人支付给药品专利挑战者一笔费用，其对价是仿制药上市向后推迟一段时间；另一方面，通过分析反向支付的影响因素，考察反向支付数额的理由是否合理，如果难以做出合理解释，就应该将其纳入反垄断审查对象。

（2）如果利用第二章的兜底条款规制反向支付协议问题，接下来必须解释"限制竞争的内容、反竞争程度及协议实施方式"，明确将限制竞争的反向支付协议定性为垄断协议。

（3）明确规定对药品专利反向协议的签订者进行反垄断审查具有强制性，提高应对反向支付问题的主动性。

4. 强化对反向支付协议的反垄断司法审查

（1）案例指导。近年来，我国一直致力于构建案例指导制度。发布指导性案例，不仅有利于应对司法实践中的新问题、新矛盾，也可以有效弥补成文法的滞后性缺陷，还将指导裁判标准的统一实施，对法官自由裁量的规范化起到保障作用。实施案例指导，既有利于为各级法院处理反向支付案件提供实践依据，又能提高法院系统对案件处理的灵活性。

（2）健全反垄断法私人执行制度。因为我国反垄断法执法属于公共执行性质，虽然具有执法主体强大、执法手段威慑力较强等优点，但是执行方式通常是没收非法所得和罚款，对社会受害主体利益很难实现救济，为此，有必要引入私人执行制度，解决私主体利益救济问题。值得强调的是，我国现行的反垄断法已经初步引入私人执行制度，如《反垄断法》第60条规定："经营者实施垄断行为，给他人造成损失的，依法承担民事责任。"第46条规定："反垄断执法机构依法对涉嫌垄断行为进行调查。对涉嫌垄断行为，任何单位和个人有权向反垄断执法机构举报。反垄断执法机构应当为举报人保密。举报采用书面形式并提供相关事实和证据的，反垄断执法机构应当进行必要的调查。"这已经确认了私人主体存在的合法性。在2012年最高人民法院关于反垄断法的司法解释中，也特别规定了反垄断法的私人执行程序，但依然面临"原告资格"和"原告举证责任过重"的问题。为此，我国一方面要确立私人原告主体的合法地位，包括直接受害人和间接受害人的地位；另一方面，要通过扩大被告的举证责任来减轻原告的举证责任。

第五章　我国强制性仿制药发展的专利制度适用

发展普通仿制药，即到期仿制，虽然能够解决药品的可获得性问题，让患者买得到、买得起，但是，客观上病不会等药，如果出现较大面积的疫病，在专利药到期和仿制药面世前，已经不知道有多少人丧生。这必然引出一个问题，即如何提高药品的及时获得性，在药品专利期内发展仿制药，笔者称之为"强制性仿制药"。本章的内容是本研究设计的仿制药发展的三大板块之一，主要内容包括 3 个方面：①强制性仿制药发展及其合理性分析；②我国强制性仿制药发展的制度设计及存在问题；③如何完善我国强制性仿制药发展的专利制度。

第一节　我国强制性仿制药发展及其合理性

当今世界，无论是发展中国家还是发达国家，都在面临公共健康问题的挑战，而且疫情面前无国界。近 20 年来，非典、甲型流感（H1N1）、H7N9 禽流感、新型冠状病毒肺炎等严重疫情在我国甚至全球蔓延，严重威胁到人类的身体健康和生命安全。面对疫情尤其是新冠疫情，我国高度重视，习近平总书记亲自部署，抗击疫情工作取得阶段性胜利。2020 年 6 月 2 日，习近平总书记在专家学者座谈会上提出"人民至上、生命至上"，并明确要求我国必须建立强大的公共卫生防疫体系，时刻准备抵御突如其来的疫情侵犯。2017 年，事关仿制药发展和使用的电影《我不是药神》播出后，一石激起千层浪，我国的药品质量、仿制药制度和药品供给体系受到拷问。《我不是药神》真实反映了印度治疗癌症的仿制药价廉物美，印度的公众健康权得到较好的保障的现状，而我国的癌症患者在"有病拖不起、国外有药买不到、国内有药买不起"的情形下饱受煎熬，究竟什么原因导致了如此大的差距？影片上映后，我国政府不仅紧急叫停了包括抗癌药在内的一批"救命药"的进口关税，还要求相关部门落实"救命药"的降价保供问题解决方案。其实，在此问题上需要厘清药品专利保护与专利强制许可的关系，研究如何在《TRIPS 协议》框架下大力发展强制性仿制药。

一、强制性仿制药的含义

（一）强制性仿制药的概念及特点

本研究基于专利强制许可制度的属性和仿制药的特点而提出"强制性仿制药"的概念。所谓强制性仿制药，是指在特殊情况下，为了解决大面积疫病问题、市场垄断问题等，由具备生产条件的药企申请，国家专利主管部门有权利在不经过药品专利权人许可的前提下，批准意欲使用该药品专利的申请人实施该专利技术，即申请人获得生产"强制性仿制药"的政府许可。申请人获得许可后要承担两项义务：首先，要向药品专利权人支付一定的专利使用费；其次，生产的仿制药必须做到与专利药在安全性和有效性的要求上保持一致。特点：

（1）从产生的依据考察，强制性仿制药的产生以专利强制许可制度为依据。专利强制许可制度是专利许可使用制度和专利限制制度的重要内容，其正当性体现在以下几个方面。

①构建该制度主要基于社会公共利益的考量，当专利私权性与公共利益的社会性发生冲突时，公共利益优先原则的体现就是对专利权进行限制，其中，专利强制许可是限制专利权最有效的手段。

②药品专利强制许可的合理性还在于虽然专利具有合法垄断性，但是，专利权人需要依法行使权利。如果专利权人只申请、不实施，则属于滥用专利权，或者不正当利用专利垄断，专利权人的这种行为必须受到限制。而专利药品价格高出药品合理价格水平会危及公共健康。

③强制性仿制药能够在专利有效期内及时投入市场、平抑药价，依托的就是专利强制许可制度。

（2）从强制仿制与普通仿制的区别考察，主要有以下两个特点。

①生产时间上的区别：普通仿制药是药品专利到期，专利技术进入公共领域，其他药企针对专利药品所生产的和专利药品具有一致疗效性的药品；而强制性仿制药生产时，药品专利仍然处于保护期。

②生产成本上的区别：普通仿制不需要向药品专利权人支付任何费用；强制性仿制药企需要向药品专利权人支付一定的费用。

（3）从制度背景考察，强制性仿制和普通仿制虽然都具有合法性，但是普通仿制属于正常利用已经失去法律效力的专利技术，而强制性仿制属于对专利权的限制。

（4）从实施效果考察，普通仿制虽然在一定程度上解决了药品的可及性问题，即能够买到药、药价有较大的下降，但是不能提高药品获得的时效性，只有等到药品专利到期才能仿制。因此，仅实施普通仿制仍然是"病等药"，实质上并没有解决药品的可及性问题。如果要从根本上解决药品的可及性问题，就需要发展强制性仿制药，即对药品专利实施强制许可制度。

（二）我国强制性仿制药相关规定的演进

从一般意义上看，专利法不仅是利益维护的主要工具，也是应对和解决公共健康问题的重要手段。药品专利强制许可制度依托专利强制许可制度，具有较强的公益性和特殊实施性。追溯我国专利强制许可制度的起源，可以从我国 1984 年制订的第一部《专利法》中找到答案：一方面，规定了专利权人必须充分实施其专利技术 [①]；另一方面，明确了可专利的范围，其中，化学制品和药品没有被纳入专利权客体，即不对药品实施专利保护。

20 世纪 90 年代初，美国因为认为发展中国家的知识产权保护水平较低会影响全球知识产权贸易，于是设置贸易壁垒，提起经济制裁。例如 1991 年 4 月，美国以中国在知识产权保护中存在问题发起调查，要求中国提高知识产权保护标准。为此，我国启动了《专利法》修订工作，同时针对药品专利保护和药品专利强制许可对法条进行了增补：一方面，扩大可专利范围，将药品、制造药品的方法纳入专利法保护的对象；另一方面，完善了专利强制许可的法定事由，专门规定基于国家安全、国家处于紧急状态，或涉及公共利益保护，可以实施强制许可。上述规定为我国强行仿制药的发展提供了依据。

2003 年，为了落实《专利法》中关于专利强制许可制度的规定，国家知识产权局颁布了《专利实施强制许可办法》，着重对强制许可的事由、程序、主体、客体等作出明确规定。上述办法虽然将专利强制许可制度进行了具体化，但是并不利于该制度的实施，理由在于规定的强制许可的事由过于严格，实际上很难实施，也导致了我国从未出现一例专利强制许可，有人戏称我国专利强制保持零许可。

2005 年，为了完善药品专利保护与限制制度，我国颁布了《涉及公共健康问题的专利实施强制许可办法》。在本办法中，一方面，指出了药品专利保护与公共健康之间的关系，明确了公共健康保护的地位；另一方

---

① 《中华人民共和国专利法》（1984 年）第 52 条："发明和实用新型专利权人自专利权被授予之日起满三年，无正当理由没有履行本法第五十一条规定的义务的，专利局根据具备实施条件的单位的申请，可以给予实施该专利的强制许可。"

面，界定了涉及药品专利限制的几个重要概念，如"药品""传染病""公共利益""紧急状态"等。为此，本办法被称为《专利法》的重要补充，尤其是突破了2003年《办法》的限制。

2008年，我国对《专利法》进行了第二次修订。本次修订的背景是《TRIPS协议》第31条作出了修改，明确了"公共健康保护"的重要地位，为发展中国家解决公共健康问题提供了国际法依据。我国2008年《专利法》更加明确地强调了对公共健康利益实施保护，同时对药品专利予以限制，其限制具体表现为允许对药品专利实施强制许可，为仿制药发展提供了法律依据。

2010年，为了贯彻落实《专利法》，我国制定了《专利法实施细则》。在该细则中，首先，增加了专利强制许可的情形，扩大了强制许可的适用范围；其次，对"未充分实施专利"的规定进行了细化解释，即如果专利权人或被许可人在实施专利时，该专利的实施程度与实施方式难以满足国家的需求，则该专利将被视为未充分实施；最后，对于"取得专利权的药品"，包括申请人就药品本身获得专利权的专利药品和就专利方法获得专利权的专利药品，如果该专利药品的生产是为了解决公共健康问题，则其将纳入强制许可的范围。

2012年，国家知识产权局就专利强制许可重新做出规定：一方面，废止了2003年、2005年所颁布的两个专利强制许可办法；另一方面，重新颁布了《专利实施强制许可办法》，对强制许可申请的审查程序、审查内容、许可费用等进行了统一规定；值得一提的是，还对公共利益的保护进行了明确。

2018年，国务院办公厅印发了《关于改革完善仿制药供应保障及使用政策的意见》，本意见共15条，其中涉及仿制药发展的内容包括：①首次提出药品专利的强制许可，并明确了路径；②规定了对药品实施强制许可的情形，即如果我国出现公共健康问题，尤其是面对紧急状态时，就允许申请药品专利强制许可；③申请对药品实施强制许可，必须具有实施条件，以保证许可措施的正常进行；④对于是否批准对专利药品实施强制许可，其批准环节需要卫生健康部门和国家知识产权管理部门协同进行，先由国家卫生健康部门与相关部门对申请进行评估并提出建议，最终由国家专利机关决定是否批准申请。

2020年《专利法》规定，为了维护公共健康，对专利药品，国务院专利行政部门不仅可以批准强制仿制许可，还可以依据国际法规定强制出口到相关国家或地区。本条规定为强制性仿制药的生产和出口提供了法律依据。

从上述法律、政策的梳理可见，我国强制性仿制药的发展依据比较完备，但实际实施效果并不理想，目前基本处于"零实施"状态。因此，我国仍然需要完善药品专利强制许可制度，重点完善这一制度的强制性和权利补偿的确定性。

二、对专利药品强行仿制的必要性和合理性

（一）实施药品专利强制许可制度的必要性

药品专利强制许可制度的主要任务是提高药品的及时获得性，与公共卫生防疫体系和医疗保障体系共同防止公共健康问题的蔓延。改革开放以来，随着我国财力不断增强，科技进步日新月异，公共卫生体系和医疗保障制度也在不断完善。但是，实现"健康中国"战略，一方面，要面对人口老龄化、老年性疾病高发、传染性疾病和慢性疾病不断蔓延等挑战；另一方面，要面对原研药价格畸高与患者购买力有限的突出矛盾，尤其是在扶贫脱贫使命实现过程中发现的因病致贫、因病返贫的问题。这些问题长期存在，想要解决，必须综合施策，其中，实施药品专利强制许可制度，大力发展强制性仿制药，是十分有效且必要的。

1. 中国面临着日益严峻的公共健康危机

（1）人口老龄化与群体性疾病。首先，我国人口老龄化趋势明显，据统计，我国65岁以上人口，1999年为8679万人，占总人口的比重为6.9%；2010年为11894万人，占总人口的比重为8.9%；2016年为15003万人，占总人口的比重达10.8%；据预测，2030年65岁以上人口占全国总人口的比重将上升至18.2%。老龄人口的增加，不仅直接造成适龄劳动力减少，还导致社会养老负担加重。其次，老龄化问题逐步显现。据调查，截至2016年年底，在60岁以上的老年人中，65%的老年人患有癌症、糖尿病、心血管疾病、高血压、老年痴呆等老年性疾病。60岁以上老人俨然成为用药的主要人群，如何实现健康老龄化已经受到全社会的高度关注。

（2）受传染性疾病威胁。目前，严重威胁我国公共健康的问题之一就是传染性疾病，如艾滋病、肺结核、病毒性肝炎等。《中国统计年鉴2017》显示，2016年我国甲乙类法定报告传染病的总发病率为每10万人中有215.69人，总死亡率为每10万人1.31人。尤其是新型冠状病毒肺炎，其特点：①病源复杂多变，其严重性很难准确判断；②传播速度快，传播途径简单，影响范围广，任何国家都难以独善其身；③疗效好的药品既难以

确认又难以供应，治疗难度很大，防御难度更大，有的国家政府对此次疫情不作为，任由疫情发展、蔓延；④影响大，不仅直接威胁生命健康，还造成了全球性经济衰退。

（3）慢性病威胁。我国的慢性疾病，首先表现为疾病种类较多，如恶性肿瘤、呼吸系统疾病、心脑血管疾病、代谢性疾病等，这些疾病一旦确诊就是终身患病、终身吃药，医药负担严重影响患者的身体健康和生活水平；其次，慢性病患者人数众多，2018年的统计数据显示，全国的慢性病患者达到4亿多人；再次，慢性病患者并不局限于中老年人，不但不分老幼，而且慢性病患者呈现年轻化趋势；最后，慢性病因为发病率高、治愈率极低，所以其并发症威胁极大，如果病情得不到及时治疗和控制，则其致残致死率较高。

2. 昂贵的药价与患者利益之间的冲突

（1）昂贵的药价与疾病治疗费用。随着全球高新技术的不断发展，制药技术也得到了快速发展，过去曾经被称为"绝症"的癌症也有了治愈的机会，过去曾经被称为"不治之症"的心脑血管疾病也可以通过治疗延长生命，改善生活质量。医学进步和专利药品的不断问世，给患者带来福音的同时也带来了一些遗憾，如因为药价高昂患者只能"望药兴叹"放弃治疗。发达国家的药品技术十分先进，而我国的药品研发甚至生产技术依然比较落后，特效药一般都是高价进口药，表现为"有药治"但是"用不起"，药品不可获得的问题突出。

以艾滋病为例，因为缺少能够治愈的药品，所以鸡尾酒疗法成为最常见的治疗方法。但是，在2009年之前，我国大多数艾滋病患者没有能力使用这一阻止艾滋病病毒繁殖的有效疗法，原因在于鸡尾酒疗法所用的药品中有20多种属于专利药品，价格较高，超出了大多数患者的承受能力。即使国家给予补贴，患者依然负担不起高昂的药价。直到2009年，我国出现仿制药，药品疗效得到了改进，药品价格才降到大众可以负担的程度，鸡尾酒疗法的基础用药才逐渐开始普及。

同样的，一些重大的慢性疾病的治疗费用更是不菲。国家金融监督管理总局对其确认的25类常见重大疾病的治疗费用进行调查，发现恶性肿瘤无论是否治愈，其费用均需要10万～30万元，其特效药品80%以上是从国外进口的专利药品，而且这些药品的费用都难以纳入大病医保。冠状动脉搭桥术等手术的费用一般在15万～50万元，还不包括需要长期用药的康复费用。慢性肝功能衰竭的治疗费用每年需要5万元左右。

特效药品价格高的原因很多，虽然有进口关税的因素，也有药品市场层层加价的问题，但根本原因在于药品本身价格居高不下，深层原因是对药品专利保护过度。

（2）疾病患者有限的经济承受能力。首先，我国人均可支配收入仍处于较低水平，处于满足基本生活需求的状态；其次，我国有大量人口的医疗保健支付能力严重不足，基本需要依靠国家的医保政策；最后，我国很多家庭一旦出现慢性病患者，就会陷入贫困状态。因此，药品价格昂贵与收入水平较低的矛盾仍然是影响民生问题的主要因素。

2014年，"陆勇案"引发了很大的舆情，社会反应强烈。陆勇作为白血病患者，为了保命和减少药品费用支出，从2004年开始，通过非正规渠道购买并服用印度的仿制药，治疗效果显著；又因为仿制药价格相对于国内等效的药品降低了很多，所以陆勇将自己的治疗情况和买药途径与病友分享。一时之间，病友们无不期盼购买到廉价特效药品，上千病友求助陆勇代为购买印度的仿制药，陆勇也欣然同意，他们都成为仿制药的受益者。然而，陆勇购买和使用的印度仿制药并不是我国药品监管部门批准上市销售的合法药品，陆勇也因此被检察院以涉嫌"销售假药罪"提起公诉。虽然，陆勇最终被免予起诉，但是这个案件折射出一个问题，即我国昂贵的药价与患者利益之间存在严重的利益冲突。

3. 因病致贫、因病返贫现象突出

近年来，党中央将扶贫、脱贫作为一项使命，2019年，我国基本实现了所有贫困县摘帽，贫困户数量大为减少，2020年，我国脱贫攻坚战取得了全面胜利。但是，我国半数家庭抵抗疾病的经济能力仍然偏低，一旦家庭成员患上慢性疾病，就极有可能入不敷出、因病致贫、因病返贫。

为了巩固脱贫攻坚战取得的成果，我国启动了乡村振兴战略计划，其中，将解决因病返贫问题作为扶贫工作的重要任务。据分析，我国仍然存在许多刚刚脱贫的地区和人口，其经济基础比较薄弱，一旦有家庭成员患上大病、慢性病，则整个家庭很可能再次陷入贫困，尤其是一些尚未找到致富门路的家庭。原因在于：一方面，患病会导致劳动能力丧失，家庭收入来源失去保障；另一方面，医疗支出过大、报销比例偏低，难以承担自付医疗费用，使一些刚刚脱贫的家庭二次返贫[①]。可以肯定地说，对普通家庭而言，一个家庭成员患上了严重的疾病，就意味着"灭顶之灾"的来临。

---

① 汪辉平，王增涛，马鹏程.农村地区因病致贫情况分析与思考：基于西部9省市1214个因病致贫户的调查数据［J］.经济学家，2016（10）：71-81.

（二）实施药品专利强制许可制度的合理性

1. 药品专利保护对药品可及性的影响

（1）药品价格高昂严重威胁发展中国家的公共健康。据调查，在发展中国家，药品费用占据健康总支出的 80%，药品价格成为影响发展中国家的患者是否可以获得有效治疗的第一因素。例如，治疗艾滋病的 20 多种药物中的大多数属于专利药品，因为价格高昂，发展中国家，尤其是极不发达国家的患者普遍无法得到有效治疗。

（2）药品高价格源于专利药品的推动。首先，高价药影响药品的可及性。世界卫生组织认为，影响药品可及性的因素主要有 4 个：①是否存在对症的药品，这是基础性因素，要有药可治；②在有药的前提下，患者是否有购买能力和治病需要是前提，但药品价格的承受能力也是决定因素；③政府的医疗保障体系和保障能力；④药品的供应体系[①]。综合分析以上 4 个因素可见，药品价格是主要的影响因素，不仅对低收入群体而言是决定性因素，对发展中国家来讲也是解决公共健康问题的核心所在。其次，大多数专利药品的专利权人是国际上的大型跨国公司，它们享有对大多数药品的专利权和药品价格的控制权。为了追求药品带来的垄断利润，它们长期制定较高的药物价格，这对极不发达国家而言可谓是灾难性的。

（3）发展中国家普遍认为，高药价完全由专利制度导致。在《TRIPS协议》生效之前，发展中国家普遍将药品排除在专利保护之外，可以对专利药品进行自由仿制，不具有仿制水平的国家也可以进口廉价仿制药品。药品价格长期维持在较高水平，不利于发展中国家的低收入群体获得药品救济的机会。《TRIPS 协议》生效后，各成员不但要为药品提供专利保护，而且，无论是发展中国家还是极不发达国家都要执行无差别的较高保护标准，这对发展中国家显然是不公平的。

2. 药品专利强制许可制度的利益平衡作用

法律的重要作用就是调解不同利益主体之间的关系，解决不同利益主体之间的冲突，起到定分止争的作用。在药品专利保护与限制中，就特别需要建立一种制度，在公共利益和药品专利权、健康权与药品专利权发生冲突的时候，发挥调节作用。

从权利限制的内容考察，权利限制是指权利受到来自权利人以外的约

---

① 韦贵红. 药品专利保护与公共健康［M］. 北京：知识产权出版社，2013：121.

束，既包括公法上的约束，也包括私法上的约束。一般而言，有权利必有限制，权利是配置客体利益的法律工具，而权利与权利限制共同构成权利体系的统一体，以达到法律上所追求的各种利益的大致平衡，实现法律的价值目标与社会功能。

就知识产权而言，权利限制表现为权能的限制、行使的限制、时间的限制、主体的限制、对象的限制和地域的限制。

（1）权能的限制：知识产权的种类和内容由法律规定，不能随意自设。

（2）行使的限制：对权利人行使或不行使权利的限制，如著作权中的合理使用制度，专利法中的强制许可制度、法定许可制度等都是对权利人权利行使的限制。

（3）时间的限制：知识产权有一个权利存续期间，并非永久存在。

（4）主体的限制：知识产权的原始主体须符合一定的条件，并非所有人都能成为知识产权的权利人，如只有参与创作的人才算作者，从而对其创作的作品享有著作权，外国人、无国籍人要想在中国成为知识产权主体也必须符合一定的条件。

（5）对象的限制：知识产权的保护范围有限，只有符合法律规定才能成为知识产权的对象。

（6）地域的限制：知识产权具有地域性，根据一个国家的法律取得的知识产权仅在该国领域内有效，原则上在其他国家不发生效力。

从权利限制制度在知识产权法中的作用考察：

首先，权利限制体现了知识产品和知识产权的双重属性。知识产品之所以具有私有性和社会性的双重属性，是因为：一方面，其私有性在于知识产品作为一种成果，是创造者个人的创造性劳动所致，属于个人智力劳动成果；另一方面，其社会性在于个人的成果并非绝对个人的成果，其相对性还在于成果的产生除了源于个人智力劳动的投入，还包括对前人知识成果的借鉴、学习和吸收，表现为内容上的继承性和时间上的继承性。为此，从知识成果的社会意义考察，"知识财富本质上是人类共有的"。为了保护智力成果，世界各国相继立法，通过使知识成为权利，形成知识产权保护制度。但是，知识产品的双重属性，也决定了知识产权的两面性：一方面，国家依法赋予知识产权人享有在一定期限内的垄断权，实现创新投入的回报和利益的实现，鼓励创新，禁止未经知识产权人许可的实施；另一方面，知识产权实施中又需要兼顾公共利益，即不得与公共利益相冲突，这一限制正是知识产权社会性的体现。

其次，权利限制是知识产权立法追求实现个人本位、社会本位的融合。一方面，实现个人本位是权利保障的基础，只有重视个人本位即权利人的利益，才能鼓励创新及创新成果的形成。另一方面，个人本位和社会本位并非绝对对立，强调社会本位是对实现个人本位的支持，只有坚持社会本位，才能更好地实现个人本位。通过权利限制所要实现的目标，是针对极端的个人本位，而不影响权利人正常行使权利。

最后，权利限制有助于知识产权相关利益的平衡。就专利而言，从创造、授权、应用、限制和保护形成一个完整链条，每一个链条中都凝结着不同的利益，如何协调这些利益关系，成为专利法的主要任务。在专利领域，存在多个利益主体，如专利权人、发明人、使用人、质权人、代理人、侵权人等，每个主体都享有不同的权利，承担着相应的义务。究竟如何处理好专利权人、专利使用人和公共利益及其代表之间的关系？协调的主要手段之一就是权利限制，如专利权人利益与公共利益发生冲突时，就需要对专利权人的权利享有、实施、处分等行为进行限制，避免专利权与公共利益发生对抗。

药品专利强制许可制度是权利限制的一项重要制度。实施此制度，可实现强制性仿制药的生产和供给，满足发展中国家，尤其是极不发达国家的药品需求，切实提高药品的可获得性。

第二节　我国强制性仿制药发展的制度设计及存在问题

2013 年以来，陆勇案、魏则西案引起了广泛的关注，直接涉及药品的可获得性问题。2018 年，电影《我不是药神》热映，引起了社会各界的激烈争论，"药品专利强制许可制度的实施问题"一时备受争议，大众一致呼吁政府启动药品专利强制许可制度。在此背景下，2018 年 4 月 3 日，国务院办公厅印发了《关于改革完善仿制药供应保障及使用政策的意见》（以下简称《意见》），其中提出要"明确药品专利实施强制许可路径"，并将依法分类实施药品专利强制许可，大力发展强制性仿制药，为"健康中国"目标的实现保驾护航。

专利强制许可制度在 1984 年颁布的《专利法》中就是重要的内容，但是，为何至今药品专利强制许可制度在我国长期处于"零实施"状态呢？[①] 其原因是多元化的，具体分析有以下几个方面：

首先，从我国医药产业的发展状况考察，我国仿制药产业发展水平不高，从制造和创新水平看，与发达国家和发展中国家的印度相比，还存在较大的差距；从仿制药质量看，仿制药在国内并不是公众的宠儿，实际认可度较低[②]。

其次，以本研究成果看，专利强制许可制度是发展强制性仿制药的重要依据，但是，从学术界相关研究成果可见，我国药品专利强制许可制度仍然不够完善：①相关概念界定不严密、不准确，如"公共健康"；②制度设计标准，或复制《TRIPS 协议》中的规定，或超出《TRIPS 协议》标准，脱离"中国化"；③实施的前提条件不明确、不具体，可操作性差，导致有法难依[③]；④该制度实施条件苛刻，限制了药品专利强制许可制度的有效实施[④]；⑤该制度实施程序烦琐，导致申请人积极性不高。为了克服制度缺陷，全面发挥该制度的作用，提高药品获得的时效性，有学者通过分析印度强制性仿制药发展的经验，呼吁我国尽快制定该制度的实施细则，尤其应细化强制许可的申请理由，为分类实施强制许可提供依据。然而，对于如何尽快完善药品专利强制许可制度，提高可操作性，必须按照《意见》中的要求，从分类实施角度对不同类型的药品实施专利强制许可制度，包括药品监管、研发资助等配套制度[⑤]。

从现实情况看，对我国药品专利强制许可制度的研究，既包括制度构造层面，又包括制度实施层面。保障制度可行性的核心是落实基于药品专利强制许可的具体情形分类实施，以期实现仿制药供给的时效性，提高维护公共健康的有效性。为顺应这一趋势，本节将针对分类实施和全程管

[①] 对此问题学术界实际上存在一些争议。自 2008 年《专利法》完成第三次修改后，我国也出现了一例类似申请药品专利强制许可的尝试，即"白云山版达菲案"：2009 年 11 月 16 日，广州白云山制药总厂发布公告称其已向国家药监部门提交了"提前受理我厂仿制磷酸奥司他韦原料药及胶囊的注册申请"，希望提前批准开展生物等效性试验，但该尝试最终未能成功。该事件被一些学者认为是我国实施强制许可的重要尝试。袁泉，邵蓉. 从白云山版"达菲"事件看我国药品专利强制许可制度[J]. 中国新药杂志，2010 年（16）：1392-1395. 但本文对此持不同观点，因为该尝试主要涉及药品监管部门就药品注册活动和《专利法》（2008 年）第 69 条第 5 项 "Bolar 例外" 的适用，而非药品专利强制许可制度的实践。

[②] 黄智然，刘诗洋，魏晓晶，等. 北京市 85 家二、三级公立医院心血管类原研药与仿制药利用分析[J]. 药物流行病学杂志，2017（07）：490-495.

[③] 郝敏. 药品专利强制许可制度在发展中国家的应用：从"抗癌药代购第一人"陆勇事件谈起[J]. 知识产权，2015（08）：95-101.

[④] 刘立春，朱雪忠. 与药品专利强制许可相关的"公共健康"含义[J]. 中国卫生经济，2015（02）：73-78.

[⑤] 陈永法，雷媛，伍琳. 印度药品专利强制许可制度研究[J]. 价格理论与实践，2018（08）：90-93.

理两个概念，对现行药品专利强制许可制度的内部构造、制度缺陷等进行分析。

一、我国药品专利强制许可制度分类实施的制度构造

（一）两项制度安排

从上文论证中可见药品专利强制许可的合理性和必要性。但是，从国际上考察，该制度的产生和实施并非一帆风顺，因为其直接影响到发达国家的利益。毋庸置疑，《TRIPS 协议》是发达国家主导制定的，不仅统一提高了药品专利的保护标准，还对药品专利强制许可做出了较为苛刻的限制条件。《TRIPS 协议》第 31 条虽然设立了专利强制许可一般条款，但并没有考虑发展中国家和极不发达国家的公共健康状况和药品生产供应能力，因此，发展中国家的代表——印度、巴西、南非等都曾提出了尖锐的意见，南非等国还发生了药品专利权与公共健康的激烈冲突事件[1]。为了减轻发展中国家和极不发达国家履行《TRIPS 协议》的公共健康负担，为仿制药发展提供较为宽松的制度环境，WTO 不得不对《TRIPS 协议》第 31 条进行重新解释，2001—2005 年陆续通过了《多哈宣言》《总理事会决议》和《修改 TRIPS 协议议定书》（以下简称《议定书》）。上述 3 个文件，在对《TRIPS 协议》进行重新解释的基础上，增加了关于"药品出口专利强制许可特殊制度"的内容[2]。至此，《TRIPS 协议》第 31 条形成了两项制度安排：一方面，符合药品专利强制许可的国家，为了满足药品供给，可以启动药品专利强制许可制度；另一方面，允许缺少药品仿制能力的国家实施对强制性仿制药的进口。

在分析国际规定的基础上反思我国的药品专利强制许可制度，令人感慨。一方面，我国第一部《专利法》已经包含了专利强制许可制度，可谓内容全面；另一方面，制度虽然存在，但并不具有可实施性。修订后的《TRIPS 协议》第 31 条为我国修订专利强制许可条款提供了依据[3]。为了发展强制性仿制药，提高药品的及时可获得性，笔者认为，我国建设药品专利强制许可制度应该参照《TRIPS 协议》中的相关条款，从药品专利强制许可一般制度和药品出口专利强制许可特殊制度两个方面进行。

---

① 艾伦·乔纳森·伯杰.推动十年变革：艾滋病患者都享有药物［J］.国际艾滋病学会学报，2011：15.

② 陈婷，林秀芹.《多哈宣言》实施中的法律障碍及发展前景展望：《多哈宣言》实施效果评估［J］.国际经济法学刊，2013（02）：188-208.

③ 林秀芹.中国专利强制许可制度的完善［J］.法学研究，2006（06）：30-38.

1. 药品专利强制许可一般制度

在《专利法》中，关于药品专利强制许可的一般制度，其内容包括：

（1）特定的申请人：作为实施主体，即向国家专利管理机关提出强行仿制的人。

（2）批准机关：法定的国家专利机关作为有权批准人。

（3）法定事由及满足前置条件。

（4）申请人需要向专利权人支付使用费。

（5）申请人也即实施人仅按照审批要求享有实施权，不具有其他专利权，如许可使用权、转让权等处分权。

从上述对一般制度的解读可见，如果分类实施，核心问题就是启动事由。我国现有《专利法》将药品专利强制许可的事由划分为：①专利权人未充分实施；②专利权人的实施行为构成垄断；③国家出现紧急状态；④公共利益与专利权发生冲突需要优先照顾公共利益；⑤从属专利实施需要等。但是，一般制度也存在限制，仅仅满足供应国内市场的强制性仿制，目标市场限制在本国范围内，一般限制以出口为目的的强行仿制[①]。然而，对于缺少仿制药生产能力的国家，如何满足药品的可获得性呢？ WTO 对允许进口仿制药的国家作出了规定：首先，进口仿制药需要经过 WTO 批准；其次，如果专利药品在进口国不受保护，即药品专利权人在进口国不享有专利权，则只要解决出口许可即可；最后，如果该药品在进口国和出口国都属于专利药品，则其进口国、出口国需要依据《TRIPS 协议》第 31 条之二的规定，向 WTO 理事会履行通报手续[②]。

2. 药品出口专利强制许可特殊制度

强制性仿制药除了供应国内，还可能需要出口许可，这属于药品专利强制许可制度的延伸规定，被称为药品专利强制许可特殊制度。该制度的核心内容：①出口是为了公共健康；②需出口国专利机关批准；③符合我国强制性仿制药出口的国际规定；④不经过药品专利权人许可。这一特殊制度，从不同侧面反映了药品专利强制许可制度功能，不仅给强制性仿制药提供了市场，还提高了极不发达国家的药品可获得性，与一般制度具有明显的互补性。

---

① 涉及垄断情形的强制许可范围可能存在特例，因为该情形下药品专利强制许可的颁布需以消除药品专利垄断对国内的不利影响为目的，鉴于该影响可能来自国外，故强制许可的范围也不应限制在国内。

② 国家知识产权局条法司.《专利法》及《专利法实施细则》第三次修改专题研究报告[M].北京：知识产权出版社，2006.

（二）我国药品专利强制许可的分类规定

我国现行《专利法》的第五十三到第五十六条规定了实施药品专利强制许可的 6 种情形，适用法律既有专利法，又有反垄断法，在此分别进行论述。

1. 普通强制许可

（1）构成要件：

①允许国内有条件实施药品专利技术的药企提出申请。

②药品专利权人在一定时间内未充分实施其专利技术。

③申请人已经与专利权人协商，在合理条件下不能达成协议。

④实施强制许可的专利类型不包括外观设计专利。

根据以上 4 个构成要件可知，核心之一是"一定时间"内，我国《专利法》规定，有效专利是从授权之日起满三年，且从申请之日起满四年；核心之二是"未充分实施"，需要细化规定。

（2）应用情形：

①强制许可申请人的资格规定。对于申请人的实施能力、实施条件，从 2008 年《专利法》开始，就对申请人进行了宽松性的条件规定，即"满足实施条件的单位或者个人"，无论是单位还是个人均可成为申请人。虽然 2008 年《专利法》对申请人的资格作出了原则性规定，但是，专利强制许可毕竟是国家公权力的具体实施，非专利权人、非专利权人许可实施者是否具有实施能力确实需要认定。强制许可的实施主要依靠申请人的创新能力和实施能力，该实施难以得到专利权人的技术援助和帮助，如果该专利创造性较强，则实施难度可想而知。本研究认为，在认定申请人实施条件时，可以从积极要件和消极要件两个方面进行认定。积极要件包括申请人自身对相关专利技术的研发能力、制造能力等。消极要件包括申请人申请专利强制许可的历史、申请专利强制许可是否只是为了套利等。

②申请强制许可的前提条件。我国《专利法》第 59 条规定："依照本法第五十三条第（一）项、第五十六条规定申请强制许可的单位或者个人应当提供证据，证明其以合理的条件请求专利权人许可其实施专利，但未能在合理的时间内获得许可。"即提交强制许可申请时应提供证据，此证据是提交申请的前提条件，其内容是申请人必须证明申请前曾以"合理的条件"请求专利权人许可，但未能在"合理的时间"内获得许可。可见，强制许可前提条件的界定演变为"合理条件"和"合理期间"的认定。那么如何认定呢？《专利法实施细则》《专利实施强制许可办法》均未明文

规定，仅规定了程序，即国家专利局收到强制许可申请，应通知专利权人陈述意见，必要时可以组织由申请人和专利权人参与的听证会等。

2. 反垄断救济强制许可

（1）构成要件：

①确认构成垄断行为，即需要对药品专利权人的实施行为进行依法确认，经有权确认机关依照法定程序进行确认，如果构成垄断行为，就构成实施强制许可的基础条件。

②实施强制许可是为了消除垄断行为对竞争的影响。

③可以实施强制许可的药品专利仅包括发明和实用新型两种类型。

④不设置前提条件，不需要与专利权人协商。

可见，本强制许可的主动权主要掌握在专门机关。

（2）应用情形：

①依法认定的判断。如何"依法认定"，由谁认定，依据哪部法认定？我国 2020 年《专利法》对此没有规定，最新的实施细则也没有作出具体解释，甚至没有规定"依法认定"是否应该先由司法判决或行政裁决。在此，本研究考察《TRIPS 协议》的第 31 条，其中规定如果出现反竞争情况，允许成员通过强制许可限制反竞争情形。对于是否存在反竞争情形，须经司法程序或行政程序认定。虽然规定其认定方式由司法机关或相关行政机关确认，具有一定的合理性，但其缺陷在于一旦认定时间过长，则强制许可可能会失去应有的意义。

②反垄断的意义。我国《专利法》第 53 条第 2 项规定了可以实施发明专利或者实用新型专利强制许可的第二种情形，即"（二）专利权人行使专利权的行为被依法认定为垄断行为，为消除或者减少该行为对竞争产生的不利影响的。"可见，强制许可是反垄断的重要手段。具体到药品领域，我国的药品专利垄断行为尚不突出，主要在于防患于未然。简要考察国内制药行业的发展情况可见一斑，首先，我国制药商虽然有近 5000 家，但是很少能从规模上达到国际水平；其次，我国绝大多数制药企业以生产仿制药为主，虽然近年来加强了药品创新，但高端原研药较少，因此国内原研药商的垄断行为现象并未发生；最后，跨国药商把握原研药市场，其可能出现的药品垄断行为不可忽视，但垄断行为的认定又必须引起高度重视，如果构成垄断行为，则必须通过专利强制许可制度发展强制性仿制药。

3. 紧急状态强制许可

（1）构成要件。我国《专利法》第五十四条规定："在国家出现紧急状态或者非常情况时，或者为了公共利益的目的，国务院专利行政部门可以给予实施发明专利或者实用新型专利的强制许可。"《TRIPS 协议》中关于强制许可的情形就包括了"紧急状态和非常情况"的内容，但没有具体明确，"紧急状态和非常情况"的具体界定由各成员依据国情进行解释。本研究考察各成员所作出的解释，广义上的内容，"紧急状态"包括国家与他国发生武装冲突或战争、国内出现暴乱、国内出现政治骚乱、国家发生经济危机、国家面临严重的自然灾害、突发重大事故灾害、国内或全球影响发生严重传染性疾病等，有的国家还包括国内出现的重大刑事犯罪等，其表现即正在破坏国家正常的社会秩序；"紧急状态"的狭义内容，一般是指国家政权所面临的危险事态，如果不尽快制止就会对国家政权产生威胁，有可能出现失控局面①。针对药品专利的强制许可，有学者重点从"公共健康危机"来解释"紧急状态"，如出现了传染性疾病，新型冠状病毒的蔓延就是典型的公共健康危机。发展中国家努力达成的《多哈宣言》着重解释了药品专利强制许可适用的紧急状态，一方面，确定为公共健康问题，另一方面，又赋予各成员自主确立"紧急状态"的情形。

（2）应用情形。如何具体确定对药品专利在紧急状态下的强制许可，我国《专利法》对"紧急状态"未做描述。美国明确规定关于药品的紧急使用授权（emergency use authorization）由国家卫生主管机关来确定，一方面，明确了紧急情况的具体表现及标准；另一方面，界定了哪一类专利药品适用于强制性仿制，用于应对紧急情况。我国台湾地区规定，为了应对紧急情况和紧急危难，专利管理机关有权利批准强行实施药品专利，并通知药品专利权人。可见，药品紧急状态下的强制许可制度的核心是主管机关对"紧急状态"的确定。

4. 公共利益目的的强制许可

（1）构成要件。关于此类强制许可，我国《专利法》对申请人没有作出具体要求，我们可以推断核心在于卫生主管机关认定需要实施药品专利强制性许可的目的在于维护公共利益。此强制许可也不需要前置条件，即不需要事先与药品专利权人协商。

（2）应用情形。在公共利益强制许可规定应用中，关键在于解释"公共利益"。发展中国家的解释一般比较宽泛，不仅包括国家政权安全、涉及生命安全的公共健康，还包括本国经济发展，如关键行业的发展需要；

---

① 江必新. 紧急状态与行政法治［J］. 法学研究，2004（02）：3.

而发达国家对"公共利益"的解释明确且具体，如英国将其解释为需要对药品和食品实施廉价供应，美国坚持从严解释原则，甚至承认专利造成的垄断的合理性，不将其作为实施强制许可的理由。值得一提的是，公共利益和"非商业用途的使用""政府使用"等概念很难准确区分，因此，我国《专利法》第五十四条的条文和《专利法实施细则》都只提及了概念，对概念的具体含义未做进一步说明。

5. 从属专利的强制许可

对于此类强制许可，我国《专利法》第五十六条作出了规定。

（1）构成要件：①判断从属专利的客观存在，即在后专利符合从属专利的条件，包括技术覆盖性、性能超越性、更有价值等；②前置条件是从属专利权人与基础专利权人协商未果；③从属专利权人和基础专利权人都可以就对方专利申请强制许可。

（2）应用情形。在从属专利权实施过程中，因为其实施权具有不完整性，所以我国现有规定很难覆盖应用中存在的全部情形（详见第六章"我国挑战性仿制药发展的专利制度创新"）。

6. 以公共健康为目的出口药品强制许可

对于此类强制许可，我国《专利法》第55条作出了规定。

（1）构成要件。

①此类强制许可的前提条件是最不发达国家或不具备该药品的制造能力或者制造能力不足的国家发生了公共健康问题。

②出口的药品是强制性仿制药。

③出口需要满足《TRIPS协议》对申请人、对象、程序等的规定，并向WTO履行相关手续。

④出口的药品本身不是通用药品，属于公共健康需要的特殊药品，如治疗传染病的药品。

（2）应用情形。在申请出口强制性仿制药时，首先需要明确药品符合《总理事会决议》的规定，即在治疗传染性疾病的用药范围内；其次，出口的是强制性仿制药，针对的是专利药品；最后，出口需要按照《总理事会决议》制定的机制，通过6个环节进行报批。

强制性仿制药原则上只能用于供应国内市场，如果出口就必须遵守特殊路径：①为了他国的公共健康，经协商启动出口措施；②进出口国家申请并经过审查，审查通过后对出口数量、价格、药品品种和费用进行公示。对于实施强制性仿制药出口是否需要前置条件，我国《专利法》没有作出明确规定。

（三）相关配套制度

尽管我国药品专利强制许可制度一直保持零实施，但是，该制度在专利法之外的配套措施却一直在完善。因为这一制度的功能不仅在于实施，对药品专利权人而言，该制度也像一把宝剑，药品专利权人在确定出口价格时必须十分谨慎小心，所以，这一制度往往是发展中国家与专利药品生产商谈判的重要砝码，在平抑药品价格上起到了举足轻重的作用。有学者称，该制度可有效提高药品的可获得性，提升和跨国药企在药品价格谈判上的话语权。

为了有效实施专利强制许可制度，在 2010 年修订的《中华人民共和国专利法实施细则》中，有两项规定涉及强制许可。首先，对于可专利的药品范围，该细则第 73 条规定："专利法第四十八条第（一）项所称未充分实施其专利，是指专利权人及其被许可人实施其专利的方式或者规模不能满足国内对专利产品或者专利方法的需求。专利法第五十条所称取得专利权的药品，是指解决公共健康问题所需的医药领域中的任何专利产品或者依照专利方法直接获得的产品，包括取得专利权的制造该产品所需的活性成分以及使用该产品所需的诊断用品。"可见，"取得专利权药品"既包括医药领域的药品本身，也包括生产药品的方法，还包括制造药品的活性成分以及使用该产品所需的诊断用品，此范围也就是强制性仿制药的范围。其次，进一步明确了以公共健康为目的的生产强制性仿制药的问题，细则重点借鉴了《修改 TRIPS 协议议定书》，对实施条件和程序作出了比较详细的规定：首先，请求给予强制许可，应当向国务院专利行政部门提交强制许可请求书，需要出具相关证明文件；其次，国务院专利行政部门接到强制许可请求书，应及时通知药品专利权人，药品专利权人需要在规定时间内陈述不同意强制许可的理由，未在规定时间内提出意见的，专利机关可以做出决定；最后，国家专利主管机关如果驳回强制许可请求，应当通知申请人并说明理由。

2012 年，我国发布了《专利强制实施许可办法》，总共 43 条。该办法主要对申请条件、请求程序、许可费用裁决、程序终止等方面进行了规范。该办法的价值取向可以总结为以下 3 个方面：①通过程序公开，保障社会公众的权利，只要符合条件，任何具备实施条件的单位或个人均可以申请实施强制许可；②保障药品专利权人的法律救济，不但允许药品专利权人提出分辩意见，而且若强制许可条件消失，可以终止强制许可；③调解请求人和专利权人之间的利益关系，这一点主要体现在专利实施费用的裁定，当双方对实施费用标准达不成一致意见时，专利机关将对其进行公正裁决。此外值得关注的是，新许可办法还增加了外国人申请强制代理的规定，这一修订使得我国药品专利强制许可制度体系日趋完善。

为了逐步推行药品专利强制许可的配套制度，在 2017 年 10 月中共中央办公厅和国务院办公厅联合发布的《关于深化审评审批制度改革鼓励药品医疗器械创新的意见》（简称《审评审批制度改革意见》）中，一方面，提出了药品专利强制许可，实施优先审评审批制度；另一方面，要求国家卫生健康主管机关牵头，对关于"公共健康受到威胁"的法定强制许可情形进行界定，实现强制性仿制药生产的精准化审批。

基于我国仍然存在药品的可获得性问题，在 2018 年国务院办公厅印发的《关于改革完善仿制药供应保障及使用政策的意见》中，明确提出如果我国出现紧急状态、非常情况和基于公共利益需要对药品专利实施强制性仿制，可以由国家卫生健康委员会同工业和信息化部、国家药品监督管理局等部门，向国家专利行政部门提出启动强制许可的建议。

二、我国药品专利强制许可制度分类实施的主要制度障碍

（一）药品专利强制许可一般制度的可操作性不强

1. 申请人条件高于《TRIPS 协议》设定之标准

在讨论专利强制许可"零实施"的原因时，部分学者认为我国规定的申请人资格相对苛刻，甚至超过了《TRIPS 协议》规定的资格条件[①]。《TRIPS 协议》将强制许可申请人称为"拟使用人"，除此之外没有规定其资格条件。印度等国在请求条件中也仅规定"利益相关人"即可以作为申请人[②]。但是，我国《专利法》及配套制度却一致要求，申请人必须具备"实施条件"。我国作出的这项规定是不是多余的呢？客观上分析，首先，我国制药企业数量虽然不少，但是具有自主研发能力的药企为数不多，要在药品专利权人不加配合的情况下破解药品专利技术，确实是一个不小的挑战，这也正是我国仿制药质量不被欧美国家认可的重要原因；其次，请求对药品专利进行强行仿制，不仅仅是一个程序和方式问题，关键是顺利实施和及时生产出等效的仿制药品，如果申请人不具备实施条件，即使按照程序得到批准，也难以实现强制性仿制的效果。可见，虽然对"实施条件"作出规定具有一定的合理性，但是，如果将"实施条件"作为法

---

① TRIPS-plus 标准是指超过《TRIPS 协议》要求的法律标准，主要体现在对《TRIPS 协议》中包括第 31 条在内的灵活性条款进行限制。

② 郝敏. 药品专利强制许可制度在发展中国家的应用：从"抗癌药代购第一人"陆勇事件谈起［J］. 知识产权，2015（08）：95-101.

定要件，也会引发一定的争议。笔者认为，关于申请人的条件，应该参照《TRIPS 协议》的规定，不再另加条件，其理由：第一，如果担心实施效果，可以在强制许可实施证和批准文件上注明实施时间和范围，不能在规定时间内实施取消强制性仿制的资格；第二，如果要求申请人必须具备"实施条件"才能够申请，则仿制企业有可能面临侵权的风险；第三，"实施条件"是一种相对具体的条件，既包括设备，又包括技术，尽管法律允许申请，但是否能够申请成功仍然具有不确定性，如果将条件准备完毕，强制许可实施却未获批准，则势必造成资源浪费。

2. 紧急情况、非常情况和公共利益目的等核心概念难以把握

我国 2020 年《专利法》第五十四条明确提出了"紧急状态""非常情况""公共利益"等概念，作为强制性仿制药生产的法定事由，事关环境污染问题、"公共健康目的"等都属于法定许可考虑的因素[①]。但是，对上述概念如何理解，对其包含的内容如何把握，专利法及其实施细则并没有作出进一步的解释，2018 年《关于改革完善仿制药供应保障及使用政策的意见》中也缺少充分说明[②]。从《多哈宣言》和《意见》第十二项规定看，只有在艾滋病等传染病引发公共健康危机时才可以对药品专利实施强制性仿制，癌症等非传染性疾病虽然威胁生命安全，但很难适用强制许可的规定。这就需要在修订专利法时就强制许可的法定事项作出明确规定，为强制性仿制药发展提供可靠依据。

3. 专利使用费的确定程序相对烦琐且缺乏计算标准

药品专利强制许可批准后，许可费用由实施人与专利权人协商，一般情况下，协商一致的可能性较小，通常需要由国家专利部门进行裁定，甚至由法院进行判定。从法定程序考察，现行《专利法》《专利法实施细则》《专利强制许可实施办法》都有类似规定，如《专利法》第六十二条规定："取得实施强制许可的单位或者个人应当付给专利权人合理的使用费，或者依照中华人民共和国参加的有关国际条约的规定处理使用费问题。付给使用费的，其数额由双方协商；双方不能达成协议的，由国务院专利行政部门裁决。"从实体法上看，现行专利法尚没有对实施费用的计算标准进行规定，如果该药品专利已经存在许可使用，也可以参考计算，但关键是

---

① 全国人大常委会法制工作委员会经济法室.《中华人民共和国专利法》释解及实用指南[M].北京：中国民主法制出版社，2012：118.

② 《意见》第十二项所认为的紧急状态，是指在国家出现重特大传染病疫情及其他突发公共卫生事件或防治重特大疾病药品出现短缺，对公共卫生安全或公共健康造成严重威胁等非常情况。

被执行强制许可的专利一般都没有实施过许可使用。

4. 强制许可的时间期限难以判断且不能延长

我国《专利法》规定，批准专利强制许可既要符合法定情形，又要在存在法定情形的期限内。如果专利强制许可的法定情形消失，则强制许可应该终止。上述期限规定，除了影响强制许可审批外，是否还会影响强制许可的实施时间？有学者认为，该期限规定仅影响批准时间，即不存在法定情形后不应该批准强制许可，而不应该影响实施，即已经实施强制许可的继续实施。也有的学者认为，该期限规定会对确定强制许可时间产生影响，应当在"强制许可证"上载明许可时间。那么，如何确定强制许可时间呢？确定的依据是什么呢？现有的法律都没有明确规定。可见，这一制度设计存在先天不足，也在一定程度上影响了请求强制许可的积极性，也势必影响强制性仿制药的发展。

（二）药品出口专利强制许可特殊制度的内容和功能不尽合理

1. 制度内容过于简单，缺乏前置程序和启动主体等规定

我国新的《专利法》对药品专利出口强制许可的特殊性缺乏清醒的认识和高度重视，因此，仅在第 55 条中有所提及，且内容设计相当简单，基本不具有适用性。我国《专利法》实施需要在 WTO 框架下，参照《多哈宣言》，既需要进口国、出口国两个法域内的政府部门和企业等多主体共同努力，在进口之前又必须由进口国向 WTO 发出通知，向我国政府提出申请。因此，考虑到我国强制性仿制药出口需要，我国可以在《专利法实施细则》中增加相关内容，一方面，明确强制性仿制药出口的程序，另一方面，对强制性仿制药从审查、公示、费用等方面做出一揽子规定。

2. 出口范围过窄抑制被许可人实施的积极性

虽然与发达国家相比，我国的药品研发水平相对较低，仿制药的质量也不为国际甚至国内所认可，但是，应正确评价我国医药界的科技发展水平，实际上，在药品创新和仿制药出口方面，我国医药行业已经为世界公共健康状况的改善作出了一些贡献，如我国的青蒿素等自主研发药品为疟疾等传染性疾病的防治做出巨大贡献；PD-1 单抗等抗肿瘤药物的研发成果标志着我国生物制品领域的研发能力得到了国际上的更多认可；2015 年，我国自主研发的全球首个 2014 基因突变型埃博拉疫苗获得了世界卫生组织、西非国家和国际社会的一致好评等。然而，现行《专利法》在对出口范围的限制上还停留在《TRIPS 协议》的水平，未能做出及时调整，如在第 55 条中，对我国强制性仿制药的出口进行了严格限制，要求必须符合

国际条约规定的国家或地区，未能明确将一些极不发达国家、急需帮助国家作为强制性仿制药的出口目标地，势必会限制我国药品的出口。其实，修订《TRIPS 协议》后产生的《议定书》已经对强制性仿制药的出口范围进行了重新解释，主要解释了"有资格进口的成员"，其内容包括：①主要指发展中国家，尤其是极不发达国家，因为它们不具有药品生产能力或能力较低；②进口强制性仿制药需要向 WTO 理事会申请；③进口货源地是实施强制性仿制药的成员；④通报有资格进口的其他成员。

（三）部门协作和经济激励等配套制度有待完善

1. 实施药品专利强制许可的部门协作机制尚不健全

生产强制性仿制药，既需要领取强制许可证书，即获得国家专利局授权，又需要获得药品监管局的上市批准，甚至还需要卫生健康部门、财政部门、健康保险部门等在药品采购、药品费用报销等方面进行协同性支持。可见，一件药品的上市销售需要多部门参与、多环节审批，没有多部门的高效合作，仿制药的发展就难以为继。但是，多部门合作的高效和顺畅，离不开协同机制的建立。然而，我国目前针对药品专利强制许可制度的落实，最缺乏的就是相关配套制度，表现在：首先，强调多部门合作推动专利强制许可制度的实施，主要分散在中共中央办公厅和国务院办公厅发布的若干规范性文件之中，这些规定偏重对部门职能分工进行明确，但对制度的统一性关注不够，多部门合作的责任不明确；其次，部门协作机制仅属于原则性规定，可操作性低，如在《审评审批制度改革意见》的第三部分第 14 条和《关于改革完善仿制药供应保障及使用政策的意见》第三部分第 12 条，对强制许可审查提出了原则性意见，但各相关部门并没有认领任务和进行责任划分。

从国际上看，凡是药品专利强制许可制度实施比较好的国家，不仅重视建立相关部门的合作机制，也着力于制定相关法律，如药品管理法等，以协同发挥作用。在此，不妨考察一下药品专利强制许可制度比较完备的加拿大，其为了加大强制性仿制药的出口量，于 2004 年专门颁布了《加拿大药品获取法》，同时及时修改了专利法和食品药品法[①]。加拿大在仿制药出口制度方面虽然还需要强调部门合作，但该制度的设立，为强制性仿制药出口提供了法律依据。

2. 缺乏对仿制企业提供必要的经济激励

仿制并不是简单复制，尤其是药品，仿制属于模仿创新，因此，在

---

① 熊建军.《TRIPS 协议》修正案研究［M］.北京：知识产权出版社，2014：186-205.

制度上给予仿制药企适当的经济激励是十分必要的。然而，我国现行药品专利强制许可制度并没有这方面的内容，不利于强制性仿制药的发展。我国在药品强制许可制度日趋完善的同时，有必要从制度上引导国内药企承担强制性仿制的责任，激励国内药企主动申请，并在仿制中进行创新。之所以需要对强制性仿制药企进行激励，是因为仿制阶段存在一定的成本压力，主要体现在：

（1）药品研究、开发和制造成本。如前所述，药品的仿制并非简单复制，强行仿制过程虽然可以参考药品专利的公开信息，但是毕竟得不到药品专利权人在技术上的帮助，仿制药企需要在技术、设备等方面进行探索性研究，确保仿制药与专利药在质量上和疗效上没有差别。例如，我国在抗艾滋病、癌症等领域的仿制药水平还有待提高，涉及公共健康问题的专利药品的仿制对技术和设备要求较高，国内药企应继续组织专家团队对专利药品进行分析，对仿制药进行临床试验，还需要对仿制药与专利药进行多元比较。可见，高质量仿制药的问世，需要大量人力、物力、财力和时间的投入，只有这样，才可能仿制成功。

（2）专利使用费。根据《TRIPS 协议》和《专利法》的规定，虽然强制许可是专利权人非自愿的，带有直接强制性，但是，实施人仍然需要给药品专利权人支付使用费，直接增加了仿制的成本。按照国际惯例，专利使用费的标准一般为仿制药销售额的 0.5% ～ 6%[①]。

（3）药品营销成本。首先，虽然强制性仿制药是合法生产的药品，但是，由于我国仿制药长期以来质量一般，不受国内消费者青睐，因此需要在市场上做进一步的推广。其次，为了区别仿制药与专利药，实施药品强制许可后，一般需要在强制性仿制药品的外包装上标记"该药品是依据强制许可而制造的产品"，而这极可能导致患者与医生在购买和使用过程中存在误解，进而影响该药品的销售。最后，在公众心里，仿制药应该是廉价药，因为其成本不包含研发的投入。殊不知，强制性仿制药在模仿、生产过程中仍然包含多项成本，定价低了企业也一样没有效益，定价高了又可能受到消费者的抵制。因此，对于有责任感的强制性仿制药的生产企业，我国政府有必要从制度上规定给予其一定的经济激励，分担一定的执行成本。国际上发展中国家的实践也表明，面对严重威胁人类健康的流行病，无论制药公司多么无私，如果缺少一定的经济保障，强制性仿制药的

[①] 印度在 2012 年的 Sorafenib 案件中支付了销售额的 6%（6% 为印度强制许可使用费的上限）；欧盟在紧急状态下的强制许可费为合同价值的 5%；加拿大的幅度为 0.02% ～ 3.5%；泰国的许可使用费率最低，如在 2007 年授予的"Lopinavir ＋ Ritonavir 案件"中，仅支付了销售总额的 0.5% 作为补偿。

贡献也是十分有限的。政府必须给予一定的支持才可能从根本上提高药品可获得的时效性，我国在新型冠状病毒防御中的政府投入就是很好的佐证，不过，实现制度化更为科学①。

第三节　我国强制性仿制药发展的专利制度适用

从印度和巴西实施药品强制许可的成功经验可见，发展强制性仿制药是降低药品价格的根本措施，是提高药品及时可获得性的重要保障。巴西和印度虽然同时加入了《TRIPS 协议》，但都依据国情对药品专利进行保护，没有及时与国际法接轨，采取了国内法和国际法并行的模式，对药品专利强制许可的条件、"紧急状态"和"公共利益目的"的含义都作了极其明确的解释。实质上，印度应对《TRIPS 协议》的策略主要有两点：首先，为了保障仿制药供应安全和应对公共健康危机，提高药品的专利审查标准，严格药品的专利授权，限制对药品专利的保护②；其次，完善药品专利强制许可的情形、条件和具体方式，激励药企参与强制性仿制药的生产和出口，提高专利药品的及时可获得性。

1992 年，我国《专利法》不仅将药品纳入专利客体范围，还构建了药品专利强制许可制度，试图通过两套机制的协同作用，既对内鼓励药品创新，又对外实施药品强制许可，增加药品的可及性③。经过多年的实践检验，我国医药生产领域的创新具有两面性：一方面，我国药品自主创新能力不断提高，新药上市数量逐步增加④；另一方面，国内药品市场仍然面临严峻挑战，高价值仿制药供应短缺且结构性矛盾长期存在，药品价格过高和公共健康之间的冲突依然难以消除。在此背景下，我国应当正视公共健康状况及其要求，运用药品强制许可制度，大力发展强制性仿制药。目前，我国 2020 年《专利法》更加明确了药品专利强制许可制度，而且初步建立了药品专利强行仿制和仿制药出口制度。现阶段，一方面，从分类实施的角度出发，对药品专利强制许可制度本身进行完善；另一方面，对

---

① JENNIFER A，LAZO.The Life Saving Medicines Export Act：Why the Proposed U.S.Compulsory Licensing Scheme Will Fail to Export Any Medicines or Save Any Lives［J］.Brooklyn Journal of International Law，2007（02）：238-276.

② 陈学宇.交叉视角下药品标准必要专利常青的法律规制：以马来酸桂哌齐特注射液系列案件为例［J］.法治论坛，2019（01）：239-255.

③ 程永顺，吴莉娟.中国药品专利链接制度建立的探究［J］.科技与法律，2018（03）：1-10.

④ 姚雪芳，丁锦希，邵蓉，等.中外创新药物研发能力比较分析：基于医药技术创新评价体系的实证研究［J］.中国新药杂志，2010（24）：2231-2239.

强制许可实施全过程管理和合理调整，切实保障制度的有效实施。

一、通过专利强制许可相关问题的司法解释补充相关条款

1. 强制许可费用由国家专利机关裁定

对于专利强制许可费用问题，我国《专利法》第六十二条规定："取得实施强制许可的单位或者个人应当付给专利权人合理的使用费，或者依照中华人民共和国参加的有关国际条约的规定处理使用费问题。付给使用费的，其数额由双方协商；双方不能达成协议的，由国务院专利行政部门裁决。"在实际应用中，这一规定一则多余，二则影响效率，因为双方在实施费用上达不成一致意见是显而易见的。因此，本研究建议借鉴加拿大和印度的经验，对于强制许可使用费，直接规定由国家专利机关裁定。对于实施费的确定标准，最好在司法解释中作出规范。

2. 增设"药品出口专利强制许可特殊制度"条款

强制性仿制药出口涉及国际法，区别于国内市场供应。建议我国参照《TRIPS 协议》，借鉴加拿大的规定，基于这一制度的特殊性，在第六章"专利实施的特别许可"部分，延伸解释"药品专利出口强制许可的特殊制度"的内容：既包括前置程序，即当我国出口强制性仿制药时，以进口国所发出的需求照会为前提，当我国需要从国外进口仿制药时，应当按照《TRIPS 协议》的要求向 WTO 发出通告；又包括进出口行为的启动条件，即程序条件是以完成为前提。在国内操作时，要最大限度地简化程序要求，尽可能减轻企业负担[①]。

3. 扩大强制性仿制药的出口国家范围

为了解决极不发达国家的公共健康问题，需要扩大仿制药出口，既要符合《TRIPS 协议》和《多哈宣言》规定的目标与原则，又要借鉴欧盟、印度、菲律宾等 40 个国家在强制性仿制药出口范围选择的规定，其出口目标范围不局限于 WTO 成员，选择的标准地区应该是世界范围内"不具备相应药品生产能力的任何国家或地区"[②]。

二、完善《专利法实施细则》等行政法规和部门规章相关内容

1. 放弃设置"具备实施条件"

在药品强制许可申请人资格的规定上，我国《专利法》规定了申请

---

① 熊建军.《TRIPS 协定修正案》研究［J］.北京：知识产权出版社，2014：203-205.

② ROGER K F.Special Compulsory Licences for Export of Medicines：Key Features of WTO Members' Implementing Legislation［S］.WTO Staff Working Paper ERSD-2015-0731，2015.

人必须"具备实施条件",明确了强制许可实施主体应具有确定性的条件,并非随意性安排。多数学者对此规定持不同意见,认为判断申请人是否具备条件不应当属于国家专利局的职责范围,如果国家专利局再提请国家药品监督管理局进行是否具备实施条件的确认,则会影响实施强制性仿制的效率,因此主张依据《TRIPS 协议》进行更加合理的解释[①]。本研究建议:

(1)申请强制许可的资格条件中不再保留"具备实施条件"的限制,与《TRIPS 协议》要求接轨。

(2)为了防止强制许可申请泛滥以及造成强制许可审查资源的浪费,国家专利局可以在审批时规定实际实施的时间要求,理由:①通过强制许可解决了专利权人不充分实施的问题,保证了强制性仿制的时效性;②体现了实施人之间竞争的合理性,避免申请权滥用造成对其他申请人的不公平;③要求申请人在申请时,就强制许可在时间保证、技术把握上作出承诺并提供证据,也有利于保障强制许可的顺利实现。

2. 明确专利使用费的考量因素和计算标准

由于我国药品专利强制许可目前还是零实施,因此,对强制许可费用如何计算一直没有进行实质讨论,在《专利法》及其实施细则中,也没有作出明确规定。今后,若要大力发展仿制药,必然涉及强制性仿制药生产中的药品专利实施费用问题。如何确立计算标准,需要考虑哪些因素?笔者认为:

(1)要考虑发展强制性仿制药是为了提升药品的可获得性,降低专利药品的价格,因此,凡是影响药品价格的因素都必须严格控制。强制许可费用就是影响仿制药价格的主要因素,必须将其控制在一个合理的水平,以实现提高药品可获得性的目的。

(2)确立许可使用费的依据。目前,可借鉴的依据主要有两个方面:一方面,参考国际上关于专利强制许可的惯例,即综合考虑普通许可费用、研发成本、专利价值评估、专利收益预测等[②];另一方面,参考联合国《2001年人类发展报告》中采用的药品专利强制许可补偿费计算方式[③],如采用仿制药销售金额的 4% 作为药品专利强制许可使用费的基准点,上下浮动不超过 2%。

① 张冲,叶红兵.论我国专利强制许可制度的改革与完善[J].科技管理研究,2013(17):167-170,176.

② 林秀芹.TRIPS体制下的专利强制许可制度研究[M].北京:法律出版社,2006:342-348.

③ 朱怀祖.药品专利强制许可研究[M].北京:知识产权出版社,2011:227.

（3）对于我国专利强制许可使用费的具体规定，既可以对《专利法》作进一步扩大解释，也可以在《专利法实施细则》《专利实施强制许可办法》中明确强制许可使用费的计算标准和方式，推动强制性仿制药的发展。

3. 强制实施期限及其调整

在药品专利强制许可文件中，许可实施期限是一个重要指标。

（1）实施期限不应当是一个固定指标，如果强制许可到期而强制许可的法定事由没有消除，则国家专利局可以批准延长强制许可期限。

（2）强制许可期限的确定，可以参考域外经验，考虑的因素主要包括申请报告中关于实施期限的要求、药品专利的保护期限、专利强制许可理由等。

（3）对于如何制定延长专利强制许可期限的规定，既可以借鉴加拿大关于强制许可时间延展的制度，又可以借鉴欧盟的塞尔维亚、马其顿关于调整强制许可期限的程序性规定等[①]，并依据我国申请人主张，据实考察强制许可事由的存在状况，由国家专利局确定是否延长期限和实际延长的期限。

三、健全基于药品专利强制许可制度的部门协作机制

1. 联合制定发布药品专利强制许可制度的实施指南及其附件

药品专利强制许可制度涉及多个部门，因此，部门配合和分工负责就显得十分重要。在《专利法》统一引领下，将各部门的政策规定进行有机整合，将分散在部门文件中的相关内容统一起来，作为落实《专利法》中药品专利强制许可制度的实施细则，是当前必须提前做好的一项工作。对此，有学者建议，由国家知识产权局牵头，"出台全新的覆盖专利强制许可全过程的实施细则"[②]。在具体操作上，本研究认为，一方面，应针对药品专利强制许可制度的落实，组建由国家知识产权局、国家卫生健康委员会、国家药品监督管理局、科技部、国家医疗保障局等部门组成的协调小组，制定药品专利强制许可实施指南，以此延伸法制功能和提高实施效率；另一方面，作为协调小组成员的各部门，应依据实施细则和实施指南，制定各自的职责范围、业务流程，分工合作，推进业务正常进行。

---

① ROGER K F.Special Compulsory Licences for Export of Medicines: Key Features of Wto Members' Implementing Legislation[S].WTO Staff Working Paper，ERSD-2015-0731，2015.

② 陈永法，雷媛，伍琳.印度药品专利强制许可制度研究[J].价格理论与实践，2018（08）：90-93.

2. 制定符合我国公共健康状况的可强制许可药品指导目录

为了实现药品专利到期的应仿尽仿，为了鼓励强制性仿制药和挑战性仿制药的发展，我国应当从实用主义出发，借鉴加拿大及时公布药品专利目录和强制许可品种的经验，由国家卫生健康委员会和国家药品监督管理局负责，在分析我国疾病现状、流行病动态和医药产业发展现状的基础上，定期公布我国适用药品专利强制许可的药品及品种目录，并将其作为实施指南的重要附件之一。该目录中的药品主要包括：

（1）解决我国和其他发展中国家公共健康问题所涉及的药品。

（2）依据我国《药品管理法》，可强制许可的药品还包括医疗器械、药械组合等其他医药产品。

（3）考虑国际需求的出口因素，还应该包括国际上解决公共健康危机急需的药品，尤其要关注发展中国家和极不发达国家已实施强制许可的药品。

（4）对于此目录内的药品，国家卫生健康委员会应当考虑强制性仿制药的市场供应和需求，在政府和医院招标采购中优先考虑。

3. 强制性仿制药的生产和供应落实程序

强制性仿制药的许可生产固然重要，但完成强制许可审批后，实现仿制药的正常生产和市场供应就成为提高药品可获得时效性的关键。这一程序，主要由国家药品监督管理局牵头、国家知识产权局配合，也应作为实施指南的相应附件。

（1）为了满足药品可获得时效性的要求，应当建立强制性仿制药的优先审评审批规定。此规定的内容：①由国家知识产权局明确强制性仿制药的生产主体，通报国家药品监督管理局；②国家药品监督管理局就被强制许可生产的专利药品下达安全性、有效性和质量可控性的标准；③仿制药企按照质量和时间要求落实生产计划；④提高审评审批效率，既要求国家药品监督管理局实施优先审评审批措施，又要参考已在欧美发达国家注册的相关仿制药的情况，最大限度地降低时间成本。

（2）协调仿制药在强制许可和上市许可时间上的一致性。强制性仿制药的上市审批从时间上区别于一般药品，需要考虑与强制许可期限的衔接，上市销售的期限与强制许可的期限应完全一致。

（3）加强对强制性仿制药的疗效性的监管。"创造求新、仿制求同"是对药品疗效性的一般要求。因此，国家药品监督管理局应加强对强制性仿制药的监管，不仅要注重生产环节，即使是运输、销售和进出口环节，也要进行全过程监管，确保强制性仿制药与专利药品在疗效上的一致性。

（4）鼓励高水平强制性仿制药的再注册或重新注册，保障其持续生产和供应。此建议主要针对强制许可期限届满的强制性仿制药，如果已经通过了国家知识产权局强制许可的延期审批，而仿制药企再次申请注册的，国家药品监督管理局应当减少程序，及时审批，以满足仿制药的市场供应。

4. 建立可强制许可药品的研发激励机制

由于涉及公共健康问题的专利药品多是治疗艾滋病、癌症等重大疾病的品牌药品，一般技术含量较高，因此即使是仿制，也有相当高的技术要求，绝不等同于简单复制。对于此种高水平仿制，建议依据我国《科学技术进步法》第 20 条："国家财政建立稳定支持基础研究的投入机制。国家鼓励有条件的地方人民政府结合本地区经济社会发展需要，合理确定基础研究财政投入，加强对基础研究的支持。国家引导企业加大基础研究投入，鼓励社会力量通过捐赠、设立基金等方式多渠道投入基础研究，给予财政、金融、税收等政策支持。逐步提高基础研究经费在全社会科学技术研究开发经费总额中的比例，与创新型国家和科技强国建设要求相适应。"第 21 条："国家设立自然科学基金，资助基础研究，支持人才培养和团队建设。确定国家自然科学基金资助项目，应当坚持宏观引导、自主申请、平等竞争、同行评审、择优支持的原则。有条件的地方人民政府结合本地区经济社会实际情况和发展需要，可以设立自然科学基金，支持基础研究。"即国家设立财政性基金，支持科技创新企业的研发活动，如提供担保贷款和贴息贷款，同时要求政策性银行给予重点支持。因此，我国在发展强制性仿制药的过程中，应当按照自主创新扶持政策的要求，支持其研发、生产，为公共健康服务，为实现习近平总书记提出的"人民至上、生命至上"提供有力的保障。

第六章 我国挑战性仿制药发展的专利制度创新

为了提高药品可获得的时效性，除了发展强制性仿制药，还需要发展挑战性仿制药。挑战性仿制药是指在专利药处于有效保护期内，实施人：①通过对药品专利进行改进，获得新的药品专利，称为"创新性仿制药"；②获得药品标准必要专利的默示许可，实现侵权例外的仿制；③通过多元手段挑战药品专利，实现非侵权仿制。

第一节 创新性仿制药发展的专利制度创新

发展创新性仿制药不仅有利于提高药品的及时可获得性，也有利于促进药品创新。在实践中，创新性仿制药分为两种：一种是以已有药品专利为参考完成的药品创新，创新的结果虽然也属于仿制药，但申请专利后一般不受所参考的药品专利的影响，因为此创新仅参考了基础药品专利，创新具有彻底性、完全性；另一种则是以已有药品专利为基础完成的药品创新，生成的仿制药虽然可以申请专利，但是，仿制药专利必然会受到基础药品专利的影响。可见，以基础药品专利为参考生成的仿制药专利，不但其权利具有独立性，受到专利法的完整保护，而且其实施不会受到基础药品专利的影响。在此，重点研究的是第二种形式，即对构成从属药品专利的仿制药如何实施专利法保护。

我国《专利法》既保护原创性发明，也保护改进型发明。从专利授权数量考察，虽然改进型发明以及被称为"发明改良"的实用新型仍然占据主导地位，但是，改进型发明专利的实施有时会受到基础性专利的制约，即改进型专利在实施时需要基础专利权人的许可，否则就可能构成对基础专利的侵权，这种情况下的改进型专利称为从属专利。我国《专利法》虽然赋予了从属专利权人强制许可的请求权，实现了实施权的转化，但是，还存在两个问题：一方面，许可费用增加了从属专利的实施成本；另一方面，从属专利主动认定存在不合理性。那么，如何协调从属专利与基础专利的冲突呢？首先，应该重新审视从属专利的法律含义及特征；其次，分析从属专利实施权转化存在的制度适用问题，设立从属专利为专利侵权抗辩事由，作为强制许可请求权的前置条件；最后，提出引入从属专利与基础专利交叉许可，以协调解决二者的冲突，为改进型药品专利的实施营造适宜的制度环境。

长期以来，享有专利技术的垄断一直是发达国家的优势，而从属专利却是发展中国家打破发达国家专利垄断的重要手段。二十世纪五六十年代，日本利用大量从属专利叫板西方国家专利技术，获得了与西方国家在专利上的交叉许可。韩国和我国台湾地区如法炮制，也屡试不爽。其实，从属专利制度对我国实现《中国制造2025》意义重大。国内药企通过对现有药品专利的改进发展创新性仿制药，并利用法律和有关政策推动改进型药品专利的实施，对我国发展仿制药、提高仿制药质量意义重大。

一、从属药品专利的立法价值及法律特征

（一）从属药品专利的含义

我国《专利法》已经明确了发明的定义，即基于产品、方法及其改进所提出的新的具体的技术方案，从法律上认可了改进型专利存在的客观性。被改进的基础技术，或是专利技术，或是非专利技术。如果被改进的技术属于合法有效的专利技术，那么，改进后生成的新专利就可能构成从属专利，国际上称为依存专利。有理由承认，在已有专利基础上完成的改进技术方案之所以能成为新的专利，一定是因为新的专利权人对已有专利实施了足够的技术改良，具备了授予专利的条件。但令人诧异的是，这一改良专利如果对基础专利存在依赖性，即不具有完整的实施权，那么，其实施要么必须经由基础专利权人许可，要么构成对基础专利的侵权。那么，这个不具有完整实施权的专利就是专利法意义上的从属专利。

为了保护从属专利，我国《专利法》第五十六条规定："一项取得专利权的发明或者实用新型比前已经取得专利权的发明或者实用新型具有显著经济意义的重大技术进步，其实施又有赖于前一发明或者实用新型的实施的，国务院专利行政部门根据后一专利权人的申请，可以给予实施前一发明或者实用新型的强制许可。在依照前款规定给予实施强制许可的情形下，国务院专利行政部门根据前一专利权人的申请，也可以给予实施后一发明或者实用新型的强制许可。"也就是说，一项专利如果比前专利更具有经济价值、技术更先进，但实施需要依赖前专利，可以申请对前专利实施强制许可；前专利也可以请求对后专利实施强制许可。

依据上述规定，所谓从属药品专利，又称为依存药品专利，是指此药品专利以一项客观存在的有效药品专利为基础，依存药品专利就是基础药

品专利，基础药品专利是否实施直接影响此专利的实施，因此，此药品专利与基础药品专利之间存在实施中的依存关系，相对于基础药品专利就形成了从属药品专利，或者称为派生药品专利。可见，构成从属药品专利必须符合两个要件：一个是从属药品专利虽然具有新的技术特征，显示了技术上的先进性，但也全面覆盖了基础药品专利的全部技术特征；另一个是从属药品专利作为一项独立专利，必须比基础药品专利更具有显著的经济意义。

（二）从属药品专利制度的立法价值

由于从属药品专利是一项合法有效的专利，因此，应该从立法角度给予平等的保护。

1. 从保护专利权的完整性出发赋予从属专利权人强制许可请求权

我国《专利法》规定，从属专利虽然不具有完整的实施权，但并不能因此否认其有效性和合法性。它之所以能够成为专利，是因为相对于基础专利的技术方案，其创造性更为突出，技术效果更为显著，对所处领域的技术进步具有更大的贡献[①]。为了保障从属专利的实施权，我国《专利法》第59条规定，从属专利权人实施其专利需要经过基础专利权人的许可[②]；如果不能在合理的情形下获得许可，则有权请求对基础专利实施强制许可，以利于更具先进性的技术方案得到实施。这一规定无论从公共利益考虑，还是从专利许可、专利转化理论考察，都是比较务实的。但是，从属专利毕竟属于改进型专利，对基础专利的尊重和保护也是必不可少的，因此，《专利法》同样赋予了基础专利权人对从属专利实施强制许可的请求权。上述规定不但保障了从属专利的实施，而且对协调专利权人利益和公共利益的关系、协调基础专利权人和从属专利权人之间的关系都是非常重要的。

2. 从社会效益平衡角度出发要求保护从属专利的实施

首先，促进专利应用是构建专利制度的宗旨之一。本研究认为，当从属专利与基础专利发生冲突时，应该从有利于专利实施的角度出发，运用法律解释方法，如果基础专利人无正当理由拒绝许可使用，则从属专利的正当实施必然会受到限制。依据《专利法》第53条第2项，可以认定基础专利权人滥用专利权，构成垄断行为，符合实施强制许可的条件。

其次，在协调从属专利与基础专利冲突时，必须明确从属专利的出

---

① 朱跃平，全莉. 从属专利、等同原则与专利侵权判定：对一个争讼十年从属专利侵权案的分析［J］. 红河学院学报，2010（04）：19-23.

② 李文江. 论失效专利应用及侵权风险防范［J］. 电子知识产权，2017（05）：46.

现已经表明基础专利丧失了技术上的优势，不应该为了保护在先专利，让"落后技术限制先进技术"，甚至应该执行差别化的保护标准，对从属专利的保护水平应高于基础专利。

3. 从保护创新出发赋予从属专利的独立权利地位

毋庸讳言，虽然原始创新十分重要，但世界上大多数专利创新无不是"站在巨人的肩膀上"实施改进创新、模仿创新，无论是原始创新成果，还是改进创新的成果，都应该受到专利法保护。可见，模仿创新不可忽视，尤其是实用新型专利类型，模仿创新模式的作用更加突出，对发展中国家尤其重要。对于从属专利的独立性，依据权利界定理论，需要从内部和外部的权利制约因素进行考察：从内部看，从属专利根植于国家专利机关的合法授权，不存在权利制约因素；从外部看，基础专利的合法存在限制了其实施权的独占性，但强制授权的规定又解除了从属专利独立实施的限制。

（三）从属药品专利的法律特征

无论是发明专利还是实用新型专利，改进性质的专利数量都占有很高的比重，但这些专利并非都属于从属专利。基于从属专利实施权的不完整性和从属专利权人享有的强制许可请求权，本研究认为，从属专利与普通专利相比具有以下几个较为鲜明的法律特征。

1. 从属专利必须具有更强的实用性和先进性

从属专利要想成为一项独立的专利，必须满足《专利法》规定的实质条件，即其专利申请案中包含的技术性能和技术效果都必须比基础专利更具有创造性与实用性。本研究认为，其主要体现有两点：一方面，从提高实用性角度出发，是多数改良者的选择，通过对现有技术的改进，要么能使现有技术更具有可转化性，体现实用性上的突破，要么能使专利产品具有新的用途，应用前景更加广阔；另一方面，从技术方案的进步性考察，从属专利权人发现了基础专利存在的技术缺陷，通过弥补缺陷使从属专利的技术方案更具有先进性。

2. 从属专利的审查标准和判定侵权标准的差异性

从属专利的定义已经表明，从属专利的实施受到基础专利的限制。我们不禁要问，从属专利权人独立获得了专利权证书，又为什么不能享有完整的专利权呢？合法拥有的专利为何不能独立实施呢？理由在于从属专利的审查标准和侵权判定标准存在差异。首先，我国专利审查制度规定了可专利的条件，只要发明专利申请案符合"三性"的实质条件，又不违背其他授权原则，国家专利局就可依法授予专利权证书。其审查规定显示，专利审查时并不考虑专利实施环节可能与其他专利发生冲突。其次，在司法实践中，法院判断一项专利是否构成侵权，主要考察被告专利技术是否落入了原告的专利保护范围，或者说被告实施的专利技术特征是否全部覆盖了原告专利权利要求书中描述的全部技术特征，并不考虑被告专利技术是否具有合法性。

3. 从属专利实施许可确定侵权责任的特殊性

对从属专利而言，无论是权利人自行实施，还是许可第三人实施，都会涉及对基础专利的侵权。在从属专利许可实施的前提下，实施人必然构成直接侵权，那么，从属专利权人又如何承担侵权责任呢？《合同法》规定，被许可人如果完全按照合同条款实施从属专利，则即使实施的技术涉及侵犯他人专利权或其他合法权益，侵权责任也不应该由被许可人承担，只能由许可使用人承担侵权责任[①]。早在1988年，最高人民法院针对专利间接侵权的司法解释就作出了相关规定，即对于教唆、帮助他人实施专利侵权的，视为共同侵权人，应该承担连带民事责任[②]。北京市高级人民法院在《专利侵权判定指南（2017）》第122条规定："技术转让合同的受让人按照合同的约定受让技术并实施，侵犯他人专利权的，由受让人承担侵权责任。但转让人明知涉案技术侵犯他人专利权而予以转让的，可以认定转让人的转让行为构成本指南第118条所指的教唆他人实施侵犯专利权行为。"第118条规定："明知他人的实施行为构成专利法第十一条规定的侵犯专利权行为，而予以教唆、帮助的，教唆人或帮助人与实施人为共同侵权人，应当承担连带责任。"

从上述规定看，我国合同法对从属专利的许可使用已经做出适用性规定，最高人民法院和北京高级人民法院的司法解释虽然具体，但与《合同法》相冲突，明显不妥。从规定可以看出，判断从属专利在实施许可时的侵权责任具有复杂性和特殊性。

4. 从属专利权的不完整性

专利权的内容，既包括制造权、使用权、销售权、进口权等实施权，又包括许可实施权、转让权等处分权。但是，由于从属专利对基础专利存在依赖性，因此，从属专利之实施权和处分权存在不完整性。这一不完整性，不但要求从属专利权人的实施需要经过内部协商或外部调和，而且表明了从属专利的许可使用或转让后的第三人实施依然受到基础专利的制

---

① 《合同法》第353条。

② 《最高人民法院关于贯彻执行〈中华人民共和国民法通则〉若干问题的意见（试行）》第148条。

约。因此，有学者称从属专利权是一项"影子权利"，也有人称之为"有缺陷的权利"，无不体现从属专利在权利上的不完整性。

二、国际国内对从属药品专利保护的规定

为了全面分析从属专利在法律适用中存在的问题，有必要先对国内外现有保护规定进行梳理和反思。

（一）国际法规定

《TRIPS 协议》不仅承认从属专利的客观存在，而且对从属专利保护作出了 3 个方面的规定：

（1）如果先后出现的两项合法专利存在事实上的依赖，那么，在后专利称为依赖专利。这一规定揭示了从属专利的依赖性本质。

（2）若比较依赖专利与前专利，发现依赖专利技术更进步，更具有经济意义，而且实施依赖专利会侵犯前专利的权利，那么，依赖专利的权利人可以申请对前专利实施强制许可。这一规定赋予了从属专利权人强制许可的请求权，同时规定了行使请求权的条件。

（3）前专利权人也有权提出与依赖专利交叉许可，作为被强制许可的补偿。这一规定不仅提供了前专利权人权益保护的途径，也提高了成功协调从属专利与基础专利之间冲突的概率。从上述规定还可以看出，从属专利权人对专利权实施许可使用或转让，被许可人或受让人的实施行为也将受到基础专利权人的制约。因此，从属专利权利内容的局限性显而易见。

（二）我国《专利法》规定

我国关于从属专利的规定主要体现在《专利法》第 56 条："一项取得专利权的发明或者实用新型比前已经取得专利权的发明或者实用新型具有显著经济意义的重大技术进步，其实施又有赖于前一发明或者实用新型的实施的，国务院专利行政部门根据后一专利权人的申请，可以给予实施前一发明或者实用新型的强制许可。在依照前款规定给予实施强制许可的情形下，国务院专利行政部门根据前一专利权人的申请，也可以给予实施后一发明或者实用新型的强制许可。"规定指出，为了促进从属专利的实施，从属专利权人就许可使用与基础专利权人协商，如果在合理的条件下遭到基础专利权人拒绝，则有权申请对基础专利实施强制许可。依笔者对本条规定的理解：首先，享有强制许可请求权的专利类型仅限于发明和实用新型；其次，从属专利权人享有强制许可请求权的条件，即从属专利相比基础专利更具显著经济意义和重大技术进步；再次，依法请求强制许可必须

报请国家专利局批准；最后，由于基础专利和从属专利可能具有相互依赖性，因此，从属专利和基础专利的权利人都可以作为强制许可的请求人。

（三）我国相关司法解释的规定

1. 最高人民法院 1993 年的规定

对于两项合法专利涉及的侵权问题，1993 年 8 月 16 日，最高人民法院曾经作过批复，批复中主要解决了从属专利的认定条件和步骤，核心内容如下所示。

（1）存在侵权行为的两项专利必须是合法有效的专利，这是认定的前提。

（2）依据两项专利的授权时间顺序确定其产生的先后顺序，从而明确基础专利的地位，对从属专利作形式上的认定。

（3）分析在后专利的改良效果，通过改良的在后专利的技术性能必须比在先专利更具有先进性。

（4）如何判断在后专利的实施是否受到在先专利的影响？如果在后专利的实施需要在先专利权人的许可，那么，在后专利对在先专利存在依赖性。

若符合上述条件，就可以认定在后专利就是在先专利的从属专利[①]。

2. 最高人民法院 2004 年的规定

在 2004 年最高人民法院的一个复函中，对专利侵权认定的态度和标准涉及从属专利问题。复函中明确指出，若专利侵权诉讼中有涉及从属专利的情形，则裁判的主要依据为先申请原则，只要涉案专利落入了原告专利的保护范围，就应该认定侵权成立[②]。笔者认为，这一司法解释完全体现了对在先专利的尊重，虽然忽视了从属专利的合法地位，也不利于对技术改进创新的鼓励和促进从属专利的实施，但明确了从属专利的实施条件，即必须经过基础专利权人许可或经强制许可授权。

---

① 《最高人民法院关于在专利侵权诉讼中当事人均拥有专利权应如何处理问题的批复》："……在后的专利技术是对在先的专利技术的改进或者改良，它比在先的专利技术更先进，但实施该技术有赖于实施前一项专利技术，因而它属于从属专利。"

② 《最高人民法院关于在专利侵权诉讼中能否直接裁判涉案专利属于从属专利或者重复授权专利问题的复函》进一步指出："人民法院审理专利侵权纠纷案件时，无须在判决中直接认定当事人拥有或者实施的专利是否属于某项专利的从属专利，也不宜认定是否属于重复授权专利。但是，根据专利法规定的先申请原则，应当依法保护申请在先的专利。不论被控侵权物是否具有专利，只要原告的专利是在先申请的，则应根据被控侵权物的技术特征是否完全覆盖原告的专利权保护范围，判定被告是否构成专利侵权。"

3. 北京市高院的规定

北京市高级人民法院在《专利侵权判定指南（2017）》中，不仅认可从属专利的合法地位，还规定了构成从属专利的三要件：①从属专利相对于基础专利而言，必须增加新的技术特征；②从属专利发现了基础专利产品具有新的用途；③如果基础专利属于方法专利，则从属专利在此基础上提出了解决同一问题的新的思路[①]。笔者认为，该指南是对专利法规定的细化，其实，此内容是从属专利获得授权的实质条件。

从上述法律规定看，虽然我国《专利法》没有对从属专利进行专门的界定，但为从属专利的实施提供了法律依据。笔者认为，《专利法》中关于从属专利实施途径的规定，主要立足于其"经济意义"，如"有赖于前一发明或者实用新型""显著经济意义的重大进步"等，完全体现了对从属专利经济价值的重视。司法解释对从属专利及其构成要件的界定更具指导意义。

三、从属药品专利规定的适用分析

我国现有法律规定存在的缺位或不完备问题，直接导致了在从属专利认定、实施、许可使用等方面的适用困境。

（一）从属专利的认定

我国《专利法》第56条赋予了从属专利权人强制许可的请求权，也在具体条款中模糊体现了从属专利的认定条件。但是，最高人民法院涉及从属专利的司法解释相互矛盾，难以用于指导司法实践。现实中，要落实从属专利权人强制许可的请求权，首先需要对从属专利进行认定，确定从属专利权人。在此，笔者认为，依据《专利法》的规定，要认定从属专利，必须考察其覆盖性、创造性和经济性。

1. 覆盖性

构成从属专利的第一个要件是覆盖性。所谓覆盖性，是指从属专利对基础专利的权利要求范围全面覆盖，即从属专利的实施行为纳入了基础专利的保护范围。值得指出的是，覆盖性并非指从属专利与基础专利具有等同性。在司法实践中，一直存在"等同性"的判断标准，导致从属专利权人难以行使强制许可请求权，从而给专利侵权判断制造了难题。

2. 创造性

从属专利既然已经成为专利，对其"新颖性""实用性"无须再进行过多的考察，因为在专利申请和审查阶段已经解决问题，关键在于考察其

---

① 北京市高级人民法院《专利侵权判定指南（2017）》第43条。

创造性。《TRIPS 协议》和我国《专利法》都要求从属专利相对于基础专利必须更具"重大技术进步"。那么，如何清晰界定"重大技术进步"呢？《专利法》和《专利法实施细则》并没有就此作出规定。北京市高级人民法院曾针对实际案例作出司法解释，规定以原有专利权利要求书中所描述的技术特征为标准，从属专利应该增加了新的技术特征。这一解释虽然明确但不够具体，事实上很难指导全国从属专利认定的司法实践。

3. 经济性

我国《专利法》对从属专利经济性的规定，即从属专利必须比基础专利具有"显著经济意义"。由于这一标准过于原则，因此，实践中出现了不同的解释和适用。首先，这一标准是一个相对概念，虽然从属专利和基础专利的技术特征都已经公开，但从实施现状看，从属专利尚未实施，基础专利也可能未投入实际应用，那么，其经济意义的显著性缺少比较时机，很难判断经济意义是否显著。其次，专利的价值不是完全由其成本决定的，在专利价值评估中考虑较多的是专利实施过程中的预期收益，可见，是否具有显著经济性也只是一种预测。最后，从属专利"显著经济意义"的标准是相对于基础专利提出的，是否"显著"又缺少操作依据，势必会给司法实践带来困惑。

（二）从属药品专利的实施

我国《专利法》第 56 条规定表明，实施从属药品专利的途径有两条，一条是与基础药品专利权人协商，获得许可使用的授权；另一条就是请求对基础药品专利实施强制许可。

如果从属药品专利的实施未通过上述两种途径获得许可，那么，依据最高人民法院的司法解释，从属药品专利权的实施就构成了专利侵权行为[①]。

基于上述规定，不难发现，从属药品专利实施制度存在适用困境，具体如下。

（1）从属专利作为一项独立权利，其实施权和处分权属于权利的主要内容，如果药品专利权人的实施权得不到应有的保护，那么，该药品专利的申请、确认就变得毫无意义。

（2）改进药品专利是我国现有专利的重要组成部分，如果其实施权得不到应有的保护，则药品发明创造的积极性就会受到影响。

（3）从属药品专利实施的法律要求，除了正常的许可使用授权外，请

---

① 郭寿康，左晓东．专利强制许可的利益平衡 [J]．知识产权，2006（02）：64.

求强制许可是唯一的途径。但是，依据我国《专利法》的规定，请求强制许可的从属药品专利必须符合"比基础专利具有显著经济意义的重大技术进步"，这一前提条件不仅过于苛刻，也缺少可操作的规定。所以，我国《专利法》实施以来，至今为止尚未实现强制许可的零的突破也就不足为奇了。

（4）考察从属药品专利的实施途径，除了法律规定的协商许可和强制许可外，是否还存在第三条新途径？本研究提出交叉许可，将在后文中作具体论证。

（三）从属药品专利的诉讼

从属专利与基础专利的冲突势必会引起侵权诉讼，其诉讼的结果无非两个：一个是诉中调解成功，从属专利权人与基础专利权人达成许可实施协议；另一个是判决侵权成立，从属专利权人请求强制许可。

虽然如此，但在实际诉讼中，笔者认为仍然存在无法可依的适用难题。首先，从属药品专利权人面临着"有路不能走"的尴尬局面，即国家授予专利权，其却不能真正享有权利所带来的利益，一旦实施就构成专利侵权。那么，从属药品专利权人是先实施还是先请求强制许可呢？如果先实施，则可能招致侵权诉讼。从属专利权人面对被诉讼的处境，是否可以请求强制许可呢？依据《专利法》的规定，请求强制许可的条件并不是遭遇侵权诉讼，而是以合理的条件请求许可使用但未获成功。笔者对此规定表示疑惑，这显然是法律对从属专利权人的绑架，问题在于：从属药品专利是不是一项独立权利？从属药品专利权人在实施之前是否应该知道自己的专利是不是从属专利？如果答案是否定的，那么，被侵权诉讼应该是从属专利权人提起强制许可请求的条件之一，而且，法院在审理从属专利侵权诉讼时不应该漠视强制许可请求权。其次，根据现行的《专利法》，从属专利的认定主体只有国家专利局，因为国家专利局是批准强制许可的唯一机关。但是，如果国家专利局驳回从属专利权人强制许可的请求，认为其不符合从属专利的构成要件，那么从属专利权人要如何获得法律救济呢？实践中可否请求法院作出认定的判决呢？对此，目前无法可依。

四、完善从属药品专利制度的建议

面对从属专利制度适用中存在的困境，本研究试图从立法角度提出设想，以求化解从属专利实施中的有法难依或无法可依问题。

（一）如何认定从属药品专利

我国《专利法》将从属药品专利权人请求强制许可的条件由原规定"技术上先进"修订为"具有显著经济意义的重大技术进步"，与《TRIPS协议》的规定相一致。据此，我国多数学者认为，从属专利的认定标准可以分解为两个方面："重大技术进步"和"显著经济意义"。笔者认为更为重要的是从属专利与基础专利之间的覆盖性，理由如下。

1. "重大技术进步"是从属药品专利创造性的体现

依据专利法理论，专利之所以成为专利，在于它具有创造性，发明专利比现有技术具有突出的实质性特点和显著的进步[①]。《专利审查指南（2010 年）》对发明的创造性作出了更为具体的解释，如提出了一条新的技术构思、弥补了现有技术的某项缺陷，或者代表某种新的技术发展趋势[②]。可见，从属专利相对于现有技术的基础专利而言，只有满足创造性条件才会被授予发明专利，即技术特征具有突出特点和显著进步。《专利法》第 56 条要求从属专利具有重大技术进步，其实和授权标准的"显著进步"异曲同工，不存在实际意义。

2. "显著经济意义"的判断具有不确定性

一般情况下，由于请求强制许可的从属专利尚未实施，其经济价值的确定存在一定的困难，因此，很难判断其经济意义的显著性。若基础专利也还未实施，则其经济价值也无法准确判断。如果一定要对这两种专利的经济价值进行比较，则只能进行粗略评估，无疑加大了从属专利的实施成本，而且对已经授予专利权的从属专利来讲也意义不大。

综上所述，只要两项专利存在覆盖性，就可以认定在后专利是在先专利的从属专利。

（二）完善基础专利许可使用制度

从属药品专利的认定问题得到解决后，接下来就是协调从属专利和基础专利之间的利益冲突，关键在于完善药品专利的许可使用制度。从属药品专利的实施需要具体问题具体分析，即针对基础专利在实施中的不同形态进行论证。

1. 基础药品专利未实施的情形

面对基础专利并未实施的情形，笔者认为，从属专利权人可以采取两种态度：一种是考察基础专利是否属于构成强制许可条件中规定的"只申

---

① 《中华人民共和国专利法》第 22 条。

② 国家知识产权局.专利审查指南（2010 年）[M].北京：知识产权出版社，2010：170.

请不实施"情形，如果满足这一条件，从属专利权人可以直接提起强制许可申请；另一种是基础专利虽然未实施，但尚不具备直接申请强制许可的条件，从属专利权人可以与基础专利权人协商许可使用或交叉许可，协商不成再申请强制许可。笔者认为，引入普通交叉许可实施的规则，不仅有利于促进从属专利的实施，也有利于实现基础专利权人、从属专利权人以及社会公众之间的利益平衡。"一个法律制度之所以成功，是由于它成功地达到并且维持了极端任意的权力与极端受限制的权力之间的平衡。"[①] 这一制度的实施，既可以保证当事人的意愿得到尊重，又有利于通过合同约定使基础专利权人与从属专利权人之间的利益冲突得到协调。

2. 基础药品专利已经实施的情形

如果基础专利已经实施，则笔者认为需要考察具体实施情形：一方面，如果基础专利权人自己实施，或实施了普通许可，则从属专利权人可以与其协商许可使用或交叉许可；另一方面，如果基础专利权人已经实施了独占性许可，其许可使用的权利因之而受到限制，此时，不仅从属专利权人难以获得许可，而试图寻求交叉许可也难以进行，否则就侵犯了独占许可实施权。除非被独占实施权人仍然允许基础专利权人实施普通许可，或者基础专利权人允许独占实施人与从属专利权人之间实施交叉许可。为此，笔者建议法律应赋予从属专利权人强制交叉许可的请求权，不视为对独占实施权的侵犯。

3. 在从属药品专利制度中引入专利开放许可制度

为了拓宽许可渠道，提高专利转化率，我国 2020 年《专利法》正式引入了专利开放许可制度。所谓专利开放许可，是指专利权人主动向国家专利局提出，通过事先约定许可费用的普通许可方式，由任何人使用其专利的行为[②]。基于我国专利应用率偏低的现状，专利开放许可制度实施后，将有很大一部分专利通过这一形式许可使用，这无疑会在很大程度上解决从属专利的许可使用问题。笔者建议，在从属专利制度中引入专利开放许可制度，即从属专利依法认定后，无须协商，从属专利权人和基础专利权人之间的交叉许可协议即当然成立，双方不发生许可使用费用。显然，这一规定具有一定的强制性，对其是否适用于解决专利纠纷的合理冲突还需要学术界同仁共同探讨。但此建议一旦获得认可并实施，落实从属专利的实施权就会成为一件极其容易的事。

---

① 苏力. 当代中国法律中的习惯：一个制定法的透视[J]. 法学评论，2001（03）：32.
② 李文江. 我国专利当然许可制度分析[J]. 知识产权，2016（06）：91.

（三）从属药品专利制度中的强制许可规则

从国际以及国内的现有规定看，强制许可规则似乎是正常许可之外唯一能够解决从属专利实施权的法律途径，那么，如何完善强制许可规则就演变为一个值得关注的问题。在现有从属专利制度中，影响强制许可实施的主要问题有两个。

首先，强制许可的启动前提。笔者认为，从属专利权人行使强制许可请求权的前提并非只有一个，即国际、国内规定的"与基础专利权人不能达成许可使用意向"，合理的规定应该有两个前提：一个前提是从属专利权人自行实施之始，已经知晓自己的专利在实施时将受到基础专利的制约，需要获得基础专利权人许可，否则将构成侵权，因此，先行与基础专利权人协商许可使用，达不成意向则可以请求对基础专利实施强制许可；另一个前提是从属专利本身是一项独立的权利，无论是从属专利权人还是专利使用人，事先并不必然知晓该专利存在实施障碍，在专利实施中如果遭到基础专利权人的侵权诉讼，则该侵权诉讼就成为从属专利权人行使强制许可请求权的前提。

其次，强制许可与独占许可之间冲突的协调。我国现有《专利法》规定并没有考虑基础专利的实施状态，即如果基础专利已经被实施独占性许可，那么，从属专利权人如何请求对基础专利实施强制许可呢？即使基础专利权人面对强制许可不请求法律救济，那么，被独占许可实施人的权利又要如何保证呢？对于这一现实问题，立法者没有考虑，司法者却必须面对。笔者建议，在坚持公平原则的基础上采取简单化的方法处理，即将从属专利权人的强制许可请求权修改为"强制交叉许可请求权"，不但回避了许可使用费标准难以确定的问题，而且基础专利的独占使用者虽然失去了基础专利独占使用权，但获得了对技术性能更先进的从属专利的使用权，其独占权也得到了相应的救济。

（四）引入调解机制解决从属药品专利纠纷

在我国，解决专利侵权纠纷大多采用诉讼的方式，但是，对于涉及两种合法、有效专利的侵权，即从属专利对基础专利的侵权具有特殊性，通过诉讼方式解决纠纷则未必是最好的选择。

1. 从属药品专利纠纷应该首选民间调解的方式

首先，诉讼解决从属专利纠纷存在较大的局限性：一方面，诉讼周期较长，会影响从属专利的及时实施；另一方面，诉讼方式可能加剧从属专利权人与基础专利权人之间的对立，使本来存在的共同利益消失殆尽，使本来可以握手共赢的局面立刻消失，还会使当事人抱有的和解希望破灭。这一结果必然使得诉讼效果受到削弱，与诉讼的价值是相悖的[①]。

其次，民事调解方式对协调解决专利纠纷具有较大的优势。一方面，调解机制的时间短、成本低、效率较高等，使调解成为现阶段解决专利权纠纷的重要手段；另一方面，采用民间调解的方式，不存在司法、仲裁等强势主体的介入，有利于当事人更充分地表达自己的意志。调解的任务不是分清是非，而是达成共识，而且，当事人更易接受民间调解平台，有利于沟通、理解、互让，最终实现和解。

2. 从属药品专利纠纷适用于民间调解

从属专利纠纷之所以适用民间调解，是因为：首先，司法调解容易混淆诉讼与调解两个职能，难以释解当事人之间的对立态度，法官既是审判员又是调解员，身份重合有悖于调解理论[②]；其次，行政调解一直以来缺乏法律依据，司法解释将行政调解协议定性为民间合同，由此可见，民间调解完全可以取代行政调解[③]；最后，《人民调解法》进一步明确了民间调解协议的法律效力，严格意义上，其结果不需要法院确认，即具有法律的约束力，其效力超过行政调解，其实会比司法调解更为优越[④]。

为了有效推动从属专利纠纷的民间调解机制，笔者建议设立法院"诉中推介"制度，在专利诉讼中，法官首先全面掌握案情及其特点，分析当事人的意愿和诉讼要求，如果认为民事调解是解决专利纠纷的最佳选择，则向当事人推荐民间调解方式，以期节约司法资源，更妥善地解决纠纷。

五、《专利法》相关条款的具体修改建议

现有《专利法》中，涉及从属专利权人请求对基础专利实施强制许可的条款有第 56 条、第 59 条和第 61 条。综上所述，本研究拟提出如下几条具体修改意见。

（一）第 56 条的修改

（1）第 56 条中的"可以给予实施前一发明或者实用新型的强制许可"

---

① 王宝娜. 我国多元化纠纷解决机制之重构［J］. 法治与社会，2009（24）：35.

② 《民事诉讼法》规定：人民法院审理民事案件，根据当事人自愿的原则，在事实清楚的基础上，分清是非，进行调解。诉讼中调解由审判员或合议庭主持，在双方自愿的基础上进行调解和协商，促进双方的交流与沟通以达到解决纠纷的目的。

③ 李文江. 美国专利纠纷调解制度及借鉴［J］. 知识产权，2017（12）：90.

④ 《人民调解法》第 31 条规定，经人民调解委员会调解达成的调解协议具有法律约束力，当事人应当按照约定履行。人民调解委员会应当对调解协议的履行情况进行监督，督促当事人履行约定的义务。

修改为"可以给予实施前一发明或者实用新型的强制交叉许可，双方互不支付使用费"。

（2）第 51 条中的"开放许可实施期间，对专利权人缴纳专利年费相应给予减免"可以删除。

（二）第 59 条的修改

第 59 条："依照本法第五十三条第（一）项、第五十六条规定申请强制许可的单位或者个人应当提供证据，证明其以合理的条件请求专利权人许可其实施专利，但未能在合理的时间内获得许可"可分解为两款，第一款为"依照本法第五十三条第（一）项规定，申请强制许可的单位或者个人应当提供证据，证明其以合理的条件请求专利权人许可其实施专利，但未能在合理的时间内获得许可"，新增第二款"依照本法第五十六条规定申请强制交叉许可的单位或者个人应当提供证据，证明其以合理的条件请求专利权人许可其实施专利，但未能在合理的时间内获得许可，或提供前一发明或者实用新型的专利权人侵权诉讼书面通知"。

（三）第 61 条的修改

保留第 61 条"取得实施强制许可的单位或者个人不享有独占的实施权，并且无权允许他人实施"，内容不做修改；新增第二款，即"依照本法第五十六条，取得实施强制交叉许可的单位或者个人不仅享有实施权，而且各自对自己的专利享有许可使用、转让等处分权"。

第二节　药品专利侵权例外仿制的默示许可制度

近几年，我国多地司法机关碰到了专利侵权案件中的默示许可抗辩问题，2007 年广西高级人民法院的判例开了先河。上述案例的判决难题，迫使最高人民法院于 2008 年出具了"第 4 号复函"，首次针对技术标准认可了专利默示许可的可抗辩性。我国《专利法修订草案（2017 年送审稿）》第 85 条基于技术标准产生的专利默示许可作出了相应规定，即"申请参与国家标准制定的专利权人，在标准确立过程中必须披露其参与标准制定的相关专利，此专利成为标准必要专利。对于必要专利的许可费用，由专利权人和标准实施人协商确定，协商不成由国家专利局裁定，对国家专利局裁定不服，还可以向法院提起诉讼。"此内容若能写入《专利法》，则不仅可以弥补我国《专利法》缺少专利默示许可规定的短板，还有利于妥善处理标准必要专利与专利权人之间的关系；应用到药品行业，既可以促进药品仿制，又有利于协调药品专利权人、药品标准实施者和药品消费者各方的利益关系。

一、专利默示许可及其法律属性

（一）概念界定

专利默示许可是一个纯粹意义上的学理概念，在现有的成文法中尚不能找到对此概念的准确界定。早在 1927 年，美国联邦最高法院就在"德·弗瑞斯特无线电话公司诉联邦政府案"的判决书中阐明：在许可使用实施中，实现许可使用并非以授权许可作为唯一途径。首先，专利权人的授权许可既有形式许可，如通过签订许可协议确立许可关系，又有实质许可，即只要通过专利权人的行为可以推定实施专利技术已经取得专利权人许可，就可以视为取得了专利权人的同意；其次，如果专利许可使用构成实质意义上的许可，则在专利实施过程中，一旦专利权人提出异议或提起专利侵权之诉，实施人就能以专利默示许可提起抗辩。

默示许可合法是专利默示许可存在的前提。我国《民法典》合同编中认为合同的表现方式包括明示和默示。同时，我国《专利法》第 12 条规定："任何单位或者个人实施他人专利的，应当与专利权人订立实施许可合同，向专利权人支付专利使用费。被许可人无权允许合同规定以外的任何单位或者个人实施该专利。"从上述条款可见，专利实施许可合同属于技术转让合同的类型，这种许可既包括明示许可，又包括默示许可。

以此推理，如何界定专利默示许可呢？它是相对于专利明示许可的另一种专利许可形态，具体而言，即专利权人对第三人实施其专利技术表现为一种默示的态度，足以让实施者产生信赖，使他人从专利权人的行为中推测出了默示。这种许可方式虽然不同于签订书面合同等明示行为，但依然是一种合法的许可形态。

（二）法律属性

对于专利默示许可的法律属性，本研究认为可以归纳为以下 3 个方面。

1.专利默示许可是一种契约

首先，该契约的内容在于它是一种承诺，不仅是专利权人许可他人使用的承诺，还是专利权人对被许可使用人不提起侵权诉讼的承诺。其次，该契约成立的前提是专利权人的专利许可权。专利权既是一种禁止权，又是一种许可权，因此，禁止他人未经许可实施专利，或许可他人实施专利，都是专利权人的权利，也是专利权专有性的体现。最后，专利默示许可正是契约的具体体现。专利许可存在明示许可和默示许可两种形式，专利默示许可即非明示许可，虽然不存在书面或口头的明确表示，但是，只要专利权人对被许可人存在一种暗示，让第三人能够感觉或推断出专利权人许可被许可人实施其专利技术，那么，就可以认定专利权人与被许可人之间形成了合同意义上的法律关系。可见，专利默示许可的本质是一种契约，专利默示许可行为因契约成立而确认，专利侵权即被排除。

2. 专利默示许可是对专利权的限制

首先，专利默示许可是利益平衡原则的体现。专利默示许可的授权不明确甚至效力不明确的状态，对许可人或被许可人都会造成利益损害，此时，需要依据利益平衡原则，通过意思表示的解释、信赖利益的保护等手段界定专利默示许可的存在。其次，现行《专利法》就专利权限制从时间、地域、权能 3 个方面做出了规定，其中第 75 条规定了不视为侵权的 5 种情形："（一）专利产品或者依照专利方法直接获得的产品，由专利权人或者经其许可的单位、个人售出后，使用、许诺销售、销售、进口该产品的；（二）在专利申请日前已经制造相同产品、使用相同方法或者已经作好制造、使用的必要准备，并且仅在原有范围内继续制造、使用的；（三）临时通过中国领陆、领水、领空的外国运输工具，依照其所属国同中国签订的协议或者共同参加的国际条约，或者依照互惠原则，为运输工具自身需要而在其装置和设备中使用有关专利的；（四）专为科学研究和实验而使用有关专利的；（五）为提供行政审批所需要的信息，制造、使用、进口专利药品或者专利医疗器械的，以及专门为其制造、进口专利药品或者专利医疗器械的。"第 1 项就是被视为专利默示许可的权利用尽原则。随着《专利法》的修订，针对标准、平行进口、专利产品部件等所形成的默示许可都将作为不视为侵权的情形，这些规定无疑扩大了对专利权权能的限制。

3. 专利默示许可是对专利侵权的抗辩

专利默示许可作为一种侵权抗辩理由，是以专利侵权控告的存在为前提的。世界各国之所以普遍将专利默示许可规定为专利侵权的抗辩理由，源于它是一种契约关系，正如"德·弗瑞斯特无线电话公司诉联邦政府案"中，美国联邦最高法院判决指出：从现在开始，在专利默示许可被认定后，专利权人与专利实施人之间的关系，包括他们之间的诉讼关系，一定是契约关系，而不是专利侵权关系。

二、国外专利默示许可的立法和司法实践

专利默示许可理论源于英国，兴于德国，盛于美国，因此，本研究重点分析美国的专利默示许可制度，在借鉴中获得启示。之所以选择美国专利默示许可制度进行重点借鉴，是因为虽然英国是最早提出专利默示许可理论的国家，但是，英国关于该制度的规定并不完备，该制度仅就专利产品在使用和销售中的默示许可权利作出了规定，实质上体现的是"专利权用尽原则"，并非专利产品制造的默示许可[①]。无独有偶，德国关于专利默示许可的理论也是权利用尽原则的延伸，仅限于销售领域和专利产品，在解决实际问题方面仍有相当大的局限性。

借鉴英国专利默示许可制度和德国权利用尽原则，美国扩大了默示许可规则的应用范围，其范围不仅包括专利产品生产之后的使用和销售，还包括了专利产品的制造权[②]，由此形成了完整意义上的专利默示许可规则，也被称为衡平法上的禁反言原则。其佐证就是"德·弗瑞斯特无线电话公司诉联邦政府案"，美国最高法院在审理中指出："专利许可使用方式并非单一，授权许可仅仅是一种常见的方式，如果专利权人的行为被实施人推断出已经被许可，那么，该实施行为可以作为侵权抗辩的重要事由。但是，此默示许可方式是否需要缴纳一定的许可费用，首先肯定支付合理费用是必要的，如何支付取决于专利权人的合理请求。"[③]以上表述进一步确立了美国专利默示许可制度，为相关专利纠纷案件的处理提供了依据，也为我国处理相关纠纷案件提供了借鉴。本研究认为，美国相关规定和判例给我国的立法启示有以下几个方面。

（1）构成专利默示许可的形式要件和实质要件。形式要件在于对专利权人作为或不作为的考察，从实施人角度看，实施人因为专利权人的言语和行为而对专利权人产生信赖，信赖的核心是自己的实施得到了专利权人的默认许可；从专利权人角度看，专利权人为了获得更多的侵权补偿，发现专利侵权时，听之任之，怠于阻止，等待把侵权事实放大和把侵权人"养肥"再行起诉和行使权利。实质要件又称理性人标准，美国审理法院在"Medeco Security Locks vs. Lock Technology Corp. 案"的审理中认为，

---

① 冯晓青. 专利侵权专题判解与学理研究［M］. 北京：中国大百科全书出版社，2010：169-177.

② 董美根. 专利许可合同的构造：判例、规则及中国的展望［M］. 上海：上海人民出版社，2012：113-124.

③ 袁真富. 基于侵权抗辩之专利默示许可研究［J］. 法学，2010（12）：108-119.

默示合同是重要的合同方式，确认是否构成默示许可的核心是当事人的客观行为。必须承认，任何一个理性的人，其暗示行为可以使一个协议达成[①]。上述表述所基于的原则，与我国的诚实信用原则有异曲同工之处。

（2）举证责任。美国司法机关面对默示许可问题，虽然存在非统一的标准，但在不同情形下默示行为的认定都是核心问题。在是否构成默示许可的认定过程中，首先要做的是双方举证，举证过程和举证的证据将为司法机关判断提供依据。在举证环节，除了要求举证内容具备客观性，关键还在于举证责任的划分。一方面，如果实施人作为被告，面对专利侵权诉讼，以默示许可作为抗辩事由时，应当承担就默示许可的举证责任；另一方面，如果就专利侵权涉嫌已经通过专利权人授权的，由专利权人承担举证的责任。

（3）默示许可的限制。在美国，默示许可范围主要有3点：首先，从对象看，主要限于涉案的专利及其产品；其次，从地域看，主要指涉案专利产生法律效力的法域；最后，从时间看，专利默示许可的有效期，指基于不同情形所影响的有效期，如基于专利产品生产的默示许可，限于专利权人没有禁止生产的期限，基于必要专利标准的默示许可，限于专利权的有效期。

（4）追溯性授权。在美国，实施制造或销售行为而未获得授权时，如果实施人已经支付了完全补偿，则推定侵权人因此获得了追溯性授权，从而取得了实施专利的默示许可。

三、我国专利默示许可相关规定的梳理

（一）我国已有的默示许可规定为专利默示许可制度的构建提供了依据

我国《民法典》第135条："民事法律行为可以采用书面形式、口头形式或者其他形式；法律、行政法规规定或者当事人约定采用特定形式的，应当采用特定形式"肯定了默示行为存在的合法性。更具体的规定见《民法典》第171条："行为人没有代理权、超越代理权或者代理权终止后，仍然实施代理行为，未经被代理人追认的，对被代理人不发生效力。相对人可以催告被代理人自收到通知之日起三十日内予以追认。被代理人未作表示的，视为拒绝追认。行为人实施的行为被追认前，善意相对人有撤销的权利。撤销应当以通知的方式作出。行为人实施的行为未被追

[①] 德拉克斯勒.知识产权许可[M].王春燕，等，译.北京：清华大学出版社，2003：185-191.

认的，善意相对人有权请求行为人履行债务或者就其受到的损害请求行为人赔偿。但是，赔偿的范围不得超过被代理人追认时相对人所能获得的利益。相对人知道或者应当知道行为人无权代理的，相对人和行为人按照各自的过错承担责任。"

与《专利法》相比，我国《著作权法》对默示许可的规定更为明确。

首先，《著作权法》规定，作品公开发表之后，如果作者没有禁止转载等限制，则其他报刊可以转载，意思就是著作权人默示许可转载，但是，需要支付使用费用。

其次，《著作权法》也规定了录音制品的法定许可，只要制作者没有发布禁止许可的声明，则使用此作品可以不经著作权人许可。

最后，《信息网络传播权保护条例》第九条："为扶助贫困，通过信息网络向农村地区的公众免费提供中国公民、法人或者其他组织已经发表的种植养殖、防病治病、防灾减灾等与扶助贫困有关的作品和适应基本文化需求的作品，网络服务提供者应当在提供前公告拟提供的作品及其作者、拟支付报酬的标准。自公告之日起30日内，著作权人不同意提供的，网络服务提供者不得提供其作品；自公告之日起满30日，著作权人没有异议的，网络服务提供者可以提供其作品，并按照公告的标准向著作权人支付报酬。网络服务提供者提供著作权人的作品后，著作权人不同意提供的，网络服务提供者应当立即删除著作权人的作品，并按照公告的标准向著作权人支付提供作品期间的报酬。依照前款规定提供作品的，不得直接或者间接获得经济利益。"也就是说，如果在国内为了扶助贫困，将已经发表的种植养殖、防病治病、扶贫救灾等作品通过信息网络进行免费传播，则可以先使用后公告。

上述规定虽然体现了著作权默示许可规则的精神，但毕竟尚不具有默示许可的独立价值。正因为如此，司法实践中一直存在着对默示许可与明示许可认识模糊的问题，以至于默示许可的抗辩作用难以得到充分发挥。

（二）默示许可在《专利法》中的体现

我国《专利法》第11条原则上对专利许可进行了明确，即他人实施专利须经专利权人许可，否则就是侵权，但此规定并没有排除默示许可方式的存在。《专利法》第12条虽然规定专利许可应当签订许可使用合同，但并不局限于书面合同，也并不排除实施专利的默示许可方式。

上述条款虽然不排斥专利默示许可及其规则，但我国毕竟没有专利默示许可规则。让司法实践困惑的是，虽然专利诉讼中存在默示许可抗辩的合理情形，但是仅依据权利用尽原则难以解决抗辩依据不足的问题。尽管相关法院甚至最高人民法院在实践中进行了探索，但是无法可依的问题始终没有得到解决。将专利默示许可制度写入《专利法》，无疑会使专利默示许可存在的合法性得到确认，尽管它仅仅针对标准中的专利默示许可。

在 2015 年《专利法修订草案（送审稿）》第 85 条中，规定了标准必要专利默示许可制度，如果必要专利事先并未披露，则实施标准必要专利不视为侵犯专利权，此为专利权默示许可。关于标准必要专利的默示许可费用，其标准首先应由双方协商，协商不成可由相关行政机关或司法机关裁决。遗憾的是，我国最新《专利法》新增内容并没有覆盖专利默示许可的情形。

四、基于仿制药发展的专利默示许可规则完善

在专利默示许可规则完善的问题上，不少学者和司法界人士就法条修改提出了意见，如将默示许可列入不视为侵权的情形等。在此，本研究结合仿制药发展的需要就制度涉及的核心内容提出完善建议。

（一）扩大专利默示许可规则的适用范围

在专利制度中，虽然对技术标准形成的专利默示许可作出了规定，但是，在专利诉讼中，对许多情形可以依据《专利法》现有的权利用尽原则进行侵权抗辩，给司法审判带来了更大的自由裁量权和疑虑，如专利产品零部件的销售、实施方法专利专用设备的使用、发明人与实施人签订技术许可使用合同是在其取得专利权之前等。因此，我国专利制度应扩大默示许可的适用范围，其理由在于专利默示许可不是仅就专利标准化而产生；同时，应当对专利默示许可的条件和法律后果作出具体规定。

（二）明确专利默示许可的认定标准

该制度构建的核心是认定专利默示许可构成。其认定标准与明示许可相比：首先，其形式区别于书面合同等形式；其次，其形成的前提是专利权人存在默示行为；最后，实施人客观上存在对专利权人默示的信赖。

专利默示许可存在多种情形：①基于专利技术标准化；②基于专利技术被推广应用；③基于专利产品的销售；④基于专利产品的修理和配件供应；⑤基于专利技术被在先合法使用；⑥基于原有专利技术协议在获得专

利权之前已经生效；⑦基于专利违约行为；⑧基于专利产品的平行进口等产生的专利默示许可。上述 8 种情形中，基于产品销售、平行进口这两种情形可以通过我国《专利法》第 75 条权利用尽原则予以规制，其他 6 种情形认定标准不同。关于专利默示许可的形式要件、举证责任及程序要件，可以借鉴美国的专利法规定，但实质要件仅规定基于信赖原则或过于笼统，本研究认为应该明确具体标准。

1. 专利权人主动行为的默示意思表示成立

如果专利权人销售的产品是制造其专利产品的专用零部件，且对产品的使用并未提出限制性要求，则可以推定，购买者实施专利技术得到了专利权人的默示许可。再如，专利标准化中，无论专利权人是被动加入还是主动加入，其目的必然是通过标准的强行推广而实现专利许可利益的最大化，此时，有理由认定标准必要专利被默示许可。一旦专利权人不披露被标准化的信息，并任意控告实施人侵权，实施人即可提起专利默示许可抗辩。

2. 相对人的信赖具有合理性

通常情况下，国家标准化机构为了统一产品标准而制定标准，要求生产经营者严格执行标准化管理规定，不予执行者势必会受到市场排斥，其正常销售也会受到影响。因此，生产经营者没有理由怀疑实施标准化技术会遭到专利侵权的指控。

3. 专利权人的懈怠行为构成专利默示许可

如何认定专利权人的懈怠行为？本研究认为，首先，在专利标准化过程中，无论专利的标准化属于主动还是被动，如果专利权人对未经许可实施专利的行为，知晓而"保持沉默"，即属于明显的懈怠行为。对此行为，如果不赋予默示许可的法律效果，一旦专利权人提起侵权控告，就是对非善意行为的听之任之，也有悖于诚实信用原则。其次，对于在存在懈怠行为的前提下所产生的侵权诉讼，本研究认为，需要扬弃性地借鉴美国的认定标准。美国的专利法规定，懈怠行为产生的默示许可抗辩具有"非完整性"，即在侵权诉讼中，此抗辩只能阻止金钱损害赔偿救济，而不能阻止禁止令救济。如果原告在自己的权利上"睡觉"，则被告可以认定为默示许可使用，自然就不承担侵权责任。但是，如果原告改变懈怠态度，并关注自己的权利，则应当允许原告撤销默示许可。其理由是躺在自己权利上睡觉的原告并没有声明自己放弃了专利权，暂时的不作为似乎创设了默示许可，一旦权利人醒来就必然意味着默示许可的撤销。有人站在专利权人的角度戏说："你可以在我睡觉时实施我的专利技术，或许会期盼我永远沉睡，但一定要明白，我迟早是要醒来的。"① 值得关注的是，禁止令救济与懈怠导致的法律后果不同，原告醒来就主张权利，宣告撤销该默示许可，这是否具有合理性？本研究认为不具有合理性，理由在于：一方面，实施者已经实施的投资行为是对专利权人不主张权利的信赖，如果专利权人撤销默示许可，禁止实施人继续实施，必然会造成实施人投资的浪费；另一方面，专利标准化促进了专利的实施，如果专利权人撤销默示许可，势必会阻止专利的标准化进程。因此，对于标准必要专利的权利行使，需要对专利权实施进行必要的限制，对其懈怠行为结束后的许可使用作出规定，即实施者可以继续实施专利技术，但必须确定合理的许可使用费用。

4. 构成专利权人懈怠行为的时间界限

专利权人的懈怠行为会构成默示许可，但是，并非所有的怠于行使权利都会被认定为懈怠行为。怠于行使权利的时间超过一定的期限，才会被认定为产生默示许可的懈怠行为；在规定时限内，不应认定为懈怠行为。规定这一期限，一方面可以防止专利权人滥用专利权，另一方面可以保障因信赖专利权人的默示许可而扩大投资规模形成的收益。那么，如何确定懈怠行为的时间界限呢？本研究认为，确定权利人怠于行使权利的期限应当以侵权诉讼时效为标准。如果怠于行使权利的时间仍处在法定诉讼的时效内，则权利人不仅可以依法提出损害赔偿的诉讼请求，还有权依法获得侵权损害赔偿。由此可见，两年的法定诉讼时效是权利人懈怠行为的"宽恕"极限。如果权利人怠于行使权利的时间超过法定诉讼时效，那么，权利人必须就懈怠行为付出代价，其代价主要表现为请求赔偿的主张。《最高人民法院关于审理专利纠纷案件适用法律问题的若干规定》第 23 条规定："侵犯专利权的诉讼时效为二年，自专利权人或者利害关系人知道或者应当知道侵权行为之日起计算。权利人超过二年起诉的，如果侵权行为在起诉时仍在继续，在该项专利权有效期内，人民法院应当判决被告停止侵权行为，侵权损害赔偿数额应当自权利人向人民法院起诉之日起向前推算二年计算。"这一规定，不仅体现了司法机关对专利权人面对侵权采取懈怠行为的否定，也体现了平衡当事人利益的司法目的。

（三）原则性规定专利默示许可费用标准

在确认专利默示许可抗辩成立后，虽然可以判决豁免实施者的侵权

---

① 德雷特勒. 知识产权许可：上［M］. 王春燕，译. 北京：清华大学出版社，2003：249-250.

责任，但并未否定实施费用的成立。最高人民法院的"第 4 号复函"中明确规定，基于标准必要专利的默示许可，其许可费用应当"明显低于正常的许可使用费"。本研究认为这是合乎情理的，其他情形的默示许可也可以参照执行。有一个值得关注的问题，一般情况下，专利权人参与标准化后，不应该实施独占许可权。但是，如果专利权人在标准化之前已经实施了独占性许可或排他性许可，那应该如何确定许可费的受益主体呢？本研究认为，专利权人已经获得了一定时期内的独占许可使用费，专利标准化后使用人增多，必然会压缩独占使用人的市场份额，那么，独占使用人才是被救济的对象，也是默示许可使用人支付专利使用费的对象。

第三节　非侵权性仿制药发展的专利制度保障

近两年，国际上将迎来一大批专利药品保护的"断崖期"，给仿制药发展提供了绝佳的机会。在仿制药企跃跃欲试之时，药品专利权人绝不会因此放弃既得利益，仍然会采取措施，在巩固其垄断地位的同时想尽办法遏制仿制行为，具体遏制手段包括建立专利网和潜水艇专利、专利补偿制度、申请方法专利等，仿制药企稍有不慎，就可能陷入侵权漩涡。

要避免仿制药构成专利侵权，就需要采取积极策略面对专利侵权的诉讼，通常采取的方法包括积极抗辩、请求宣告专利无效、提出不侵权的法定事由、与药品专利权人达成和解等。但是，不可否认的是，我国相关法律制度并不完备，法律条文也不够明确，给仿制药企维权带来较大的法律障碍。

为了发展不侵权仿制药，本研究将在分析仿制药企可能遭遇的侵权风险的基础上，提出仿制必须采取的应对策略，更为重要的是论证如何完善相关制度。

一、仿制药专利侵权的风险和诉讼特点

（一）仿制药专利侵权的风险

专利断崖期的到来，对仿制药企而言，既有机遇又存在着挑战。仿制药问世后，将依靠廉价药品的优势迅速占领市场，无疑会给专利药企带来沉重打击。因此，在仿制药企生产和销售仿制药的过程中，专利药企不会拱手让出市场，放弃市场的垄断地位，必然会给仿制药企设置构成专利侵

权的陷阱，对仿制药企予以反击。因此，仿制药在发展过程中必然会面对一些可能出现的侵权风险。具体的专利侵权风险有以下几种。

1. 因"专利网"而造成的侵权风险

一项药品专利到期，专利药企对相关专利技术并未完全丧失控制地位，依靠的就是提前构建的专利网。"专利网"即由多项相关专利形成的保护网，一项专利保护期满，但仍然有相关专利处于保护期，仿制到期的专利药品，可能侵犯其他有效专利。这些相关专利就形成了一张针对某一产品的保护网[①]。"专利网"不仅威力较大，还扩大了对专利药品的保护范围，真正的目的是削弱仿制药企的竞争能力，造成药品专利到期却很难仿制的现象。原因在于一件药品专利获得批准后，专利药企还会围绕该专利就药品的异构体、晶型、盐类、制备方法、新的适应证等多项内容进行后续的专利申请。在生产仿制药的过程中，仿制药企有时虽然不侵犯核心专利，但可能会侵犯防御性的专利，使自身正常仿制受到打击。

在发展仿制药的过程中，原本能够正常进行的仿制却因"专利网"延长了药品的专利垄断期限而受阻，药品专利到期但专利药企的垄断地位仍然保持。一方面，防御性专利功能强大，可有效阻止仿制药的及时上市；另一方面，仿制药企一般很难绕过对其化合物和衍生物的侵权，因此，"专利网"的形成往往会推迟仿制药的生产和销售时间，严重影响药品的及时可获得性。

早在 1993 年，英国葛兰素史克公司就为了保护罗格列酮这一核心专利药品，不仅同时针对罗格列酮化合物的结构、制备方法和用途在中国申请了 4 项药品专利，在专利到期之前还就"马来酸罗格列酮水合物"申请了 4 项专利，针对"马来酸罗格列酮多晶型物"申请了 3 项专利，还就"罗格列酮与各种酸形成的盐"申请了 8 项专利，构成了"罗格列酮"专利的保护网[②]。仿制药企以为"罗格列酮"专利到期就可以对其进行仿制，其实不然，一旦仿制，葛兰素史克公司即以侵犯其他防御专利提起诉讼。2003 年，海正集团被葛兰素史克公司起诉侵权，就是因为其对"罗格列酮"的仿制侵犯了罗格列酮组合物的专利权。

2. 对"潜水艇专利"的侵权风险

所谓"潜水艇专利"，是指原研药企业采用避开常规检索的途径，使

① 朱艳梅，徐丹妮，朱玄，等.专利产出与上市医药公司业绩的相关性研究[J].中国医药工业杂志，2013，44(02)：209-213.

② 刘伟，佟晓辉，姚云花.天津天士力围绕丹参品种构建"专利网"分析[J].中医药管理杂志，2007，15(10)：727-729.

专利处于潜水的状态，导致仿制药企在实施仿制之前进行检索时无法成功检索，实施仿制后就构成了对潜水艇专利的侵权。目前，在药品专利保护中原研药企经常采用这一方式，严重干扰了仿制药发展的正常秩序。

原研药企逃避检索的方式并不高明，这就需要仿制药企擦亮眼睛。此方法导致仿制药企出现漏检的原因主要在于原研药企采用字同音不同，译名存在差异，设置空格、横线等手段，如英国 Astra Zeneca 公司原本在我国注册的公司及其分支机构的名称都是"阿斯利康"，但在我国进行专利申请的申请人却写成"阿斯特拉曾尼卡"。当第三方进行检索时，"阿斯利康"名下的发明专利有 208 条，但"阿斯特拉曾尼卡"名下的发明专利却有 499 条。Astra Zeneca 公司之所以通过这种手段将专利隐藏起来，理由无非是打击对手，以便获得专利侵权的赔偿。

3. 保护期限延长造成的侵权风险

专利具有地域性，不同的国家和地区规定了不同的保护期限，而且国际上有不少国家实施了药品专利保护期限的延长保护制度，因此，在药品进出口中，可能出现进口国已过专利保护期的药品，在进口国仍然处在专利保护期内的情形。对仿制药企而言，如果涉及药品出口，不仅要把握本国药品专利的保护期，还要防止在进口国构成专利侵权，避免出现出口的盲目性。在此，值得关注的是不同国家实施的药品专利保护期限延长制度。

关于药品专利保护期限延长制度，前文已经进行了充分讨论。这一制度对仿制药发展具有较大的限制作用，也正因为此制度，我国才更应该支持仿制药企挑战药品专利，为提高药品的及时可获得性提供制度保障。

药品产业较为发达的美国，最先实行专利期限补偿制度，虽然具有合理性，鼓励药企对药品进行研发创新，但是对仿制药的发展却是致命打击，直接推迟了仿制药的上市销售。此后，日本、欧盟各国及其他发达国家为了本国利益，也对此制度进行了积极借鉴，使跨国药企的利益受到空前保护。这一制度在国际上大面积实施，仿制药企在出口药品时，必须高度重视原研药在进口国的保护期限，查询该国专利期限的补偿情况，以避免发生侵权纠纷。

4. 对域外方法专利的侵权风险

仿制药在出口时遇到的另一个可能侵权的问题就是域外的方法专利。对药品而言，通常既可以申请药品专利，也可以申请方法专利，有时候两种保护的期限并不同步，在药品专利保护期满即行仿制，则有可能构成对方法专利的侵犯。尤其在出口仿制药时，更应该关注在我国已经保护到期的药品专利是否在进口国存在方法专利；一旦忽视，仿制药企可能面临被起诉侵权的风险。

2011年，印度Intas公司遭到礼来公司的专利侵权诉讼，原因就是Intas公司出口美国的吉西他滨仿制药产品涉嫌药品制备方法侵权。礼来公司的起诉获得支持，涉嫌侵权的仿制药品被美国海关扣留，禁止入境。虽然事件最后通过双方和解的方式解决了，但毕竟属于侵权案件，无疑给仿制药企敲响了警钟，警示我国药企必须关注同一研发主体存在两种保护方式的情况。

（二）仿制药侵权诉讼的特点

仿制药企虽然针对侵权做了大量的准备，但是，仿制药侵权案件数量一直处于较高水平，由于技术含量高，因此侵权案件十分复杂，即使是专业人员往往也很难判断。为了避免发生仿制药侵权案件，有必要在此分析仿制药侵权诉讼中的特点。

1. 案件数量有所增长

由于2020年后的几年，药品专利出现专利悬崖期，因此，仿制药企早已投入对药品专利的研究，以保证药品审批和上市销售顺利且及时进行。但是，专利药企并不情愿放弃既得利益，纷纷进行专利防御，手段形形色色，给仿制药企设置了各种可能导致其侵权的法律障碍。不少仿制药投放市场以后，其仿制药企即面临侵权诉讼。药品专利侵权是仿制药企必须面对的现实挑战，由于药品专利的高利润极具诱惑，因此，即使存在侵权的可能，也难以打消仿制药企的仿制热情。

2. 案件复杂

仿制药专利侵权诉讼体现了原研药企与仿制药企在利益上的博弈和在法律上的对抗。侵权案件的复杂性体现在以下几个方面。

（1）仿制药企在投入专利药品研制时，已经在技术上、法律上进行了充分准备，对自身仿制不侵权信心满满。

（2）原研药企为了长期垄断专利药品市场，采取了公开和隐蔽的多重手段，试图打造"药品常青专利"。

（3）我国专利制度不够完备，尤其对打击"常青专利"缺乏法律依据，仿制药发展难以获得保障。

（4）我国各级法院虽然熟悉法律规定，但法律调整的对象是药品，在分析药品专利是否侵权时必然涉及药品本身，而药品的复杂性、特殊性势必会给法官的判断能力带来巨大的挑战，对于部分案例，不得不借助专利工程师等介入案件来进行处理，保证判决的公正性。

3. 专业性强

从上文的分析可见，涉及仿制药专利侵权的案件专业性较强，由于法官受到其专业性的限制，因此，即使技术人员介入也难以保证案件判决的公正性，这无疑加大了案件判决的难度。面对难度较大的情形，仿制药企必须从专业出发，充分展示自身不侵权的证据，尤其是专业证据，力争实现药品专利挑战的主动性、合法性。

二、仿制药专利侵权诉讼的应对策略

尽管原研药企想方设法地阻止仿制，但是，仿制药企在应对诉讼时也有很多抗辩事由可供选择。

（一）积极抗辩

在我国，虽然专利侵权案件数量逐年上升，但仿制药侵权案件在我国并不十分突出，主要原因在于我国药企对药品专利的挑战性不强，国外药品专利到期却没有仿制药出现的情况客观存在。随着"健康中国"的政策引领，我国对仿制药发展越来越重视，仿制药侵权也逐步成为仿制药发展绕不过的一环。对仿制药企来讲，仿制药侵权并不意味着侵权事实一定成立，一定会构成违法行为；相反，仿制药企仍然有权就侵权提起抗辩，或进行不侵权之诉。

（1）"Bolar 例外"抗辩。我国《专利法》第 75 条对仿制专利行为作出了例外规定，包括为了行政审批提供信息而生产专利药品不视为侵权。

在上文提及的奥美沙坦酯片专利纠纷案中，万生公司被日本药企起诉侵犯了药品专利权，经北京市第二中级人民法院最终判决，属于为了行政审批提前生产专利药品，并没有用于市场销售，因此不构成侵权。

仿制药企一定要研究"Bolar 例外"的规定，只要在药品专利保护期满前生产的专利药品是为了行政审批所需，都不视为侵权。虽然规定了生产是为了行政审批，但并没有规定生产数量，因此，只要在药品专利期满后上市销售就属于正常仿制。此处的关键在于药品专利保护期内仿制药不能上市销售。

（2）禁止反悔抗辩。所谓禁止反悔原则，是基于专利保护的范围建立在专利申请文件的权利要求书的基础上，因此，专利申请人为了成功申请，顺利获得专利权，在申请文件中的权利要求书上，应在说明书的基础上对要求的权利范围进行适当压缩，即放弃了部分权利要求。一旦出现专利侵权，确认权利范围只能按照说明书的内容进行，不得再对所放弃的内

容主张专利权的保护。这一原则是仿制药侵权诉讼中的一项重要抗辩原则，在司法实践中也被广泛运用。

仿制药企应对专利侵权诉讼可以运用这一原则：首先，通过检索专利药企的权利要求书，全面把握药品专利的保护范围，对照申请专利的说明书，考察说明书公开的内容是否和权利要求书要求的权利范围相对；其次，确定仿制药是否落入了涉案专利的保护范围，确定侵权属于全部还是部分，运用禁止反悔原则争取更有力的抗辩。

这一原则的作用：一方面，在实践中，部分仿制药企运用这一原则力挽狂澜，扭转了败诉局面，指出了药品专利权人权利主张不当，超出了权利要求范围；另一方面，此原则的运用为仿制药发展提供了一道保护屏障，维护了专利审查制度的严肃性。

（3）现有技术抗辩。运用现有技术抗辩十分有效，无形中提高了仿制药企的话语权。如果发现药品专利技术属于现有技术，则不但可以提起抗辩，而且可以依据该专利丧失新颖性请求宣布该专利无效。调查该药品专利是不是现有技术，首先在全球文献、媒体上查找痕迹，无论什么文字，只要发现即可作为抗辩事由；其次在全球市场找足迹，只要在专利申请日前被生产、被销售、被出口或被出口等，都可以确定该专利不具有新颖性，已经进入公共领域。

在仿制药发展的过程中，风险无处不在，一旦被诉构成药品专利侵权，则仿制药企应首先对药品专利进行现有技术检索，力求检索结果全面；其次，将检索结果与涉嫌侵权专利技术进行比对，一旦发现涉嫌侵权专利属于现有技术，即可作为抗辩理由进行反诉。

（二）确认相关专利是否为无效专利及寻找专利网的漏洞

《专利法实施细则》将请求专利无效的理由归纳为 7 个方面。

（1）已经授权的专利经审核证明其不具有可专利性。

（2）已经授权的专利权主体具有非法性，不能成为专利主体。

（3）发现专利申请案有违社会公德或妨碍公共利益，依法不能申请专利。

（4）实用新型专利和外观设计专利经审查不符合授予专利的实质条件。

（5）专利申请文件的形式和内容不符合《专利法》规定。

（6）申请文件修改案超过了原说明书的范围。

（7）该申请案属于抵触或重复授权。

仿制药企如果要请求宣告药品专利无效，就需要对照上述条款进行调查分析。

在此，选取一个 2019 年 4 月的案例，此案中国家知识产权局发布《无效宣告请求审查决定书》。我国两家药企——江苏知原药业有限公司（以下简称"知原药业"）与南京华威医药科技集团有限公司（以下简称"南京华威药业"），它们共同请求宣告日本株式会社富士药品公司（以下简称"富士药品"）的"托吡司特晶型专利"无效。

【案例】

　　痛风及高尿酸血症是继高血糖、高血脂、高血压之后的第"四高"。国内相关统计显示，我国高尿酸血症患者发病率为 10%，痛风患者已超过 8000 万人，这种疾病在我国正成为第二大代谢类疾病。一方面，患者越来越多，另一方面，我国治疗痛风的有效药品品种少且没有特效药。效果较为显著的药品就是托吡司特片，是一家日本药企"富士药品"研发的，在包括我国在内的多个国家都申请了药品专利。该药品安全、高效、温和，得到了世界各国的认可，2013 年开始在日本生产和销售，但一直不曾在中国上市销售。

　　调查富士公司发现，为了长期垄断市场，延长专利保护期限，其在中国采取了"专利网"战略，具体表现为设置了两项专利雷区：一方面，在我国申请了该药品的化合物专利，专利到期时间为 2022 年；另一方面，又在我国申请了一项该药品的晶型专利，到期日是 2033 年。其目的非常明显，就是推迟仿制药上市时间。对我国而言，这意味着近 1 亿痛风患者在 2033 年之前很难用上这一特效药，即使用上也要支付高昂的药费。

　　面对上述问题，只有挑战日本药品专利，才能提高药品可获得的时效性。中国缺少敢于挑战国际药品专利的仿制药企，但很需要具有挑战精神的仿制药企。要降低国外特效药的价格，就要促使国产的好药早点上市。我国仿制药企可选择的路径不多，只有发起专利挑战，才能为患者的治疗赢得时间。

　　2018 年 2 月 11 日，我国知原药业和南京华威药业两家公司向专利复审委员会提出无效宣告请求，请求宣告富士药品的托吡司特片专利无效。2018 年 8 月 27 日，国家专利局专利复审委员会进行了审理；2019 年 2 月 18 日，又进行了第二次审理，最终宣布富士公司的托吡司特片专利无效。这一专利药品挑战成功的案例，不仅为我国仿制药生产树立了典范，打开了缺口，还大大提高了获得此药品的时效性，我国痛风患者无须等到 2033 年就可以使用廉价的特效药品。

【启示】

　　首先，在我国仿制药企成功挑战国外药品专利的案例不多，本案例挑战成功的理由：首先，敢于挑战，知原药业原本是一个民营中小型药企，敢于向跨国药企发起一场专利挑战，实属罕见，早在2001年，国内就曾有14家药企针对美国辉瑞公司的药品西地那非（也称"伟哥"）发起专利挑战，历经数载，其结果还是铩羽而归；第二，勇于挑战，跨国药企往往在多个国家申请专利，而且在多数情况下能通过各国专利机关的审核而获得专利权。对于这样的药品专利，要想使其失效，难度可想而知。然而，知原药业经过艰苦努力，发现富士药品为该药品专利"续命"的晶型专利存在一个致命的瑕疵，最终否定了这一专利在严格意义上的独创性。

（三）提出确认不侵权诉讼

　　在专利侵权诉讼中，仿制药企具有被动性，往往是被诉讼的对象，因此，仿制药企应对诉讼的有效手段或最佳路径就是反诉不构成侵权，即提出不侵权的理由。所谓确认不侵权诉讼，第一阶段是药品专利权人警告仿制药企，其行为对自身药品专利构成侵权，仿制药企接到警告后，如果认为自己不构成侵权，就可以要求药品专利权人通过法律途径维护权利；第二阶段存在两种情形，其一，药品专利权人依法捍卫自身权利，其二，专利权人在仿制药企提出要求后两个月内没有维护权利，此时，仿制药企可以请求法院确认自己不构成专利侵权。

　　这一制度的作用：一方面，有利于防止专利权人滥用专利权，避免给涉嫌侵权方造成一定的影响；另一方面，为合法仿制清除障碍，保障仿制药的发展。

（四）达成和解

　　专利纠纷通过调解达到和解是最高境界，但是实现和解往往十分困难，尤其在专利侵权前提下的和解更是难上加难。

　　（1）作为药品专利权人，同意和解的原因一般有3种。

　　①存在法定许可和强制许可的法定事由，即使不和解，仿制药企也可想办法实施其专利。

　　②药品专利权人通过经济学分析，发现许可使用的结果与自己生产销售产生的经济效益基本一致。

　　③专利维权旷日持久，所花费的时间成本与被侵权的损失没有太大

差别。

（2）仿制药企如何促成和解呢?

①必须提高自身话语权，通过调查摸清药品专利的特点、保护期限和是否存在强制许可的法定事由，增加和药品专利权人的谈判砝码。

②仿制药企为了及时实施仿制行为而提前上市销售，应当主动与药品专利权人协商和解，以实现双赢。

③利用调解机制，依据我国已经颁布的《人民调解法》，主动申请通过调解解决纠纷。在美国，95%的专利纠纷依靠调解解决，值得借鉴。

参考文献

一、中文文献

（一）著作类

[1]李明德.美国知识产权法[M].北京：法律出版社，2003.

[2]中国专利局条法部.集成电路与植物品种知识产权保护专辑[M].北京：专利文献出版社，1996.

[3]吴蓬.药事管理学[M].2版.北京：人民出版社，2001.

[4]冯晓青.知识产权法哲学[M].北京：中国人民公安大学出版社，2003.

[5]考特，尤伦.法和经济学[M].施少华，等，译.上海：上海财经大学出版社，2002.

[6]董涛.专利权利要求[M].北京：法律出版社，2006.

[7]朱怀祖.药品专利强制许可研究[M].北京：知识产权出版社，2011.

[8]吴汉东.知识产权的多维解读[M].北京：北京大学出版社，2008.

[9]冯洁菡.公共健康危机与WTO知识产权制度的改革：以TRIPS协议为中心[M].武汉：武汉大学出版社，2005.

[10]郑成思.知识产权论[M].北京：法律出版社，1998.

[11]谢尔曼，本特利.现代知识产权法的演进：英国的历程（1760—1911）[M].金海军，译.北京：北京大学出版社，2006.

[12]美浓部达吉.公法与私法[M].北京：中国政法大学出版社，2003.

[13]冯晓青.知识产权法利益平衡理论[M].北京：中国政法大学出版社，2006.

[14]博登海默.法理学[M].北京：中国政法大学出版社，2004.

[15]考特，尤伦.法和经济学[M].上海：上海三联书店，2012.

[16]兰德斯，波斯纳.知识产权法的经济结构[M].金梅军，译.北京：北京大学出版社，2005.

[17]田村善之.日本现代知识产权法理论[M].李杨等，译.北京：法律出版社，2010.

[18]李明德."特别301条款"与中美知识产权争端[M].北京：社会科学文献

出版社，2000.

[19]姚颉靖.全球视野下的药品专利：从利益分配到利益创造[M].北京：知识产权出版社，2011.

[20]王迁.知识产权法教程[M].北京：中国人民大学出版社，2011.

[21]尹新天.专利权的保护[M].北京：知识产权出版社，2005.

[22]朱榄叶.世界贸易组织国际贸易争端案例评析[M].北京：法律出版社，2000.

[23]林秀芹.TRIPS体制下的专利强制许可制度研究[M].北京：法律出版社，2006.

[24]罗军.专利权限制研究[M].北京：知识产权出版社，2015.

[25]袁红梅.中药知识产权法律制度的反思与构建[M].北京：北京师范大学出版社，2011.

[26]吕炳斌.专利披露制度研究：以TRIPS协议为视角[M].北京：法律出版社，2016.

[27]王珍愚.TPIPS协议与我国知识产权公共政策[M].北京：中国社会科学出版社，2016.

[28]杨军.医药专利保护与公共健康的冲突研究[M].北京：北京大学出版社，2008.

[29]郑成思.知识产权法：新世纪初的若干研究重点[M].北京：法律出版社，2004.

[30]薛达元，秦天宝，蔡蕾.遗传资源相关传统知识获取与惠益分享制度研究[M].北京：中国环境科学出版社，2012.

[31]德雷克斯，李.药物创新、竞争与专利法[M].马秋娟，杨倩，王璟，等，译.北京：知识产权出版社，2020.

[32]阿尔伯特，杜克斯.全球医药政策：药品的可持续发展[M].翟宏丽，张立新，译.北京：中国政法大学出版社，2016.

[33]邵蓉，陈永法.药品注册法律法规[M].北京：中国医药科技出版社，2011.

[34]吴汉东.知识产权的多维度解读[M].北京：北京大学出版社，2008.

[35]刘华.知识产权制度的理性与绩效分析[M].北京：中国社会科学出版社，2001.

[36]文希凯.专利法教程[M].北京：知识产权出版社，2011.

[37]于海，袁红梅.药品知识产权保护理论与实务[M].北京：人民军医出版社，2009.

［38］曹新明.中国知识产权法典化研究［M］.北京：中国政法大学出版社，2005.

［39］胡开忠.知识产权法比较研究［M］.北京：中国人民公安大学出版社，2004.

［40］吴汉东.知识产权中国化应用研究［M］.北京：中国人民大学出版社，2014.

［41］吴汉东.知识产权总论［M］.北京：中国人民大学出版社，2013.

［42］闫文军.专利权的保护范围：权利要求解释和等同原则适用［M］.北京：法律出版社，2007.

［43］张清奎.医药专利保护典型案例分析［M］.北京：知识产权出版社，2012.

［44］胡波.专利法的伦理基础［M］.北京：华中科技大学出版社，2011.

［45］张晓东.医药专利制度比较研究与典型案例［M］.北京：知识产权出版社，2012.

［46］崔国斌.专利法原理与案例［M］.北京：北京大学出版社，2016.

［47］中国医学科学院药物研究所，中国医药工业信息中心，中国食品药品检定研究院.中国仿制药蓝皮书［M］.北京：中国协和医科大学出版社，2008.

［48］张清奎.医药及生物技术领域知识产权战略实务［M］.北京：知识产权出版社，2008.

［49］袁红梅，金泉源.药品知识产权全攻略［M］.北京：中国医药科技出版社，2013.

［50］于海，袁红梅.药品知识产权保护理论与实务［M］.北京：人民军医出版社，2009.

［51］徐红菊.药品知识产权保护理论与实务［M］.北京：法律出版社，2007.

［52］韦贵红.药品专利保护与公共健康［M］.北京：知识产权出版社，2013.

［53］朱怀祖.药品专利强制许可研究［M］.北京：知识产权出版社，2011.

［54］郑友德.知识产权与公平竞争的博弈：以多维创新为坐标［M］.北京：法律出版社，2011.

［55］周超.论 TRIPS 协议与公共利益［M］.北京：知识产权出版社，2012.

［56］魏兴民.TRIPS 约束下知识产权保护与跨国技术转移问题研究：以中国为例［M］.北京：经济科学出版社，2017.

［57］张冬.中药国际化的专利法研究［M］.北京：知识产权出版社，2012.

［58］许国平.专利、强制许可和药品可获取性：最新经验［M］.马来西亚：第三世界网络，2012.

［59］刘斌斌.知识产权：法理论与战略［M］.兰州：甘肃人民出版社，2006.

[60]韦贵红.药品专利保护与公共健康[M].北京：知识产权出版社，2012.

[61]李顺德.WTO的TRIPS协议解析[M].北京：知识产权出版社，2006.

[62]郑成思.规制知识产权的权利行使[M].北京：知识产权出版社，2004.

[63]刘宁.知识产权若干理论热点问题探讨[M].北京：中国检察出版社，2007.

[64]刘斌斌，付京章.论专利制度的本质及其社会效应[M].北京：知识产权出版社，2012.

[65]张新峰.专利权的财产权属性：技术私权路径研究[M].武汉：华中科技大学出版社，2010.

[66]陈勇，韩羽枫，乔平.专利纠纷新型典型案例与专题指导[M].北京：中国法制出版社，2009.

[67]冯晓青.知识产权法前沿问题研究[M].北京：中国人民公安大学出版社，2004.

[68]陈璐.药品侵权责任研究[M].北京：北京法律出版社，2010.

[69]肖志远.知识产权权利属性研究：一个政策维度的分析[M].北京：北京大学出版社，2009.

[70]李琛.论知识产权法的体系化[M].北京：北京大学出版社，2005.

[71]碰礼堂.公共利益论中的知识产权限制[M].北京：知识产权出版社，2009.

[72]张伟君.规制知识产权滥用法律制度研究[M].北京：知识产权出版社，2008.

[73]何敏.知识产权基本理论[M].北京：法律出版社，2010.

[74]李扬.知识产权法基本原理[M].北京：中国社会科学出版社，2013.

[75]刘斌斌.知识产权法：理论与战略[M].北京：北京大学出版社，2012.

[76]曲三强.现代知识产权法[M].北京：北京大学出版社，2009.

[77]王先林.知识产权滥用及法律规则[M].北京：中国法制出版社，2008.

[78]王振宇.中国知识产权法律发展研究[M].北京：社会科学文献出版社，2014.

[79]张丽娜.WTO与中国知识产权法律制度研究[M].北京：中国民主法制出版社，2006.

[80]王建英.美国药品申报与法规管理[M].北京：中国医药科技出版社，2005.

[81]徐辉鸿.知识产权权利冲突研究[M].长春：吉林大学出版社，2008.

[82]唐安邦.中国知识产权保护前沿问题与WTO知识产权协议[M].北京：法

律出版社，2004.

[83]那力，何志鹏，王彦志.WTO与公共健康[M].北京：清华大学出版社，2005.

[84]陈易彬.新药开发概论[M].北京：高等教育出版社，2006.

[85]刘善慧，刘炳学，房泽岱.英汉药理学辞典[M].北京：中国医药科技出版社，1993.

[86]王建英.美国药品申报与法规管理[M].北京：中国医药科技出版社，2005.

[87]王明旭.医药知识产权战略研究[M].北京：军事医学科学出版社，2004.

[88]冯洁苗.公共健康危机与WTO知识产权制度的改革：以TRIPS协议为中心[M].武汉：武汉大学出版，2005.

[89]金泳锋.高技术产业专利态势与绩效及专利风险研究[M].武汉：华中科技大学出版社，2009.

[90]胡佐超.专利基础知识[M].北京：知识产权出版社，2004.

[91]吴汉东.知识产权国际保护制度研究[M].北京：知识产权出版社，2007.

[92]董新凯，吴玉岭.知识产权国际保护[M].北京：知识产权出版社，2010.

[93]韩立余.WTO案例及评析[M].北京：中国人民大学出版社，2001.

[94]陈清奇.美国药品专利研究指南[M].北京：科学出版社，2008.

[95]方志伟，刘兰茹.医药知识产权理论与实践[M].北京：人民卫生出版社，2007.

[96]胡修周，罗爱静.医药知识产权[M].北京：高等教育出版社，2006.

[97]黄东黎.WTO规则运用中的法制[M].北京：人民出版社，2005.

[98]刘国恩.2010年中国医药产业发展报告[M].北京：科学出版社，2008.

[99]吕宜灵，李泽华.医药卫生法[M].北京：科学出版社，2012.

[100]申俊龙，徐爱军.医药国际贸易[M].北京：科学出版社，2009.

[101]沈强.TRIPS协议与商业秘密民事救济制度比较研究[M].上海：上海交通大学出版社，2011.

[102]宋晓亭.中医药传统知识的法律保护[M].北京：知识产权出版社，2009.

[103]王火灿.WTO与知识产权争端[M].上海：上海人民出版社，2001.

[104]吴汉东，郭寿康.知识产权制度国际化问题研究[M].北京：北京大学出版社，2010.

[105]杨代华.处方药产业的法律战争：药品试验资料之保护[M].台北：元照出版社，2008.

[106]冯洁菡.公共健康危机与WTO知识产权制度的改革：以TRIPS协议为中

心［M］.武汉：武汉大学出版社，2005.

　　［107］韩立余.美国对外贸易中的知识产权保护［M］.北京：知识产权出版社，2006.

　　［108］李扬.知识产权的合理性、危机及其未来模式［M］.北京：法律出版社，2003.

　　［109］刘剑文.TRIPS 视野下的中国知识产权制度研究［M］.北京：人民出版社，2003.

　　［110］谭启平.专利制度研究［M］.北京：法律出版社，2005.

　　［111］郑万青.全球化条件下的知识产权与人权［M］.北京：知识产权出版社，2006.

　　［112］吴汉东、胡开忠.走向知识经济时代的知识产权法［M］.北京：法律出版社，2002.

　　［113］胡雪忠.知识产权协调保护战略［M］.北京：知识产权出版社，2005.

　　［114］唐广良，董炳和.知识产权的国际保护［M］.北京：知识产权出版社，2002.

　　［115］朱光文.权利冲突论［M］.北京：中国法制出版社，2004.

　　［116］李学勇.经济全球化背景下的中国知识产权保护［M］.北京：人民法院出版社，2005.

　　［117］张乃根，陆飞.知识经济与知识产权法［M］.上海：复旦大学出版社，2000.

　　［118］洪净.中药知识产权保护［M］.北京：中国中医药出版社，2003.

（二）论文期刊类

　　［1］孙蕾.论环境法学研究方法论之逻辑构成［J］.求索，2013（7）：193-195.

　　［2］潘德勇.国际法方法的源流与发展［J］.重庆理工大学学报（社会科学版），2010（8）：56-62+77.

　　［3］王博.不断涌现的国际法研究新方法［J］.全国商情（理论研究），2011（7）：94-97

　　［4］刘雷.浅议专利期满前使用他人专利药品进行临床前试验免责的法律依据［J］.知识产权研究与实务，2006（6）：11-13.

　　［5］邹琳.论专利权的权利属性［J］.湘潭大学学报，2011（5）：67-70

　　［6］邢爽，刘兰茹，刘培伟，等.论药品专利保护与药品可及性之间的矛盾：以公共健康危机为视角［J］.医学与法学，2013，5（6）：39-42.

　　［7］张冬，范桂荣.对专利药品平行进口发展问题的思考［J］.北方法学，2011

（2）：90-95.

［8］赵利.我国药品专利强制许可制度探析［J］.政法论坛，2017，35（2）：146-151.

［9］张子蔚，常峰，邵蓉.两种药品价格相关规制政策的分析与建议［J］.中国医药技术经济与管理，2008（12）：73-76.

［10］曹桂，邹珺，武宁，等.欧盟国家药品价格平衡措施：药品平行进口政策及启示［J］.中国卫生政策研究，2013，6（3）：45-49.

［11］宋慧献，周艳敏.冲突与平衡：知识产权的人权视野［J］.知识产权，2004（2）：51-56.

［12］张乃根.论 TRIPS 协议框架下知识产权与人权的关系［J］.法学家，2004（4）：145-152.

［13］刘磊.价格视角下的药品专利保护［J］.知识产权，2012（8）：68-72.

［14］张乃根.试析 TRIPS 协议第 31 条修正案及其重大意义［J］.世界贸易组织动态与研究，2006（5）：25-30.

［15］郭寿康，史学清.WTO 协定的首次修改：TRIPS 协议第 31 条之修改［J］.海南大学学报（人文社会科学版），2009，27（1）：11-13.

［16］丁锦希.TRIPS 协议框下的药品平行进口问题：兼评我国现行药品平行进口制度［J］.上海医药，2006（9）：393-396.

［17］冯洁菡.全球公共健康危机、知识产权国际保护与多哈宣言［J］.法学评论，2003（2）：10-18.

［18］吴莉婷.对 TPP 协议中有关药品专利保护条款的研究：基于知识产权章节的解读［J］.法制博览，2017（6）：55-56+48.

［19］刘彬.仿制药品立法规制的发展新态势：以 TPP 医药专利条款为视角［J］.荆楚理工学院学报，2016（3）：40-46.

［20］王迪，丁萍.玩转驴象：无论当政者是民主党还是共和党，都难以抵挡制药行业强大的金弹攻势［J］.医药经济报，2008（4）：11-12.

［21］丁锦希.美国药品专利期延长制度浅析：Hatch-Waxman 法案对我国医药工业的启示［J］.中国医药工业杂志，2006（9）：694-653.

［22］石现明.美式自由贸易协定 TRIPS-plus 条款对发展中国家药品获得权和生命健康权的影响与危害［J］.兰州学刊，2011（1）：75-81.

［23］郑成思.合同法与知识产权法的相互作用［J］.法律适用，2000（1）：6-11.

［24］吴雪燕.TRIPS-plus 条款的扩张及中国的应对策略：以药品的专利保护为视角［J］.现代法学，2010（5）：112-120.

［25］王普善.非专利药革命：反思 Waxman-Hatch［J］.中国医药技术与市场，

2009（1）：15-17.

［26］李科举，宋民宪.美国新药创新体系对我国的启示［J］.中国民族民间医药，2015（8）：152-153.

［27］崔立红，彭哲.我国制药业的专利困境与战略应对：以药品仿制与药品专利的平衡为基点［J］.电子知识产权，2007（5）：32-35.

［28］丁锦希，邵美令，孟立立.美国知识产权反垄断诉讼中专利范围测试规则的适用及启示：基于"Schering vs. Upsher"案实证分析［J］.知识产权，2013（6）：91-95.

［29］刘婵.仿制药企业应对专利覆盖的专利无效宣告策略：产品特征与生产工艺专利的对比分析［J］.财经问题研究，2014（5）：37-44.

［30］陈永正，黄滢.我国专利药独家药价格谈判机制的战略问题［J］.现代经济探讨，2017（6）：16-23.

［31］李静.浅析印度知识产权保护对我国的启示［J］.中国发明与专利，2011（2）：107-109.

［32］冯洁菡.专利本地实施要求的合法性之争：国际法与国内法实践评析［J］.暨南学报（哲学社会科学版），2014（9）：37-44+161.

［33］游文亭.发展中国家药品专利权与公民健康权的博弈与平衡［J］.电子知识产权，2018（7）：38-47.

［34］李瑞丰，陈燕.专利布局视角下药企应对"专利悬崖"策略研究及思考［J］.电子知识产权，2017（6）：64-72.

［35］周俊强.与公共健康危机有关的知识产权国际保护［J］.中国法学，2005（1）：111-118.

［36］谢青轶.《跨太平洋伙伴关系协定》（TPP）的专利条款研究［J］.知识产权，2016（1）：127-133.

［37］张磊，夏纬.TPP生物药品数据保护条款研究［J］.知识产权，2016（5）：116-120.

［38］张建邦.议题挂钩谈判及其在知识产权领域的运用和发展［J］.政治与法律，2008（2）：101-106.

［39］范文舟.试论WTO的药品知识产权保护对健康权的影响［J］.河北法学，2014（9）：93-98.

［40］陈瑶.论美国TPP药品知识产权建议条款对公共健康之反作用：与TRIPS之比较［J］.国际经济法学刊，2014（1）：219-243.

［41］杨静，朱雪忠.中国自由贸易协定知识产权范本建设研究：以应对TRIPS-plus扩张为视角［J］.现代法学，2013（2）：149-160.

［42］梁志文. 美国自由贸易协定中药品 TRIPS-Plus 保护［J］. 比较法研究，2014（1）：125-140.

［43］王玫黎，谭畅. 挑战与回应：我国药品专利制度的未来：以药品专利与健康权的关系为视角［J］. 知识产权，2017（2）：41-47.

［44］田晓玲. 中药复方专利保护研究［J］. 西南民族大学学报，2007（2）：122-125.

［45］康添雄. 专利强制许可的公共政策研究［J］. 科技进步与对策，2013（6）：103-107.

［46］李文江. 美国专利纠纷调解制度及借鉴［J］. 知识产权，2017（12）：86-91.

［47］丁文杰. 药品专利"Bolar 例外"条款的法律规则：三共株式会社等诉北京万生药业有限责任公司侵犯专利权纠纷案［J］. 中国发明与专利，2019（5）：120-122.

［48］刘华楠. 从 Bolar 抗辩浅析我国药品研发中的强制许可制度［J］. 中国发明与专利，2019（5）：35-37.

［49］徐树. 国际投资条约下知识产权保护的困境及其应对［J］. 法学，2019（5）：88-102.

［50］安美霖. 药品专利强制许可与发展中国家的公共健康［J］. 法制博览，2019（11）：221.

［51］韩镭，刘桂明. 浅析药品专利链接制度带来的机遇和挑战［J］. 中国发明与专利，2019（3）：17-23.

［52］苏冬冬. 药品专利链接制度的正当性及制度价值分析［J］. 电子知识产权，2019（3）：4-12.

［53］李蓓，易继明. 药品专利常青化策略及应对之探讨［J］. 科技与法律，2019（1）：1-10.

［54］邱福恩. 美国药品专利链接制度实践情况及其启示［J］. 知识产权，2018（12）：87-93.

［55］陶冠东. 我国新专利链接制度下的纠纷解决路径及思考［J］. 电子知识产权，2018（9）：96-104.

［56］耿文军，丁锦希. 影响药品专利链接制度的重要因素和解决路径［J］. 知识产权，2018（7）：87-91.

［57］张乃根. 非多边经贸协定下的知识产权新规则［J］. 武大国际法评论，2020（1）：1-19.

［58］柳树. "一带一路"背景下中印医药产业合作：机遇、挑战与路径［J］. 南亚研究，2018（1）：50-67+158.

［59］熊建军. 印度药品专利政策异化轨迹［J］. 辽宁医学院学报，2014（1）：

7-10.

[60]陈唯真.谈加拿大药品上市审批中的专利链接管理[J].中国新药杂志,
2006(14):1129-1131.

[61]宁立志.我国"Bolar例外规则"的学理解构与制度重建[J].政法论丛,
2019(2):46-56.

[62]郝敏.药品专利强制许可制度在发展中国家的应用:从"抗癌药代购第一
人"陆勇事件谈起[J].知识产权,2015(8):95-101.

[63]何华.我国药品专利期限补偿制度的构建:以"健康中国"战略实施为背
景的分析[J].法商研究,2019(6):177-188.

[64]倪晓洁.试谈药品专利保护期的补偿[J].医学与法学,2019(3):13-16.

[65]刘剑锋,顾东蕾,董来娣.美国Paragraph Ⅳ专利挑战成功首仿对中国制药
工业的启示录[J].中国新药杂志,2019(9):1037-1043.

[66]董来娣,顾东蕾,诸琳.加拿大药品专利延长制度对中国新药研发的启示
[J].中国新药杂志,2019(24):2933-2938.

[67]朱精兵,顾东蕾.2014年美国首仿药数据行为剖析[J].中国新药杂志,
2015(24):2775-2778.

[68]何文威,李野,洪兰.日本药品专利战略浅析及对我国的启示[J].中国药
房,2006(12):887-889.

[69]冯霄婵,杨悦.美国药品审评创仿平衡机制研究[J].中国药学杂志,2018
(11):938-944.

[70]冯国忠,夏莹.印度新专利法的实行对医药企业的影响[J].上海医药,
2007(4):150-153.

[71]雷孝平,望俊成,张海超.我国生物医药专利许可主体状况分析:基于文
献计量及社会网络分析的视角[J].数字图书馆论坛,2018(8):37-44.

[72]易继明、初萌.后TRIPS时代知识产权国际保护的新发展及我国的应对
[J].知识产权,2020(2):3-16.

[73]俞风雷.知识产权保护中的利益平衡理论及其制度构建:以我国药品专利
链接制度为例[J].求索,2019(6):82-87.

[74]陈明艳,徐伟,杜雯雯.重大疾病防治用药、公共卫生用药、临床急需特
效药专利药品价格水平中日比较[J].中国卫生经济,2019(1):37-39.

[75]梁志文.美国自由贸易协定中药品TRIPS-plus保护[J].比较法研究,
2014(1):125-140.

[76]何隽."我不是药神":印度药品专利的司法原则及其社会语境[J].清华
法学,2020(1):158-171.

[77]袁锋.我国移植和构建专利链接制度的正当性研究——对现行主流观点之质疑[J].科技与法律,2019(6):1-12.

[78]徐元.中国参与知识产权全球治理的立场与对策[J].国际经济法学刊,2018(4):95-116.

[79]刘颖.后TRIPS时代国际知识产权法律制度的"碎片化"[J].学术研究,2019(7):53-63+2.

[80]韩成芳.后TRIPS时代药品专利制度正当性的危机与反思[J].科技与法律,2021(2):59-67.

[81]马乐.应对公共健康危机的药品专利强制许可实施困境与对策[J].科技与法律,2021(2):141-148.

[82]张明.后TRIPS时代的药品专利保护:趋势、影响与因应:以发展中国家的立场为视角[J].国际经济法学刊,2021(2):112-123.

[83]柏林,张逸晨,范平安,等.专利到期对药品价格和市场份额的影响分析[J].中国新药杂志,2021(6):481-488.

[84]何华.药品专利期限补偿制度国际化及我国应对之策[J].现代法学,2021(1):156-168.

[85]顾东蕾,潘晓梅,杨静.日本药品专利期限补偿制度对中国新药研发的启示[J].中国新药杂志,2021(4):289-294.

[86]刘晴,黄超峰.浅谈欧洲药品专利期补偿制度的现状和发展趋势[J].中国新药杂志,2021(4):295-299.

[87]韩成芳.药品专利权的功能异化与修正[J].电子知识产权,2021(2):13-25.

[88]贾小龙,缪杰.基于药品专利的仿制药研发法律促进机制研究[J].卫生经济研究,2021(2):70-72.

[89]王玮.浅析我国的药品专利期限补偿制度[J].中国医药工业杂志,2021(1):143-146.

[90]陈扬跃,马正平.专利法第四次修改的主要内容与价值取向[J].知识产权,2020(12):6-19.

[91]杨莉萍.欧美药品行业产品跳转行为的法律规制及其启示[J].电子知识产权,2020(12):87-100.

[92]张乃根.公共健康相关知识产权的国际法问题[J].知识产权,2020(11):3-15.

[93]刘立春,漆苏.突发疫情下的药品专利强制许可客体研究[J].电子知识产权,2020(10):4-12.

［94］陈庆．生物药专利链接与管制性排他权的冲突与制度协调［J］．科技与法律，2020（5）：16-23．

［95］向智才，金晋，张朝阳．我国药品专利强制许可制度的法律规制研究［J］．科技管理研究，2020（19）：147-152．

［96］曹新明，咸晨旭．中美贸易战的知识产权冲突与应对［J］．知识产权，2020（9）：21-30．

［97］李亚林，来小鹏．我国与欧洲药品专利补充数据比较研究［J］．中国新药杂志，2020（17）：1921-1926．

［98］邱福恩．中美经贸协议下的药品专利期限补偿制度研究［J］．科技与法律，2020（4）：11-21．

［99］曹磊，刘昭，赵琨，等．国际视野下药品专利强制许可制度的实施案例研究综述［J］．中国新药杂志，2020（13）：1441-1448．

［100］张武军，张博涵．新冠肺炎疫情下药品专利强制许可研究：以瑞德西韦为例［J］．科技进步与对策，2020（20）：83-88．

［101］吴柯苇．仿制药专利挑战机制解释学分析与进路选择［J］．科技进步与对策，2021（1）：79-86．

［102］王圣鸣，田侃，文庆，等．中国第一批鼓励仿制药品目录的纳入品种分析［J］．卫生经济研究，2020（7）：26-30．

［103］郑友德．全球合作抗击新冠病毒蔓延的知识产权对策［J］．电子知识产权，2020（5）：4-28．

［104］刘鑫．重大突发公共卫生危机下的药品专利强制许可：现实需要、伦理因应与法律安排［J］．电子知识产权，2020（4）：63-72．

［105］李亚林，来小鹏．美国药品专利保护期延长制度研究［J］．中国新药杂志，2020（4）：361-366．

［106］魏想，胡晓红．药品专利"常青化"应对模式的中国选择［J］．西北师大学报（社会科学版），2020（2）：113-121．

［107］李石．基金激励机制：知识产权制度的替代方案［J］．读书，2020（1）：141-149．

［108］钱文强．中国医疗技术进步趋势及解释［J］．科技进步与对策，2020（4）：35-41．

［109］孙瑜晨．专利反向支付协议反垄断规制探论：美国的经验及启示［J］．科技进步与对策，2019（24）：128-135．

［110］郑淑凤．专利链接中拟制侵权的理论基础与实施问题［J］．电子知识产权，2019（12）：83-94．

［111］李孟林，徐伟，杜雯雯，等．我国上市专利药品可获得性实证研究［J］．卫生经济研究，2019（12）：59-61.

［112］相靖．美国药品专利反向支付问题的反垄断法规制研究［J］．知识产权，2019（11）：87-96.

［113］陈学宇．我国药品专利强制许可制度分类实施探讨：基于仿制药供应保障的视角［J］．华侨大学学报（哲学社会科学版），2019（5）：99-110.

［114］吴柯苇．仿制药专利挑战行为界定与属性分析：以药品专利链接制度本土化为背景［J］．电子知识产权，2019（10）：30-41.

［115］冯洁菡，周濛．"一带一路"中非传统医药合作与国际知识产权制度的变革［J］．武大国际法评论，2019（5）：1-22.

［116］魏想，胡晓红．专利实用性要求宽松与严苛之博弈与启示：以加拿大专利"承诺实用性规则"变迁为视角［J］．湖南大学学报（社会科学版），2019（5）：153-160.

［117］李彦涛．药品专利审查中的补充实验数据［J］．知识产权，2019（9）：61-72.

［118］杨莉萍．比较法视域下药品专利反向支付协议的反垄断法规制［J］．新疆社会科学，2019（5）：100-107.

［119］刘立春．从FTC vs. Actavis案看美国"反向支付和解协议的反垄断法律适用"的争议［J］．电子知识产权，2019（9）：64-73.

［120］王珍愚，郑榕，崔映宇，等．美日印医药专利政策比较及对我国的启示［J］．云南财经大学学报，2019（9）：19-27.

［121］陈鹏宇．中药材遗传资源知识产权法律保护探析［J］．社会科学家，2019（9）：120-124.

［122］郭如愿．中国药品专利发展现状及反思［J］．电子知识产权，2019（8）：57-65.

［123］耿文军，王春雷，丁锦希．中国专利药审批速度和专利期限补偿［J］．中国新药杂志，2019（15）：1793-1796.

［124］何华．药品专利期限补偿制度探究：以药品消费特性为视角［J］．法学评论，2019（4）：184-196.

［125］张浩然．竞争视野下中国药品专利链接制度的继受与调适［J］．知识产权，2019（4）：50-70.

［126］游文亭．药品专利权的国际法保护［J］．中国科技论坛，2019（4）：159-165.

［127］李想．医药专利链接制度运行机理研究［J］．电子知识产权，2019（3）：13-

21.

[128]徐莉，郭中平.WHO国际非专利药品名称的申请[J].中国新药杂志，2019（3）：257-262.

[129]张慧霞.国际法视野下专利权与人权的冲突与平衡：电影《我不是药神》引发的思考[J].法律适用（司法案例），2019（4）：85-95.

[130]肖晗，朱民田，张思文.国际明星药物专利布局对我国制药企业专利策略实施的启示[J].中国新药杂志，2019（2）：135-141.

[131]黄璐，余浩，张长春，等.药品研发过程中的知识产权制度及运用[J].中国新药杂志，2019（1）：10-16.

[132]宋锡祥，戴莎.欧盟和加拿大自贸协定的特色及其对我国的启示[J].上海大学学报（社会科学版），2019（1）：1-15.

[133]马秋娟，杨倩，王璟，等.各国药品专利期限补偿制度的比较研究[J].中国新药杂志，2018（24）：2855-2860.

[134]刘立春.中国药品专利商品化研究[J].中国科技论坛，2018（12）：96-105.

[135]何艳.技术转让履行要求禁止研究：由中美技术转让法律争端引发的思考[J].法律科学（西北政法大学学报），2019（1）：144-153.

[136]孙瑜晨.医药专利反向支付协议的反垄断规制研究：基于美国近十年学术文献的分析[J].电子知识产权，2018（10）：112-119+61.

[137]李红团.构建合乎国情的药品专利链接制度[J].中国新药杂志，2018（17）：1953-1963.

[138]陈永法，雷媛，伍琳.印度药品专利强制许可制度研究[J].价格理论与实践，2018（8）：90-93.

[139]张艳梅."一带一路"背景下FTA药品专利规则的中国选择[J].社会科学战线，2018（8）：217-227.

[140]刘洪峰.论药品价格垄断及其法律规制[J].价格理论与实践，2018（6）：22-25.

[141]明志会，黄文杰，刘彩连，等.药品专利分级分类指标体系研究[J].中国新药杂志，2018（11）：1233-1237.

[142]鲁礼炎，金拓.我国药品工艺专利侵权的救济与制度完善[J].中国医药工业杂志，2018（5）：702-705.

[143]窦夏睿，吴让丰.论我国药品保护的双轨制和链接制度的改革[J].中国新药杂志，2018（9）：978-983.

[144]曹志明.药品领域反向支付问题研究[J].知识产权，2017（9）：63-66.

［145］李慧，宋晓亭．药品专利审查引入新药注册审查思路的可行性研究［J］．中国药学杂志，2017（17）：1563-1568．

［146］冯金，许淑文，石瑛．从产业角度看我国对第二医药用途发明专利的保护问题［J］．中国新药杂志，2017（15）：1758-1761．

［147］梁志文．药品专利链接制度的移植与创制［J］．政治与法律，2017（8）：104-114．

［148］陈敬，史录文．美国药品专利链接制度中专利登记规则研究［J］．中国新药杂志，2017（13）：1484-1487．

［149］伍琳，陈永法．澳大利亚过专利期药品价格管理机制及其对我国的启示［J］．价格理论与实践，2017（5）：97-100．

［150］黄丽君．药品恩度的专利转化对我国高校专利转化的启示［J］．知识产权，2017（4）：78-83．

［151］吕苏榆，刘晓焕．TPP 成员国药品专利保护对中国医药产品出口的影响［J］．中国科技论坛，2017（3）：102-108．

［152］王玫黎，谭畅．挑战与回应：我国药品专利制度的未来：以药品专利与健康权的关系为视角［J］．知识产权，2017（2）：41-47．

［153］荣雪菁，娄红祥，孙强．国际药品价格政策对我国专利药品谈判采购的启示［J］．中国卫生经济，2017（1）：94-96．

［154］王鑫，甄橙．美国 Hatch-Waxman 法案研究［J］．东岳论丛，2017（1）：90-91．

［155］林淘曦，余娜，黄璐．美国首仿药制度及专利挑战策略研究［J］．中国新药杂志，2016（19）：2168-2173．

［156］丁锦希，姚雪芳，刘维婧．中国药品专利强制许可政策定位研究：基于全球药品专利强制许可实施案例的定量分析［J］．中国新药杂志，2016（18）：2136-2141．

［157］刘锋，王健．"给药方式"对制药用途权利要求的限定作用分析［J］．中国新药杂志，2016（15）：1703-1707．

［158］郭良玉，杨婧，杨旭杰．专利运营驱动中药企业竞争优势形成价值分析［J］．中国中医药信息杂志，2016（8）：7-9．

［159］刘晶晶，武志昂．建立我国药品专利链接制度的专家调查研究［J］．中国新药杂志，2016（11）：1206-1211．

［160］刘友华，隆瑾，徐敏．"专利悬崖"背景下制药业的危机及我国的应对［J］．湘潭大学学报（哲学社会科学版），2015（6）：80-84．

［161］李晓秋．"常青"药品专利的司法控制：加拿大"礼来"案评析及其镜鉴

［J］.知识产权，2015（10）：130-135.

［162］张艳梅.利益平衡视角下知识产权全球治理的局限与突破［J］.东北师大学报（哲学社会科学版），2015（4）：94-99.

［163］李阁霞.对药品专利及其强制许可的研究：以"达拉斯买家俱乐部"的困境为视角［J］.知识产权，2015（6）：61-67+77.

［164］洪俊杰，石丽静，孙乾坤，等.国际知识产权新规则对我国的挑战及应对［J］.国际贸易，2015（6）：32-36.

［165］刘立春，漆苏.专利特征对药品专利法律质量评估的实证研究［J］.科研管理，2015（6）：119-127.

［166］刘婵.Stakelberg 竞争条件下的药品专利许可问题研究："医药分离"与"以药养医"两种医疗体制的微观福利比较［J］.财经论丛，2015（6）：106-112.

［167］赵歆.基于专利法对药品增量创新之评价研究「J］.科技管理研究，2015（17）：151-155.

［168］郭德忠.美国药品专利领域反向支付的反托拉斯问题［J］.北京理工大学学报（社会科学版），2015（3）：156-161.

［169］寿晶晶，赵哲，钭一伟.药品"专利悬崖"国内外企业的应对策略研究［J］.中国新药杂志，2015（5）：489-492.

［170］刘立春，朱雪忠.与药品专利强制许可相关的"公共健康"含义［J］.中国卫生经济，2015（2）：73-78.

［171］郑平安，赵铃莉.基于 SWOT 模型的中小型制药企业专利战略制定研究［J］.知识产权，2015（1）：77-81.

［172］申团结，黄泰康.我国医药企业对专利悬崖期的药品仿制策略初探［J］.中国新药杂志，2014（2）：134-136+153.

［173］张耕，段鲁艺.激励论基础上专利法的人文价值诉求［J］.河北法学，2014（2）：33-39.

［174］徐文杰，邵蓉.美国对再定位药品的专利保护和行政保护研究及其启示［J］.中国医药工业杂志，2013（11）：1184-1188.

［175］孙娟，董丽，曹志华.国外企业医药专利战略特点及启示［J］.中国新药杂志，2013（22）：1743-1745.

［176］杨静，朱雪忠.欧盟贸易协定知识产权规范：演变、动因与趋势［J］.商业研究，2013（15）：165-171.

［177］张晓东，傅利英.美国专利审查中的"显易尝试"标准及对我国的启示［J］.中国医药工业杂志，2013（5）：533-537.

［178］董丽，黄泰康，袁红梅.从企业视角谈药品专利保护的几点措施［J］.中国

新药杂志，2013（7）：746-751.

［179］陈庆．药品试验数据专有权与药品专利权冲突之研究：从药品可及性角度谈起［J］．知识产权，2012（12）：56-61.

［180］郭杨，刘超，胡元佳，等．外国制药企业在我国专利布局分析［J］．中国医药工业杂志，2012（12）：1058-1061.

［181］陈敬，史录文．美国药品专利链接制度研究［J］．中国新药杂志，2012（22）：1484-1487.

［182］袁红梅，杨舒杰，尚丽岩，等．中国药品注册的专利链接制度的理念及操作建议［J］．中国医药工业杂志，2012（10）：879-882.

［183］曹晨，胡元佳．专利组合价值评估探讨：以药品专利组合为例［J］．科技管理研究，2012（13）：174-177.

［184］汤然之．浅析中国 Bolar 例外适用［J］．中国新药杂志，2012（12）：1322-1324.

［185］姚颉靖，彭辉．药品专利保护强度的选择：以中国和澳大利亚为例（1986—2009）［J］．现代情报，2012（5）：118-121.

［186］黄丽萍．论我国现行药品专利强制许可立法的不足与完善［J］．法学杂志，2012（5）：92-97.

［187］张晓东．药品专利链接制度研究［J］．华东理工大学学报（社会科学版），2012（3）：87-93.

［188］张艳梅．私权扩张的限制与公共利益的重构：兼评药品知识产权困境及其出路［J］．求索，2011（7）：148-150.

［189］胡潇潇．药品实验例外制度的正当性分析［J］．求索，2011（7）：169-170+58.

［190］曹晨，胡元佳．综合专利价值指数与药物经济价值的相关性研究［J］．中国医药工业杂志，2011（7）：560-562.

［191］张晓敏．药品专利保护的伦理审视［J］．科学与科学技术管理，2011（6）：48-51+85.

［192］范超．WTO 内知识产权贸易争端发展动态与启示［J］．财经问题研究，2011（6）：101-110.

［193］许子晓．药品专利权与公共健康权的冲突和协调［J］．知识产权，2011（3）：92-97.

［194］姚颉靖，彭辉．药品专利保护对医药产业发展贡献度的实证分析［J］．经济与管理，2010（7）：65-69.

［195］柳申一．医药品专利与"2010 年问题"［J］．科学经济社会，2010（2）：

141-145+148.

［196］肖鹏，冯锫战．制药用途专利在欧洲的终结及对我国的影响和启示［J］．知识产权，2010（3）：38-45.

［197］吴郁秋．利益集团对知识产权摩擦的影响：从美国诉印度专利保护案谈起［J］．对外经贸实务，2010（3）：69-72.

［198］陈新，邵蓉．"反公地悲剧"对生物医药研发的影响探究［J］．中国药房，2010（5）：385-387.

［199］胡潇潇．药品专利"Bolar 例外"制度的利益平衡：兼评"Bolar 例外"在美国的创立、发展及其启示［J］．求索，2010（1）：150-151+229.

［200］胡潇潇．我国专利法"药品实验例外"制度研究［J］．法商研究，2010（1）：95-104.

［201］亢梅玲，文静．专利保护与中国药品进口贸易实证分析［J］．亚太经济，2010（6）：111-115.

［202］陈昌雄．论药品专利权与药品获得权的发展与冲突及其对我国的意义［J］．中国新药杂志，2010（20）：1830-1840.

［203］姚颉靖，彭辉．基于药品专利制度优化设计的多重维度实证分析［J］．现代情报，2010（10）：133-139.

［204］肖建玉，沈爱玲．加拿大药品专利链接制度对我国的启示［J］．中国卫生事业管理，2010（10）：677-679.

［205］袁红梅，尚丽岩，董丽．中美"Bolar 例外"及其对制药产业影响的比较［J］．中国医药工业杂志，2010（10）：786-790.

［206］汪虹，刘立春．药品专利链接制度研究［J］．中草药，2010（9）：1558-1563.

［207］袁泉，邵蓉．从白云山版"达菲"事件看我国药品专利强制许可制度［J］．中国新药杂志，2010（16）：1392-1395.

［208］姚颉靖，彭辉．药品专利保护对中国医药行业科技发展实力影响的实证分析［J］．电子知识产权，2010（7）：62-69.

［209］张炳生，陈丹丹．药品专利保护与公共健康权的国际冲突及平衡［J］．法律适用，2009（12）：73-76.

［210］1］陈敬，江滨，史录文．从药品专利侵权诉讼看现有技术抗辩原则的运用［J］．中国新药杂志，2009（13）：1186-1188，1273.

［211］徐兴祥．药物可及性与知识产权保护：从甲型 H1N1 流感防治谈起［J］．电子知识产权，2009（6）：59-62.

［212］丁锦希，姚雪芳．"完全排除"还是"弹性排除"：从一则药品专利侵权案

谈禁止反悔原则的法律适用［J］.电子知识产权，2009（4）：70-73.

［213］张清奎.浅谈医药生物领域的知识产权战略［J］.中国医药生物技术，2009（1）：6-8.

［214］丁锦希，韩蓓蓓.中美药品专利链接制度比较研究［J］.中国医药工业杂志，2008（12）：950-955.

［215］徐君，张继稳，邵蓉.TRIPS 协议对药品专利及公共健康影响的经济行为分析［J］.中国药房，2008（31）：344-355.

［216］焦诠.国外药品的专利保护及对我国的启示［J］.江苏商论，2008（6）：135-137.

［217］袁中博，邵蓉.以从属专利寻求药品强制许可之出路［J］.中国新药杂志，2008（3）：177-180.

［218］张建邦.议题挂钩：药品管制措施与专利权挂钩的个案分析［J］.电子知识产权，2008（1）：16-18.

［219］袁中博，邵蓉.药品专利权之 Bolar 例外及其对医药工业的影响［J］.中国医药工业杂志，2008（1）：69-72.

［220］杨莉，李野，杨立夫.药品专利保护的 Bolar 例外研究［J］.中国新药杂志，2007（15）：1145-1148.

［221］陈武.美国药品专利诉讼中的反向支付协议：以 Cardizem CD 及 Valley Drug 案为研究进路［J］.知识产权，2007（4）：82-87.

［222］吴永胜.为申请药品生产许可实施有关专利行为的认定：以一典型案例为视角［J］.电子知识产权，2007（7）：49-52.

［223］杨莉，李野.浅析药品专利期延长制度［J］.中国新药杂志，2007（12）：905-908.

［224］刘莹，梁毅.论药品可及性与药品专利保护［J］.中国药房，2007（13）：966-968.

［225］6] 杨莉，李野.美国的药品专利连接制度研究［J］.中国药房，2007（4）：251-253.

［226］胡珊.论知识产权国际保护的限制：以艾滋病药品专利保护争议为例［J］.法律适用，2007（2）：28-30.

［227］曲三强.论公共健康与药品专利强制许可［J］.云南民族大学学报（哲学社会科学版），2007（1）：22-28.

［228］刘俊敏，王秀玲.TRIPS 协议下药品专利保护与公共健康的冲突与协调［J］.学术论坛，2006（8）：157-161.

［229］陈欣，刘勇.专利药价格过高问题探讨［J］.价格理论与实践，2006（7）：

27-28.

［230］严中平，陈玉文.我国制药企业非专利药物研发存在的问题及对策［J］.中国新药杂志，2006（14）：1134-1136.

［231］丁锦希.浅析 TRIPS 协议框架下的新药研发立项过程中的专利问题［J］.中国医药工业杂志，2006（7）：509-514.

［232］吕岩峰，徐唐棠.TRIPS 协议之下的中国药品专利保护立法［J］.当代法学，2006（3）：211-214.

［233］汤晶晶，邵蓉.药品专利强制许可制度对提高我国药品可获得性的可能性及相关对策探讨［J］.中国药房，2006（7）：407-409.

［234］孟锐，陈凤龙.我国制药企业药品专利相关问题初探［J］.中国药房，2005（19）：1449-1451.

［235］胡奕，兰小筠.专利到期药品（美国 1998—2012 年）分析研究［J］.中国药学杂志，2005（5）：76-78.

［236］韩成芳.后 TRIPS 时代药品专利制度正当性的危机与反思［J］.科技与法律（中英文），2021（2）：59-67.

［237］柏林，张逸晨，范平安，等.专利到期对药品价格和市场份额的影响分析［J］.中国新药杂志，2021（6）：481-488.

［238］孙昱，徐敢，汪祺.FDA 复杂仿制药的监管现状研究［J］.中国新药杂志，2021（6）：496-500.

［239］吴欣望.对价视角下的专利制度［J］.知识产权，2021（3）：69-83.

［240］贾小龙，缪杰.基于药品专利的仿制药研发法律促进机制研究［J］.卫生经济研究，2021（2）：70-72.

［241］许明哲，陈敬，翟琛琛，等.我国仿制药品质量差异研究［J］.中国新药杂志，2020（18）：2148-2152.

［242］刘冬，哈莉莉，李芳，等.我国化学仿制药一致性评价进展与展望［J］.中国临床药理学杂志，2020（16）：2381-2385.

［243］万楚川，卢梦情，徐蔼琳，等.法国仿制药替代计划对我国的启示［J］.中国新药杂志，2020（8）：869-874.

［244］薛亚萍，汪东峨，林淘曦.仿制药开发中的晶型专利规避策略［J］.中国新药杂志，2020（7）：731-737.

［245］谢金平，邵蓉.日本仿制药促进政策研究及启示［J］.卫生经济研究，2020（4）：57-59+63

［246］陈学宇.我国药品专利强制许可制度分类实施探讨：基于仿制药供应保障的视角［J］.华侨大学学报（哲学社会科学版），2019（5）：99-110.

[247]吴柯苇.仿制药专利挑战行为界定与属性分析：以药品专利链接制度本土化为背景[J].电子知识产权，2019（10）：30-41.

[248]郭如愿.中国药品专利发展现状及反思[J].电子知识产权，2019（8）：57-65.

[249]方中坚，陈李平，王俊彦，等.医药企业并购中知识产权和专利问题探讨[J].中国新药杂志，2019（13）：1547-1552.

[250]钱贵明，李翔.我国仿制药产业发展困境与政策建议[J].中国卫生经济，2019（7）：11-14.

[251]延峰，陆京娜，张俊义.原研药与仿制药的价值链分析[J].国际税收，2018（9）：70-74.

[252]陈红英，王健松.企业开展仿制药一致性评价工作的应对策略[J].中国临床药理学杂志，2018（15）：1919-1922.

[253]麦丽谊，陈昕，安金蒙，等.中印仿制药出海之路对比及对我国医药国际化的启示[J].中国医药工业杂志，2018（5）：690-697.

[254]陈敬，桑晓冬，任桥宇，等.发达国家促进仿制药使用的激励政策研究[J].中国新药杂志，2017（24）：2887-2891.

[255]周围.知识产权诱致的产品差异化与相关市场界定[J].兰州学刊，2017（11）：117-127.

[256]秦垚，梁毅.仿制药一致性评价及其评价过程的质量管理[J].中国现代应用药学，2017（4）：609-612.

[257]张崖冰，胡善联，何江江，等.仿制药与原研药的比价及其管理策略研究[J].中国卫生经济，2016（10）：69-72.

[258]李宁娟，高山行.印度仿制药发展的制度因素分析及对我国的借鉴[J].科技进步与对策，2016（19）：47-53.

[259]纪媛媛，周东明.从知识产权角度浅析仿制药企业的发展之道[J].中国新药杂志，2016（11）：1212-1215.

[260]杨倩，马秋娟，汪小涧.从专利视角谈药物二次创新与仿制药开发：以HIV蛋白酶抑制剂洛匹那韦为例[J].中国药科大学学报，2015（4）：499-503.

[261]叶良芳.代购境外仿制药行为的定性分析：兼评"抗癌药代购第一案"的不起诉决定[J].法学，2015（7）：138-147.

[262]李玲玲，都丽萍，张钰宣，等.仿制药与原研药间可互换性探讨[J].中国药学杂志，2015（2）：178-181.

[263]刘思齐，杨悦.立普妥的专利保护策略研究[J].中国新药杂志，2014（9）：989-993.

［264］孙静，赵红艳，马丽平，等.我国专利保护制度下涉及重大公共健康问题高价药品的经济可及性［J］.中国循证医学杂志，2014（5）：509-516.

［265］张辉，刘桂英.仿制药企业的专利策略探析［J］.中国新药杂志，2014（1）：11-16.

［266］林兰，牛剑钊，许明哲，等.国外仿制药一致性评价比较分析［J］.中国新药杂志，2013（21）：2470-2476.

［267］杨鸿，高田甜.过境货物的知识产权边境措施：TRIPS协议下的合规性问题［J］.亚太经济，2013（4）：43-50+90.

［268］张崖冰，胡善联，彭颖，等.国内专利后原研药及其仿制药的现状研究［J］.中国卫生经济，2013（6）：21-23.

［269］宋玉萍，王晨光.从权利救济到权利请求·基本药物制度的法理学分析［J］.比较法研究，2013（3）：62-71.

［270］葛锐，尹爱田.专利保护和公共健康：国家药物政策中的冲突与协调［J］.中国卫生经济，2013（5）：19-22.

［271］丁锦希，白庚亮，王颖玮，等.美国首仿药数据保护制度及其对我国药品可及性的启示［J］.中国药学杂志，2012（24）：2052-2055.

［272］顾海，张希兰，朱晓涛.我国专利制剂定价机制研究［J］.价格理论与实践，2012（7）：29-30.

［273］刘立春，朱雪忠.专利悬崖期的授权仿制药发展及其对制药行业的影响［J］.情报杂志，2012（6）：8-12+7.

［274］丁文严.药品说明书著作权问题的成因及解决路径［J］.法律适用，2012（6）：86-90.

［275］胡欣，金鹏飞.仿制药和专利药临床疗效差异的技术思考［J］.中国新药杂志，2012（6）：601-604.

［276］解小刚，吴晶.我国生物仿制药发展现状与策略研究［J］.中国生物工程杂志，2012（3）：136-142.

［277］杨莉，陈玉文，连桂玉，等.美国药品知识产权保护最大化策略研究［J］.中国新药杂志，2011（21）：2052-2056.

［278］殷实，卞鹰.全球生物仿制药市场的发展困难与机遇［J］.特区经济，2011（10）：283-285.

［279］杨莉，袁红梅，连桂玉.美国的仿制药独占制度研究［J］.中国新药杂志，2011（19）：1839-1842.

［280］郑晓南，黄文龙.全球价值链视角下印度化药产业发展模式对我国的启示［J］.中国新药杂志，2010（20）：1847-1852+1878.

［281］赵玉港.发展中国家医药专利保护与公共健康权保障的冲突探讨［J］.中国新药杂志，2010（17）：1500-1502+1507.

［282］万怡挺.专利药强制许可中的灵活性［J］.环球法律评论，2008（3）：106-111.

［283］顾东蕾.药品失效专利信息及其检索［J］.中国新药杂志，2007（24）：2001-2007.

［284］杨莉，李野，杨立夫.药品知识产权保护的特殊形式研究［J］.中国新药杂志，2007（21）：1734-1737.

［285］巩伟.为仿制药品正名［J］.中南民族大学学报（人文社会科学版），2004（S1）：118-120.

［286］翁新愚.TRIPS 协议与药品专利［J］.中国药学杂志，2003（5）：966-968.

［287］高杰，杜芸.印度制药业的发展及其对我国的启示［J］.科技进步与对策，2002（7）：155-156.

二、外文文献

（一）著作类

［1］BLAKENEY M. Trade related aspects of intellectual property rights：a concise guide to the TRIPS agreement［M］. London：Sweet ＆. Maxwell Press，1996.

［2］STEWART T P.The GATT uruguay round：a negotiating history（1986—1992）［M］.Boston：Kluwer Law and Taxation Pubilishers，1993.

［3］GORLIN J J. An analysis of the pharmaceutical-related provisions of the TRIPS agreement［M］. London：Intellectual Property Institute Press，2000.

［4］WATAL J. Intellectual property rights in the WTO and developing countries［M］. Amsterdam：Kluwer law International Press，2002.

［5］LADAS S P. Patents，Tradem arks，and related rights-national and international protection［M］. Boston：Harvard University Press，1975.

［6］MARKS S P. Access to essential medicines as a component of the right to health，in andrew clapham and mary robinson，realizing the right to health［M］. Zurich：Rüfer ＆ Rub Press，2009.

［7］GERVAIS D. The TRIPS agreement：drafting history and analysis［M］. London：Sweet ＆ Maxwell Limited，1998.

［8］CHAUDHURI S. The WTO and India's pharmaceuticals industry：patent protection，TRIPS，and developing countries［M］. Oxford：Oxford University Press，

2005.

[9]SALAZAR S. Intellectual property and the right to health[M] . in WIPO and OHCHR，Intellectual Property and Human Rights，Geneva：WIPO Publication，1999.

[10]JOSEPH R K. Pharmaceutical industry and public policy in post-reform India [M] . New Delhi：Routledge，2015.

[11]HO C M. Access to medicine in the global economy：international agreement on patents and related rights[M] . Oxford：Oxford University Press，2011.

[12]GRUBB P W，THOMSEN P R. Patents for chemicals，pharmaceuticals，and biotechnology[M] . 5th ed. Oxford：Oxford University Press，2010.

（二）论文期刊类

[1]POLANVYI M. Patent reform[J] . Journal of Review of Economic Studies，1944，11：61-76

[2]BURK D L，LEMLEY M A. Policy levers in patent law[J] . Virginia Law Review，2003，89（7）：1575-1696

[3]MERGES R P，et al. Intellectual property in the new technological age[J] . Journal of Social Science Electronic Publishing，2016，12：45-47.

[4]GANSLANDT M，MASKUS K E. Parallel imports and the pricing of pharmaceutical products：evidence from the European Union[J] . Journal of Health Economics，2004，23（5）：1035-1057：

[5]PRAGER F D. The early growth and influence of intellectual property[J] . Journal of Patent Official Society，1952，106（34）：996-998.

[6]LONG P O. Invention，authorship，"intellectual property" and the origin of patents：notes toward a conceptual history[J] . Journal of Technology and Culture，1991，32（4）：846-884.

[7]SELL S K. TRIPS and the access to medicines campaign[J] . Journal of Wisconsin International Law，2001，20：1001-1002.

[8]BALE H E. Patent protection and pharmaceutical innovation[J] . New York University Journal of International Law and Politics，1996，29：296-297

[9]CHAN J. Patent law and community interest in public health：should patent law be supplemented by a health impact fund[J] . Journal of Law，Information and Science，2014，23（2）：55-82.

[10]FELDMAN A. Compulsory licenses：the dangers behind the current practices [J] . Journal of International Law and Business，2009，8：137-138.

　　[11]REICHMAN J H. The TRIPS agreement comes of age: conflict or cooperation with the developing countries: case western reserve[J] . Journal of International Law, 2000, 32: 441-444.

　　[12]MERCURIO B C. TRIPS, patents, and access to life-saving drugs in the developing world[J] . Journal of Marquette Intellectual Property Law Review, 2004, 8: 211-214.

　　[13]CORREA C M. Unfair competition under the TRIPS agreement: protection of data submitted for the registration of pharmaceuticals[J] . Chicago Journal of International Law, 2003, 3: 69-71.

　　[14]HO C M. A new world order for addressing patent rights and public health[J] . Journal of Chicago Kent Law Review, 2007, 82: 1469-1472.

　　[15]SCHETT J F. Comment on the doha ministerial[J] . Journal of International Economic Law, 2003, 1: 1759–1765.

　　[16]JAMES N C. A brand of reform: new medicare law attempt to quell tempest over 180-day exclusivity[J] . Journal of Legal Times, 2004, 27(9): 354-356.

　　[17]FLYNN S, et al. Public interest analysis of the US TPP proposal for an IP chapter[J] . PIJIP Research Paper Series, 2011: 56-88.

　　[18]BAKER B K. Ending drug registration apartheid: taming data exclusivity and patent registration linkage[J] . American Journal of Law and Medicine, 2008, 34(4): 303 - 344.

　　[19]BOUCHARD R A. I' m still your baby: Canada' s continuing support of U . S. linkage regulations for pharmaceuticals[J] . Marquette Intellectual Property Law Review, 2011, 15(1): 71-88.

　　[20]DONTJE A. Rethinking TRIPS: the future of pharmaceutical patents[J] . Journal of the Wisconsin International Law, 2015, 33: 380-400.

　　[21]EPPICH C. Patenting dilemma: drugs for profit versus drugs for health[J] . Journal of Santa Clara Law Review, 2002, 43: 289-294.

　　[22]TOMAR D K. A look into the WTO pharmaceutical patent dispute between the United States and India[J] . Journal of The Wisconsin International Law, 1999, 17: 579-583.

　　[23]REICHMAN J H. Securing compliance with TRIPS agreement after US v India [J] . Journal of International Economic Law, 1998, 1: 585–601.

　　[24]YAMANAKA T, KANO S. Patent term extension systems differentiate Japanese and US drug lifecycle management[J] . Drug Discovery Today, 2016, 21: 111-117.

［25］SHIN H C. The registration requirements of extension of patent term and effect range of patent right to be extended comparative law study with Japanese cases［J］. Seoul Law Review, 2018, 25: 465-478.

［26］BARBOSA R G. Mexican patent litigation, international intellectual property treaties and the extension of patent term of protection［J］. IIC-International Review of Intellectual Property and Competition Law, 2020, 51: 6-30.

［27］MARSHALL L. Patent misuse and innovation［J］. High Technology Law, 2010, 10(18): 142-153.

［28］SON K B, KIM C Y, LEE T J. Understanding of for whom, under what conditions and how the compulsory licensing of pharmaceuticals works in Brazil and Thailand: a realist synthesis［J］. Global Public Health, 2019, 14: 122-134.

［29］SON K B, LEE T J. Compulsory licensing of pharmaceuticals reconsidered: current situation and implications for access to medicines［J］. Global Public Health, 2018, 13(10): 1430-1440.

［30］KOMATANI T S. Patent and intellectual property rights related to pharmaceuticals: global future perspectives: Japan［J］. Pharmaceutical Patent Analyst, 2016, 5(4): 45-60.

［31］SON K B. How much time before attempting compulsory licensing of pharmaceuticals? A non-parametric event history model with P-splines［J］. International Journal of Health Services, 2019, 49: 68-84.

［32］GAMBA S. The effect of intellectual property rights on domestic innovation in the pharmaceutical sector［J］. World Development, 2017, 9: 15-27.

［33］ZAMBAD S, LONDHE B R. To study the problems faced by innover from conception idea to filling patent in Indian pharmaceutical industry［J］. Procedia Economics & Finance, 2014, 11: 829-837.

［34］GOPAKUMAR K M. Product patents and access to medicines in India: a critical review of the implementation of TRIPS patent regime［J］. The Law and Development Review, 2011, 2: 326-333.

［35］MUSUNGU S F. Benchmarking progress in tackling the challenges of intellectual property and access to medicines in developing countries［J］. Bulletin of the World Health Organization, 2006, 5: 366-370.

［36］MANI S, NELSON R R. TRIPS compliance, national patent regimes and innovation, evidence and experience from developing countries［J］. UK: Edward Elgar, 2013, 1: 427-454.

［37］KOMATANI T S. Pharmaceutical patent law: expert perspectives from around the globe［J］. Pharmaceutical Patent Analyst, 2016, 4: 195-197.

［38］CARVER T. An overview of pharmaceutical patent litigation in China［J］. Pharmaceutical Patent Analyst, 2016, 2: 75-77.

［39］GLEESON D, et al. The trans pacific partnership agreement, intellectual property and medicines: differential outcomes for developed and developing countries［J］. Global Social Policy, 2018, 18: 7-27.

［40］LIU X N, SONG W. Necessity of implementing pharmaceutical patent linkage system in China［J］. Public Policy and Administration Research, 2018, 8: 01-13.

［41］GLEESON D, et al. Analyzing the impact of trade and investment agreements on pharmaceutical policy: provisions, pathways and potential impacts［J］. Globalization and Health, 2019, 15: 72-85.

［42］LIETZAN E. The "evergreening" metaphor in intellectual property scholarship ［J］. Akron Law Review, 2019, 53: 806-867.

［43］TAFRESHI S H. Anti pharmaceutical patent evergreening law: global need in support of public health［J］. Journal of Intellectual Property Rights, 2019, 24: 103-112.

［44］LABONTÉR, SCHRAM A, RUCKERT A. The trans-pacific partnership: is it everything we feared for health［J］. International Journal of Health Policy and Management, 2016, 5: 487–496.

［45］LIDDELL K, WAIBEL M. Fair and equitable treatment and judicial patent decisions［J］. Journal of International Economic Law, 2016, 19: 145–174.

［46］WANING B, et al. Global strategies to reduce the price of antiretroviral medicines: evidence from transactional databases［J］. Bulletin of the World Health Organization, 2016, 87: 520-528.

［47］ARKINSTALL J, et al. The reality behind the rhetoric: how european policies risk harming access to generic medicines in developing countries［J］. Journal of Generic Medicines, 2011, 8: 14-22.

［48］BAZZLE T. Pharmacy of the developing world: reconciling intellectual property rights in india with the right to public health: TRIPS, India's patent system and essential medicines［J］. Georgetown Journal of International Law, 2011, 42: 785-800.

［49］DE MENEZES H Z. South-south collaboration for an intellectual property rights flexibilities agenda［J］. Contexto International, 2018, 40: 16-25.

［50］WANING B, DIEDRICHSEN E, MOON S. A lifeline to treatment: the role of Indian generic manufacturers in supplying antiretroviral medicines to developing countries

［ J ］. Journal of the International AIDS Society，2010，13：33-45.

［51］SAXENA R B. Trade-related issues of intellectual property rights and the Indian patent act：a negotiating strategy［ J ］. World Competition，1998，12：81-99.

［52］CORREA C M. Implementing national public health policies in the framework of WTO agreements［ J ］. Journal of World Trade，2000，34：5-17.

［53］CHAUDHURI S，GOLDBERG P K，GIA P. Estimating the effects of global patent protection in pharmaceuticals：a case study of quinolones in India［ J ］. American Economic Review，2006，96：1477-1514.

［54］NEDUMPARA J J，MISRA P. NATCO vs. BAYER：Indian patent authority grants its first ever compulsory license on pharmaceutical products［ J ］. Global Trade and Customs Journal，2012，7：8-16.

［55］COLLIER R. Drug patents：the evergreening problem［ J ］. Canadian Medical Association Journal，2013，185：386-386.

［56］LıU J. Compulsory licensing and anti-evergreening：interpreting the TRIPS flexibilities in sections 84 and 3（ d ）of the Indian patents act［ J ］. Harvard International Law Journal，2015，56：207-218.

［57］BHARDWAJ R，RAJU K D，PADMAVATI M. The impact of patent linkage on marketing of generic drugs［ J ］. Journal of Intellectual Property Rights，2013，18：316-322.

［58］SHERMAN P B，OAKLEY E F Ⅲ. Pandemics and panaceas：the World Trade Organization's efforts to balance pharmaceutical patents and access to AIDS drugs［ J ］. American Business Law Journal，2004，3：353-411.

［59］CARRIER M A. Unsettling drug patent settlements：a framework for presumptive illegality［ J ］. Michigan Law Review，2009，1：37-80.

［60］CARRIER M A. A real-world analysis of pharmaceutical settlements：the missing dimension of product-hopping［ J ］. Florida Law Review，2010，4：1009-1018.

［61］STERN，SIMON. William blackstone，commentaries on the laws of England ［ J ］. Social Science Electronic Publishing，2013：1-19.